翻转课堂与英语课程教学法研究

刘思思　孙　玮　朱　蕾　著

图书在版编目（CIP）数据

翻转课堂与英语课程教学法研究 / 刘思思, 孙玮, 朱蕾著. -- 北京：中国商务出版社, 2023.10

ISBN 978-7-5103-4882-2

Ⅰ.①翻… Ⅱ.①刘… ②孙… ③朱… Ⅲ.①英语—教学研究 Ⅳ.①H319.3

中国国家版本馆CIP数据核字(2023)第200200号

翻转课堂与英语课堂教学法研究
FANZHUAN KETANG YU YINGYU KETANG JIAOXUEFA YANJIU
刘思思　孙玮　朱蕾　著

出　　版：	中国商务出版社			
地　　址：	北京市东城区安外东后巷28号		邮　编：	100710
责任部门：	发展事业部（010-64218072）			
责任编辑：	周青			
直销客服：	010-64515210			
总 发 行：	中国商务出版社发行部（010-64208388　64515150）			
网购零售：	中国商务出版社淘宝店（010-64286917）			
网　　址：	http://www.cctpress.com			
网　　店：	https://shop595663922.taobao.com			
邮　　箱：	295402859@qq.com			
排　　版：	北京宏进时代出版策划有限公司			
印　　刷：	廊坊市广阳区九洲印刷厂			
开　　本：	710毫米×1000 毫米　1/16			
印　　张：	14.75		字　数：	240千字
版　　次：	2023年10月第1版		印　次：	2023年10月第1次印刷
书　　号：	ISBN 978-7-5103-4882-2			
定　　价：	79.00元			

凡所购本版图书如有印装质量问题，请与本社印制部联系（电话：010-64248236）

版权所有　盗版必究　（盗版侵权举报请与本社总编室联系：010-64212247）

前　言

在当今教育领域，教学方法的创新是不可避免的趋势之一。本书旨在深入研究翻转课堂与英语课程教学法的结合，探索如何通过这一创新教学方式提高学生的学习兴趣和效果。翻转课堂作为一种颠覆传统教学模式的方法，已经在多个学科领域获得了显著的效果，也给英语课程教学中的应用带来了独特的挑战和机遇。

在英语课程教学中，翻转课堂可以带来一系列好处。首先，学生可以在自己的节奏下学习基础知识，在课堂上与教师和同学互动，解决他们在学习中遇到的问题。其次，这种模式促使学生更积极地参与，因为他们知道课堂时间将用于讨论和实践，而不仅仅是被动地接收信息。再次，通过多媒体资源的运用，可以创造更生动有趣的学习体验，尤其是在英语学习中，语音、视频等资源可以更好地展现语言的实际使用情境。最后，这种教学模式需要仔细的策划和管理。确保学生能够准备好预习材料，并在课堂上积极参与。另外，教师也需要有能力设计引人入胜的讨论主题和活动，以最大限度地利用课堂时间。

本书首先介绍了翻转课堂和英语课程教学法的基本概念和原理，深入分析了两者之间的融合可能性。其次，通过案例研究和实践经验分享，展示了一系列成功的教学实例，体现出翻转课堂在英语教学中的应用方式和效果。

目 录

第一章 翻转课堂教育的基本理论 … 1
- 第一节 翻转课堂概述 … 1
- 第二节 翻转课堂的历史与演变 … 5
- 第三节 翻转课堂的教育理论 … 28
- 第四节 翻转课堂的实施步骤 … 39
- 第五节 翻转课堂的优点与面临的挑战 … 58

第二章 英语课程教学法综述 … 62
- 第一节 英语教育的重要性 … 62
- 第二节 传统英语课程教学法 … 78
- 第三节 现代英语教学法趋势 … 90
- 第四节 语言教学方法的选择与评估 … 104
- 第五节 英语教学法与教育技术 … 116
- 第六节 英语教育中面临的挑战与机遇 … 121

第三章 翻转课堂在英语教育中的潜力 … 128
- 第一节 翻转课堂与英语教育的契合点 … 128
- 第二节 翻转课堂对英语学习的影响 … 142
- 第三节 翻转课堂与不同英语教学法的整合 … 154
- 第四节 翻转课堂在提高英语课堂互动中的作用 … 157
- 第五节 学生角色转变与学习动机 … 161

第四章 英语课程教学法的创新 … 166
- 第一节 现代教育技术与英语教学 … 166
- 第二节 互动式教学与学生参与 … 180

第三节 个性化学习与英语教育……………………………………185
第四节 任务型教学法与语言技能发展…………………………191
第五节 跨文化教育与跨学科整合………………………………196
第六节 教师角色与英语课程创新………………………………202

第五章 翻转课堂与英语教育的实践……………………………204

第一节 翻转课堂的课程设计与规划……………………………204
第二节 教育技术工具与资源的选择……………………………208
第三节 学习材料的开发与评估…………………………………212
第四节 学生参与与反馈…………………………………………215
第五节 评估与教学反思…………………………………………216
第六节 翻转课堂与英语教育未来展望…………………………217

第六章 翻转课堂的教育政策与实施策略………………………221

第一节 教育政策对翻转课堂的影响……………………………221
第二节 教师培训与专业发展……………………………………222
第三节 翻转课堂的学校支持与资源分配………………………223
第四节 翻转课堂的全球视野与国际合作………………………224

参考文献……………………………………………………………226

第一章 翻转课堂教育的基本理论

第一节 翻转课堂概述

一、基本概念

翻转课堂最基本的概念是颠覆传统的教学模式。在传统教学中,老师主导课堂,向学生传递知识。在翻转课堂中,学生先自主学习,通过预习获取基础知识,然后在课堂上进行更深入、互动性的学习。

在传统的教学模式中,老师通常是知识的主要提供者,而学生则被动地接受这些信息。这一模式有时候可能限制学生的主动思考和深度理解。然而,在翻转课堂的框架下,这种传统的教学范式被颠覆。在翻转课堂中,学生首先被赋予了更多的自主学习的责任。通过预习,他们在课前就能够接触到相关的学习材料,如教学视频、阅读材料等。这使得学生可以在自己的时间和步调下能够建立对基础知识的理解,为其更深入的学习打下基础。当他们走进课堂时,这个空间不再是传统的知识传递场所,而是变成一个充满互动性和深度讨论的地方。学生可以和老师以及其他同学进行更加深入的交流,提出问题、分享见解,共同探讨复杂的概念。这样的互动性不仅能够激发学生的学习热情,还能够促使他们在集体中建构更为深刻的理解。总的来说,翻转课堂的基本概念不仅仅是简单地改变了知识传递的方式,更是创造了一个更加互动、参与和深化学习的教学环境。这种教学模式的推崇者认为,它有助于培养学生的独立思考能力,激发创造性思维,并使学习过程更为个性化和有趣。

二、学生自主学习

在翻转课堂的第二层次,即学生自主学习,我们可以深入了解学生在这个过程中扮演的角色以及这种学习方式的优势。通过在家中进行自主学习,学生不再仅仅是被动地接收老师传递的知识。他们有机会选择学习的时间、地点和方式,从而更好地适应自己的学习节奏和习惯。这种主动性的提升有助于培养学生的自主学习能力,使他们更好地适应未来不断变化的学习环境。学生可以按照自己的理解速度和风格来进行学习。有些学生可能需要花更多的时间来消化新知识,而有些学生可能会更快地掌握。这种个性化的学习过程有助于每个学生根据自身需求调整学习进度,使教育更具包容性。翻转课堂要求学生具备更强的自主学习技能。他们需要学会有效地利用各种学习资源,如在线视频、教材等,为课堂上的深入学习做好准备。这种技能的培养不仅对学生当前的学习有帮助,也为其未来终身学习打下了基础。通过自主学习,学生更有可能在自己感兴趣的领域深入探索。他们可以选择更符合个人兴趣和职业发展方向的学习内容,从而激发学习的兴趣和动力。这有助于建立起学生对知识的积极态度,提高学习的效果和深度。总体而言,学生自主学习是翻转课堂模式中的一个重要环节,不仅可以拓展学生对知识获取的途径,还可以培养他们的学习能力和兴趣。这种学习方式强调学生在学习中的主体性,使其更好地适应现代社会对终身学习的要求。

三、课堂互动

在翻转课堂的第三层次,即课堂互动,我们可以深入探讨这一核心概念,了解它是如何促进更深层次理解和学习的。传统课堂中,老师通常是主讲者,负责向学生传递知识,而在翻转课堂中,老师的角色发生了明显的转变。他们不再是简单地传授知识,而是变成引导者和支持者。通过引导学生深入思考、提出问题,并在互动中给予支持,老师促进了学生的批判性思维和问题解决能力的培养。翻转课堂强调学生在课堂上的积极参与。学生有机会提出问题、分享自己的见解，与同学们进行讨论。这种参与度的提高不仅可以激发学生的学习兴趣，还能够在群体中共同构建对知识的理解，形成更为丰富和全面的学习经验。课堂互动可以为学生提供解决问题和发展批判性思维的机会。通过与老师和同学互动，学生不仅仅是接受知识，更是在讨论中思考、分析，并提出自己的看法。这种思维方式的培养对学生未来的学术和职业发展都具有重要意义。通过课堂互动，学生有机会深化对知识点的理解。讨论和互动过程中，学生可能会从不同角度审视问题，从而形成更为全面和深刻的理解。这种深度学习的机会使得知识的掌握更为牢固，不仅仅是机械地记忆，还能够灵活运用。总体而言，课堂互动是翻转课堂中至关重要的一环。它打破了传统教学中师生之间的单向沟通，营造了一个充满思辨和合作氛围的学习空间。这种互动不仅可以促进知识的传递，还可以培养学生在协作中发展的多方面能力。

四、个性化学习

在翻转课堂的第四层次，即个性化学习，我们可以深入了解如何通过这一层次的翻转满足学生的个体差异和提供更贴近实际情况的教育。通过预习阶段，老师有机会更深入地了解每个学生的学习需求。不同学生对知识的吸收和理解速度有所不同，有些学生可能需要额外的时间来理解难点，而有些可能已经具备较高的理解水平。这种了解有助于教师更好地调整教学策略，提供更精准的指导。在课堂上，教师可以根据对学生的了解，提供更为个性化的指导和支持。一些学生可能需要更多的解释和案例，而另一些学生可能需要面对更深入的挑战。这种个性化的指导不仅使学生更好地理解知识，还能够激发他们的学习兴趣。另外，个性化学习也意味着对知识的差异化呈现。老师可以根据学生的学科兴趣和学习风格，提供不同形式的学习材料，这有助于激发学生的学习热情，使他们更容易投入到学习过程中。个性化学习可以满足学生对于学习的个体需求，提高他们的学习动机。当学生感受到老师对他们的关注和理解时，他们更有可能积极参与学习，形成对知识的积极态度。

总体而言，个性化学习是翻转课堂模式中的一项重要实践。它强调了学生的差异性，使教育更贴近学生的实际情况，更好地满足了不同学生的学习需求，提高了整体教学的效果。通过个性化学习，翻转课堂成为一个更为灵活、关注学生个体差异的教学环境。

五、技术支持

翻转课堂通常借助技术工具，如在线视频、教学平台等，来支持学生的自主学习和课堂互动。这些技术工具不仅可以提供学习资源，还能够跟踪学生的进度，为个性化学习提供数据支持。

翻转课堂常常利用在线视频和其他多媒体资源来提供学习材料。学生可以在家中观看这些视频，自主学习相关知识。这种形式的学习资源能够以更生动、直观的方式呈现知识，激发学生的学习兴趣。教学平台和在线工具为学生提供了一个交流和互动的平台。学生可以在平台上提出问题、参与讨论，与同学和老师进行实时的互动。这种互动性的工具强化了学生在学习过程中的参与感，同时为老师提供了实时了解学生学习情况的途径。另外，技术支持还包括学习管理系统，它可以追踪学生的学习进度和表现。通过这些系统，老师可以更好地了解每个学生的需求，进行个性化的指导。同时，学生能够清晰地了解自己的学习情况，有助于自主学习的规划和管理。技术支持提供了大量的学习数据，这些数据可以用于个性化学习的优化。通过分析学生的学习行为和表现，老师可以更好地了解学生的学习风格、弱点和潜在的需求，为个性化指导提供数据支持。技术在翻转课堂中充当了重要的支持角色。它不仅为学生提供了更多样化、灵活的学习资源，还通过互动平台和学习管理系统实现了学生与老师之间更紧密的联系。这种技术支持为翻转课堂的实施提供了更为便捷和有效的手段，我们可以更全面地理解翻转课堂的本质及其在教育中的实际运用。这种教学模式的引入不仅仅是一场教学方式的变革，更是对学生自主学习和深度思考能力的培养。

第二节 翻转课堂的历史与演变

一、起源与背景

翻转课堂的历史可以追溯到20世纪90年代。最初,翻转课堂的概念并非广泛被讨论,而是在一些教育实践中逐渐涌现。随着技术的进步和对传统教学模式的质疑,人们开始寻求更具创新性和学生参与度的教学方法。这一时期,互联网的普及为在线学习提供了契机,促使教育者思考如何更好地利用技术改变教学方式。

(一)背景的铺垫

在20世纪90年代,社会和技术发生了巨大的变革,尤其是信息技术的快速发展。这些变革不仅改变了人们的生活方式,也为教育带来了新的挑战。传统的教学方法可能无法充分适应这一时代的需求,因此教育者感受到了改革的压力。传统教学模式通常以教师为中心,注重知识的传授和学生的被动接受。然而,这种单一的教学方式在培养学生的创造力、批判性思维和解决问题的能力方面存在局限。教育者开始意识到需要一种更具活力和灵活性的教学方式。随着社会对综合素质的需求不断增加,教育者逐渐认识到传统模式下无法满足学生个性化学习需求的问题。学生的学科兴趣、学习节奏和认知风格各异,传统教学模式可能无法为每位学生提供恰当的支持和挑战。在社会和技术变革的大背景下,一些教育者迫切需要寻找更符合时代要求的教学方法。这种迫切的需求成为翻转课堂概念诞生的背景,并促使教育者开始尝试不同的教学创新,以更好地适应学生的学习需求。通过对背景的铺垫,我们可以理解在何种情景下翻转课堂的概念逐渐涌现,以及为何教育者在当时感到有必要寻找新的教学方式。这些都为翻转课堂的发展提供了有力的动力和合理性。

（二）对传统模式的质疑

1."一刀切"的教学方式的限制

"一刀切"的教学方式在于将相同的知识内容传授给整个班级，无论学生的个体差异如何。这种做法在面对学生在学科理解、学习速度和学科兴趣上的差异时，可能导致一些学生感到难以跟上或者对学科内容失去兴趣。不同学生对学科的理解深度存在差异，有些学生可能需要更深入的解释和案例来理解知识点，而有些学生可能已经具备较高的理解水平。"一刀切"的教学方式难以兼顾这些学生的差异，可能导致部分学生对学科的理解程度不尽如人意。学生的学习速度因个体差异而异，有些学生可能需要更多的时间来掌握新的知识，而有些学生可能能够更快地适应。统一的教学内容可能导致学习速度较快或较慢的学生感到不适，影响他们的学习体验和成效。学科兴趣是影响学生学习动力和效果的重要因素。"一刀切"的教学方式未必能够激发每个学生对学科的兴趣，因为它没有考虑到学生个体在学科领域的兴趣差异，导致学生在学习中缺乏主动性和积极性。通过对"一刀切"教学方式的分析，我们可以更清晰地认识到传统模式在满足学生个体差异方面存在的不足，为后续讨论翻转课堂的个性化特点提供了对比基础。

2.学生被动接受知识的弊端

在传统模式下，学生通常被动地坐在教室中，听取老师的讲解。他们习惯接收信息，而不是积极主动地探究知识。这样的学习体验可能使学生缺乏主动性，难以培养自主学习的习惯。被动接收知识的学习方式可能限制了学生的创造性思维。在这种情境下，学生很少有机会进行独立的思考、提出问题或者尝试解决问题，这对培养学生的创造性思考和解决问题的能力构成了一定的障碍。批判性思考是培养学生分析、评估和解决问题能力的关键。然而，在被动接收知识的模式中，学生可能缺乏充分的机会来进行批判性思考，他们更多的是接受事实而非参与深度思考。被动接收知识可能导致学生的学习动机下降。因为学生对学科内容的学习程度主要取决于老师的传授，而不是源自他们自身的兴趣和主动性，这可能影响学生对学习的积极态度和主动性。通过对学生被动接受知识的弊端的分析，我们能够认识到传统模式在培养学生创造性思维和批判性思考等方面存在的不足，为后续探讨翻转课堂如何激发学生的学习主动性提供了对比依据。

3.学习习惯和节奏的差异

由于学生之间学习速度的差异，一些学生可能在短时间内掌握教师传授的知识，而另一些学生可能需要更多的时间来理解同一知识内容。在传统模式下，教师通常难以满足不同学生学习速度的需求，这可能导致一部分学生感到被忽视或者感到学科难以掌握。每个学生都有独特的学习习惯和方法，以适应不同的学科和知识类型。传统模式往往忽视了这种差异，将学生纳入相同的学习进度和节奏，这可能导致一些学生的学习习惯得不到合理的体现，影响其学科学习的效果。对学习节奏差异的忽视可能导致部分学生的学习体验受到影响。一些学生可能感到压力较大，因为跟不上教学进度，另一些学生可能感到学科内容相对简单，缺乏学科上的挑战性，这可能影响学生对学科的兴趣和投入度。学生对学科的理解深度存在差异，部分学生可能需要更多的时间来深入理解某些知识点。传统模式可能未能为学生提供足够的个性化支持，导致学科理解深度的差异化，这可能影响学生对学科的整体认知和信心。通过对学习习惯和节奏差异的分析，我们能够认识到传统教学模式在满足学生个体差异、学习速度和习惯方面存在的问题，为后续翻转课堂的个性化学习提供了论据。

4.引发对个性化教学方式的思考

传统模式的质疑促使教育者更加关注学生的个体差异。教育者开始认识到每个学生在学科理解、学习速度、学科兴趣等方面存在差异，需要更灵活的教学方式来满足这些差异。对传统教学方式的思考使教育者开始强调学生的主动性和参与度。个性化教学强调学生参与学习决策的过程，鼓励他们在学习中发挥更大的自主性，从而更好地适应其个体差异。教育者和学者开始思考如何利用技术手段来支持个性化教学。在线学习平台、教学应用程序等技术工具的普及使得教育可以更灵活地满足学生的个体需求，创造更具个性化的学习环境，而对个性化教学的思考强调激发学生的学习兴趣和潜能。通过更贴近学生兴趣的教学设计，个性化教学试图使学习更具吸引力，让学生更愿意投入学科学习中。通过对个性化教学方式的思考，教育者和学者逐渐认识到学生不同的学习需求与风格，开始探索更具弹性和个性化的教学方式，这为翻转课堂的兴起提供了理论支持和实践动力。

通过对传统模式的质疑，我们能够理解为何在翻转课堂概念出现的时期，人们对传统的"一刀切"教学方式提出了疑问，寻求更具个性化和灵活性的教学途径。这为翻转课堂的发展提供了一种理论基础。

（三）技术的推动力

互联网技术的兴起为教育发展带来了新的可能性。在线学习、数字化教材和多媒体资源的普及为教学提供了更多元化的选择。这为翻转课堂提供了契机，使教育者可以更灵活地设计学习过程。

1. 互联网技术的普及

互联网技术的普及为教育发展开辟了全新的空间。教育者可以将在线学习融入传统课堂，为学生提供更加灵活和多样的学习资源。这种开放式的学习环境超越了传统课堂的教学模式。学生通过互联网可以轻松获取丰富的学习资源，包括在线教程、学术论文、多媒体资料等。这为学生提供了更广泛的信息渠道，使其能够在不受地理和时间限制的情况下拓展知识面。互联网技术的应用突破了传统教室的地理和时间限制。学生不再受制于特定的教室和固定的上课时间，可以根据自己的时间安排和地点选择学习资源，采取更为灵活的学习方式。互联网连接了全球范围内的学习者和教育资源，教育者可以借助网络平台与其他地区的教育者和学生进行交流，促进知识的共享，提升教学的全球化水平。通过对互联网技术的发展，教育者将在线学习引入传统课堂，为学生提供了更加开放和灵活的学习体验。

2. 在线学习平台的兴起

随着在线学习平台的兴起，教育者可以从各种在线课程中选择适合自己教学内容和学生水平的资源。这为教育者提供了更多元、更灵活的教学选择，他们能够根据学科特点和学生需求进行个性化的教学设计。在线学习平台的存在为学生提供了更多自主学习的机会。学生可以在自己的时间和地点选择合适的在线课程，根据个人的学习进度进行学习，这种灵活性有助于培养学生的自主学习能力。在线学习平台允许学生根据自己的学习节奏学习，不再受限于传统教学的固定进度，这为学生提供了更好的适应空间，他们能够更深入地理解知识点，并提高自己的学科能力。在线学习平台的发展为翻转课堂实践提供了技术支持。教育者可以借助在线学习平台，结合自己的教学理念，设计更加开放和互动性强的学习任务，使学生在课堂上更多地参与讨论和实践。因此，在线学习平台为翻转课堂提供了更丰富的教学资源和更灵活的学习环境，促进了教学方式的创新。

3.数字化教材和多媒体资源的应用

数字化教材的应用使教育者能够制作更加丰富多彩的教学材料。通过图文并茂、生动有趣的数字化内容，教育者可以提供更具吸引力和互动性的学习体验，增强学生对知识的兴趣。多媒体资源，尤其是图像和视频，能够更生动地呈现抽象的概念和复杂的知识点。通过在翻转课堂中应用这些资源，教育者可以提高学生对知识的理解水平，使学习更加直观和具体。数字化教材和多媒体资源的应用不仅能提高教学的效果，还能增加学习的趣味性。通过引入有趣的动画、实例和案例，可以激发学生的好奇心和学科兴趣，使学习变得更富有乐趣。数字化教材和多媒体资源为翻转课堂中的互动提供了支持。学生可以通过与数字内容进行互动，参与讨论、解答问题，从而更积极地参与到课堂学习中，促进学生的深度的学科理解。数字化教材和多媒体资源在翻转课堂中发挥了很大的作用，提高了教学效果，使学习更加生动、有趣和互动。

4.教学管理系统的发展

教学管理系统为教育者提供了一个集中管理教学过程的平台。教育者可以在系统中设计课程结构、安排学习任务、上传教学资源，实现对整个翻转课堂的有序组织和管理。通过教学管理系统，教育者能够实时追踪学生的学习进度。了解学生在预习阶段的表现和理解程度，有助于教育者更有针对性地进行课堂教学设计，因材施教，满足学生的个体差异。同时教学管理系统提供了收集学生反馈的渠道。通过在线问卷、讨论板等功能，教育者可以及时了解学生对课程的反馈和意见。这有助于教育者调整教学策略，改进教学方法，提升翻转课堂的质量。基于教学管理系统收集的数据，教育者可以为学生提供更个性化的支持。了解学生的学习习惯、喜好和困难点，教育者能够有针对性地进行辅导和引导，使学生更好地适应翻转课堂的学习方式。教学管理系统的发展提高了翻转课堂的组织性、个性化程度，为教育者提供了更多有效的教学管理工具。

（四）实践中的涌现

1.创新性实践的兴起

翻转课堂的涌现与实践中的教学模式创新密切相关。教育者开始尝试跳出传统的教学框架，思考如何通过引入新的教学方式提高学生的学习参与度和深度理解。创新性实践的一部分是鼓励学生在家中进行自主学习。教育者为学生提供了预习材料、教学视频等资源，让学生在课前独立学习，可以培养他们的自主学习能力。翻转课堂最初的实践试图颠覆传统的教学方式，将课堂时间重新规划，使之更具交互性和深度。通过在家自主学习，学生在课堂上更专注于讨论和互动，从而促使知识更深入地被理解。这些创新实践的目的之一是激发学生更主动地参与学习。通过提供更具启发性和引导性的学习资源，教育者希望唤起学生对知识的好奇心，使学习不再仅仅是被动接收，而是主动探究和思考。创新性实践的兴起使翻转课堂的概念逐渐形成，引领了教学方式的变革，从而可以提高学生的学习体验和教学效果。

2.学生自主学习的尝试

教育者在翻转课堂实践中尝试为学生提供预习材料和教学视频。这些资源允许学生在课前自主学习，提前了解即将讲授的知识点。预习材料的提供丰富了学生学习的渠道，教学视频则使得学生能够通过视听方式更好地理解概念。通过自主学习的尝试，学生得以独立掌握基础知识。在家中的学习环境中，学生可以按照自己的学习节奏深入学习，并在课堂上更专注于解决问题、讨论和应用知识，从而提高学习效果。翻转课堂初期的尝试有助于提前培养学生的自主学习能力。学生学会在家中寻找和利用学习资源，逐渐形成自我驱动的学习习惯，这为日后更复杂的学科和问题的独立学习奠定了基础。通过让学生在家中进行自主学习，教育者试图引导学生主动参与学习过程。这种参与不仅体现在对预习材料和教学视频的学习，还体现在学生对学习内容的提问和深入思考，从而更积极地参与到课堂互动中。通过学生自主学习的尝试，翻转课堂初期建立了一种学习模式，强调学生在家中通过自主学习为课堂学习做准备，为其后续课堂上的深入学习打下了基础。

3. 课堂深入讨论和互动的实践

在翻转课堂的实践中，教育者通过将课堂时间重新规划，将重点放在深入的讨论和互动上。这一实践旨在最大化课堂时间的效用，使之成为学生思考、交流和合作的空间，而不仅仅是传递知识的场所。学生在预习的基础上，在课堂上进行深入学习，他们通过提前获取基础知识，能够更深刻地理解复杂的概念和问题。课堂上的深入学习使得学生能够在教育者的引导下进行更高层次的思考和讨论。在深入讨论和互动的实践中，学生被鼓励提出问题和分享观点。这种互动性的学习氛围使得学生可以更主动地参与到课堂过程中，能够积极提出疑问，表达自己的见解，从而促进更深层次的理解。通过深入讨论和互动的实践，课堂氛围与传统教学有着明显的不同。不再是单一的知识传递，而是变成学生与教育者共同构建知识的过程。这种参与度高、互动性强的氛围有助于培养学生批判性思维和团队合作能力。课堂深入讨论和互动实践可以在课堂中创造出更有深度和活力的学习氛围，提升学生的学习体验和课堂效果。

4. 萌芽阶段的概念提炼

在创新性实践的过程中，教育者逐渐总结和反思经验。他们发现在预习阶段让学生自主学习，然后在课堂上进行深入讨论和互动，能够激发学生更深层次的学习热情，促进知识的掌握。经过实践，教育者逐渐认识到将预习与课堂深入讨论和互动结合起来效果更佳。学生在预习阶段学习了基础知识，而课堂时间则被用于强化和应用这些知识，形成更为完整和有层次的学习过程。实践经验的总结使得教育者明确了翻转课堂的核心理念，即通过让学生在预习阶段自主学习，然后在课堂上进行深入讨论和互动，能够提高学生的参与度和深度理解能力，从而达到更好的教学效果。这些总结和认识逐步形成了翻转课堂的概念。教育者逐渐明确了翻转课堂的核心特点和实践方法，为研究后续的理论框架奠定了基础。这一阶段被视为翻转课堂概念的萌芽期。萌芽阶段的概念是在实践中逐步形成的，是对创新性实践经验的总结和反思后的产物。这为后来翻转课堂理论的构建提供了实践基础。翻转课堂概念是从一些实践中逐渐探索和总结出来的，而非仅仅通过学术讨论形成的。这种实践的萌芽为后来的理论发展提供了有力的支持。

二、技术的崛起

随着信息技术的飞速发展,翻转课堂开始得到更广泛的关注。在线视频、教学平台和学习管理系统等技术工具的普及,为实施翻转课堂提供了便利。教育者和学者开始积极探索如何借助技术来支持学生的自主学习和促进课堂互动。这一时期,翻转课堂逐渐从教育实践中的小范围试验走向更为系统和规模化的应用。

(一)信息技术的快速发展

信息技术的快速发展使得翻转课堂引起了更广泛的社会关注。教育者开始关注如何充分利用这些新兴的技术工具来改变传统的教学方式,从而提高教学效果。新兴的技术工具为教育发展带来了全新的空间,尤其是在教学创新方面。教育者开始认识到,技术可以成为推动教学创新的重要推动力,从而更好地满足学生的学习需求。随着技术的快速发展,教育者逐渐认识到技术在教学中的重要性。他们开始主动探索如何整合技术,使其成为教学过程中的有益工具,为学生提供更丰富、灵活的学习体验。信息技术被视为促进教学创新的推动力。教育者在技术的帮助下开始尝试新的教学方法,以更好地适应学生的学习方式,提高教学效果。信息技术的快速发展,使翻转课堂作为一种创新教学模式引起了更多的关注,技术进步逐渐成为推动教育改革的重要力量。

(二)在线视频的普及

在线视频的普及使得视频成为翻转课堂中的强大教学工具。教育者可以借助视频展示复杂的概念、实验过程或解决问题的方法,使学生能够通过视觉和听觉更好地理解知识。教育者可以录制并分享教学视频,使学生能够在课前通过观看视频进行预习。这种方式打破了传统教学的时空限制,学生可以随时随地通过网络观看视频,提前了解课程内容。在线视频学习使得学生不再受时间和地点的限制。他们可以根据个人时间安排,在家中或任何有网络连接的地方观看教学视频。这种自主学习方式增加了学生的学习灵活性。通过在线视频的普及，学生能够以更轻松的方式学习，根据自身的学习速度进行预习，这提升了学生的学习体验，使他们更容易理解和消化复杂的知识。同时在线视频的使用强调了个性化学习的概念。学生可以按照自己的学习节奏和风格观看视频，根据自身需求进行反复学习，从而更好地掌握知识。在线视频的普及为实施翻转课堂提供了强大的支持，不仅使教育者能够更灵活地传递知识，学生也能够更方便地获取学习资源，由此提高学习的效率和便捷性。

（三）教学平台的兴起

教学平台的兴起为学生和教育者提供了一个集中管理学习资源的平台，这意味着教育者可以在一个统一的平台上上传、组织和分享课程材料，包括教学视频、讲义、作业等。学生可以方便地在同一平台上获取所有相关学习资源。教育者可以通过教学平台上传课程材料，实现资源的数字化和在线化。这种数字化的管理方式使得教育者能够更有效地组织和管理教学内容，从而提供更丰富的学习资源。教学平台的兴起使得作业的布置和提交变得更加便捷。教育者可以在平台上布置作业，学生可以在同一平台上提交作业，这种数字化的作业管理方式简化了教学流程，提高了作业的管理效率。教学平台通常提供学习统计和反馈功能，教育者可以追踪学生的学习进度、作业完成情况等数据，这为个性化学习和教学调整提供了重要的信息支持。教学平台的兴起为翻转课堂的组织和实施提供了便捷的途径。教育者可以在平台上灵活安排学习任务，学生可以方便地获取和提交学习资料，使得整个翻转课堂的实施过程更加流畅。教学平台为教育者和学生提供了数字化、集中化的学习空间，促进了翻转课堂的有效组织和实施。

（四）学习管理系统的应用

学习管理系统具备丰富的功能，包括学生信息管理、课程管理、作业管理、学习进度跟踪等。这些功能使得教育者可以在一个系统中集中管理和监控学生的学习活动。学习管理系统允许教育者追踪学生的学习进度。通过系统记录学生的学习活动和完成情况，教育者可以清晰了解每个学生在课程中的表现，为个性化教学提供数据支持。另外，学习管理系统还可以用于收集学生的反馈意见。通过问卷调查、在线讨论等方式，教育者可以获取学生对课程内容、教学方法的反馈，有针对性地调整教学策略，提高教学质量。基于学习管理系统的数据分析，教育者可以为每个学生提供个性化的学习支持，了解学生的学习偏好、弱点和需求，教育者可以有针对性地制订教学计划，提供更有效的辅导和指导。学习管理系统的应用使得教育者能够更好地优化教学过程。通过实时数据和反馈，教育者可以及时发现问题、调整教学方向，使翻转课堂的实施更加符合学生的实际学习需求。因此学习管理系统的应用为教育者提供了强大的工具，帮助他们更好地组织、管理和优化翻转课堂的教学过程，从而提高学生的学习效果。

（五）从小范围试验到规模化应用

随着技术的崛起，翻转课堂逐渐从小范围的试验走向规模化的应用。教育者和学者在实践中积累了经验，认识到翻转课堂教学的潜力，并开始思考如何在更广泛的范围内推广和应用这种教学模式。翻转课堂作为一种创新的教学方式逐渐成为教育改革的内容。教育者和决策者开始考虑如何整合翻转课堂的理念和技术，以提高整个教育系统的效率和质量。随着翻转课堂规模化应用需求的增加，师资培训成为关键的环节。教育机构和政府部门开始大规模地进行教师培训，使教育者更好地掌握翻转课堂的教学方法和技能。同时规模化应用需要更强大的技术支持。教育机构逐渐建立起更完善、稳定的技术基础设施，确保在大规模范围内实施翻转课堂时能够顺利运行。在规模化应用的过程中，对教学成果和效果的评估变得尤为重要。学者和决策者需要通过数据分析和评估研究，确保翻转课堂不仅在小范围试验中有效，而且在更广泛范围内能够提升学生的学习体验和学术成绩。规模化应用并非终点，而是一个持续优化和改进的过程。教育者和决策者需要不断地反思和调整，根据实际情况做出相应的改变，以确保翻转课堂能够真正地为广大学生带来实质性的教育益处。规模化应用标志着翻转课堂从实验走向实际应用，为教育发展带来了更深远的影响。通过技术的发展使翻转课堂得到更广泛的传播和应用，由此可以为学生提供更多元化、灵活性更强的学习体验。

三、理论和研究的发展

随着翻转课堂的实践不断推进，相关的理论和研究也逐渐兴起。学者们开始关注翻转课堂对学生学习成效的影响，以及其在不同学科和年龄群体中的适用性。理论框架的建立使翻转课堂逐渐从实践经验中走向科学化的探讨，为进一步改进和优化提供了理论支持。

（一）学习成效的影响研究

随着翻转课堂的实践推进，学者们开始深入研究翻转课堂对学生学习成效的影响。他们关注学生在翻转课堂模式下的知识掌握情况、学科理解能力以及学术表现等方面的变化，通过实证研究探讨翻转课堂对其学习成绩的潜在影响。

1. 知识掌握情况的研究

学者们通过定量方法，比较学生在翻转课堂和传统课堂中的测试成绩变化，这可能包括课前课后的测试，期中期末考试成绩等。通过对比得分，学者们能够评估翻转课堂对学科知识掌握的影响。研究者关注学生在翻转课堂中完成作业的情况，这包括作业的完成质量、及时性等方面。通过比较作业情况，学者们能够了解学生对翻转课堂所学知识的理解和应用能力。除了整体成绩的比较，学者们还可能深入研究个别学生在翻转课堂中的学习进展，这种个体化的研究有助于理解不同学生对翻转课堂的反应，从而更全面地评估该教学模式的有效性。研究者可能将焦点放在特定学科领域，如数学、科学等，以研究翻转课堂对不同学科知识掌握的影响。这样的研究能够提供更具体的信息，指导不同学科领域的教学实践。除了定量数据，学者们还可能采用定性研究方法，收集学生对翻转课堂学习体验的反馈。结合学生的主观感受，研究者能够更全面地评估学科知识的学习效果。通过这些研究方法，学者们可以全面了解翻转课堂对学生学科知识掌握情况的影响，为翻转课堂教学的改进和优化提供实证支持。

2. 学科理解能力的调查

学者们通过深入的访谈、问卷调查等方式，探究学生在翻转课堂中对学科概念的理解深度。这可能包括他们对关键概念的准确理解、概念间关系的把握等方面的调查，以评估学生学科理解能力。研究者可能选择观察学生在翻转课堂中的问题解决过程，这包括他们对课程中提出的问题的思考和解答方式。通过分析学生的问题解决能力，可以揭示翻转课堂对培养学生学科素养的潜在影响。学者可能关注翻转课堂中的课堂互动，分析学生在互动中表现出的学科理解能力。这可能涉及学生对同学观点的回应、对问题的提出等，从而评估学生对学科理解的深度和广度。除了基础概念的理解，学者们还可能关注学生在实际问题应用方面的能力。通过设计实际情境下的问题，观察学生的应用能力，评估翻转课堂对学科素养的影响。研究者可能扩展研究范围，关注学生在跨学科情景下的学科理解能力。这有助于了解翻转课堂对学生在不同学科领域全面发展的影响。通过这些研究方法，学者们能够深入了解翻转课堂对学生学科理解能力的影响，为翻转课堂教学提供更有针对性的建议和改进方向。

3. 学术表现得比较

学者可能通过长期的研究，比较参与翻转课堂和传统课堂的学生在学科成绩方面的长期趋势。这可以包括数学、语文、科学等不同学科，通过学期末或年度的学科成绩进行比较。研究者可能选择在每个学期或学年结束时对参与翻转课堂和传统课堂的学生进行考试成绩的定期评估。这有助于观察学生在不同时间段内学业表现的变化，评估翻转课堂的长期效果。学者可能分别比较不同学科领域的学业表现。例如，他们可能关注数学课程和语言课程在翻转课堂中的影响差异。这种分科的比较有助于理解翻转课堂在不同学科中的适用性。除了定期的学科成绩和考试成绩比较，学者们还可能考虑其他影响学术表现的因素，如学生的学习态度、参与度等。通过综合考虑这些因素，他们可以更全面地评估翻转课堂对学生学业表现的影响。同时学者可能扩大研究范围，比较不同年级和班级的学生在翻转课堂和传统课堂中的学业表现。这有助于了解翻转课堂是否在不同年龄和学科背景的学生中都具有积极的影响。通过这些对比研究，学者们能够更全面地了解翻转课堂对学生学业表现的影响，为决策制定提供科学的依据。

4. 学习成效的多维度评估

学者们可能通过问卷调查、访谈等方式，调查学生在翻转课堂和传统课堂中对学科的兴趣变化。这有助于了解翻转课堂教学方式是否能够激发学生对知识的热情，提高学习兴趣。观察学生在翻转课堂中的学习参与度，包括课堂讨论、提问反馈等方面。通过分析学生在学科学习中的主动参与程度，研究者能够评估翻转课堂教学方式对学科参与度的影响。同时学者们可能关注学生在翻转课堂和传统课堂中的学习动机。这可以通过学生自我报告、问卷调查等方式进行评估，以了解翻转课堂教学方式是否能够激发学生更强的学习动机。研究者可能分析学生在翻转课堂中采用的学习策略，包括自主学习的方式、课堂互动的参与程度等。这有助于了解学生在翻转课堂中是否形成更有效的学习策略。除了个体层面的因素，学者们还可能考虑社交因素对学习成效的影响，如同学间的合作、互动等。通过观察和调查社交层面的因素，研究者能够更全面地评估翻转课堂对学生学习成效的综合影响。通过这些多维度的评估方法，学者们能够更全面、深入地了解翻转课堂对学生学习成效的多方面影响，从而为教育实践提供更有针对性的建议。

5. 影响因素的探究

学者们可能深入研究教学设计对学习成效的影响，包括课程结构、预习材料的设计、课堂互动方式等方面。通过比较不同教学设计的翻转课堂方式，他们能够识别出哪些设计元素对学生学习效果产生积极影响。了解学生自主学习能力对翻转课堂的适应程度和学习成效的影响是一个重要方面。学者们可能通过测评学生的自主学习能力，包括信息获取、学习计划制订等方面，以揭示学生自主学习能力与翻转课堂效果之间的关系。同时研究者可能关注翻转课堂中使用的技术工具对学生学习成效的影响，这可以包括在线视频的质量、教学平台的易用性等因素。通过调查学生对技术工具的反馈和使用情况，研究者可以评估技术工具在提升学习成效方面的作用，他们可能考虑学生个体差异对翻转课堂学习成效的影响，包括学生的学科先前知识水平、学科兴趣、学习风格等因素。通过分层分析学生群体，研究者可以更好地了解哪些学生群体更适合实施翻转课堂教学方式。另外，教师在翻转课堂中的角色和指导方式也是一个关键因素。学者们可能关注教师如何引导学生的学习、提供什么样的支持等，而深入了解教师在翻转课堂中的实际操作则有助于发现影响学习成效的关键因素。通过对这些影响因素的深入研究，学者们可以提供更具体、针对性的建议，帮助教育者更好地设计和实施翻转课堂,最大限度地提高学习成效。通过这些研究,可以看到翻转课堂对学习成效的影响,由此可以为教育实践提供实证支持和理论指导。

(二)跨学科和年龄群体的适用性研究

研究者开始关注翻转课堂在不同学科和年龄群体中的适用性。他们比较不同学科领域、不同年级的学生在翻转课堂中的学习效果,以了解该教学模式在不同背景下的优势和限制,从而为教育实践提供更具体的指导。

学者们可能比较翻转课堂在不同学科中的适用性,如数学、语言、科学等。通过观察不同学科的学科内容和学科特性,他们能够评估翻转课堂对学生不同学科的学习效果是否存在差异。研究者可能调查不同学科领域的教育模式,包括传统课堂教学和翻转课堂教学在各学科的应用情况。这有助于了解哪些学科更容易融入翻转课堂的教学模式,以及哪些学科可能面临挑战。

学者们可能比较不同年级学生在翻转课堂中的学习效果,包括小学、初中、高中等不同阶段的学生。这有助于了解翻转课堂在学龄前、青少年和青年群体中的适用性差异。研究者可能深入研究不同年龄段学生的年龄特征和学习风格,以揭示翻转课堂对不同年龄段学生的教学效果是否存在差异,包括对学生认知发展水平的考察。

为了更全面地了解翻转课堂的适用性,学者们可能进行整合研究,同时考虑学科和年龄群体的因素。这样的研究有助于提供更具体的建议,指导教育者在不同背景下实施翻转课堂。研究者可以根据不同学科和年龄群体的研究结果,为教育者提供有针对性的最佳实践建议,帮助他们更有效地设计和实施翻转课堂。

通过这些研究,学者们能够深入了解翻转课堂在不同学科和年龄群体中的适用性,为推动翻转课堂的发展提供更具体的指导。

(三)理论框架的建立

1.学习动机理论

学习动机理论在翻转课堂的背景下发挥着重要作用。自我决定理论

（Self-Determination Theory，SDT）是一种常用的学习动机理论，它着眼于个体的内在动机和外在动机，并强调满足其基本心理需要的重要性。翻转课堂通过让学生在家中进行自主学习，可以激发他们内在的学习兴趣和动机。学生有机会选择学习的内容、学习的方式，从而增强他们对学习过程的掌控感。SDT强调个体的目标设定对动机的影响。在翻转课堂中，学生可以根据自己的学习目标来调整学习计划，这有助于提高他们的学习动机。同时使用技术工具，如在线视频和教学平台，可以为学生提供外在动机的支持。通过多媒体和互动性的学习资源，可以吸引学生的注意力，使学习过程更具吸引力。翻转课堂强调学生的自主学习，可以满足他们追求自主性的基本心理需要。学生在选择学习内容和学习方式时感到更具自由度。通过预习阶段，学生有机会提前了解课程内容，可以增强他们对知识的理解能力，满足其追求能力感的需要。课堂互动的强调促进了学生与教师及同学之间的关系建设，满足了他们社会性的基本心理需要。在整个翻转课堂的设计和实施中，理论框架可以指导教育者更好地理解学生的学习动机，从而优化教学策略，提高学生的参与度和学习效果。

2. 认知理论

认知理论在翻转课堂中的运用有助于理解学生的学习过程、知识构建以及信息处理方式。其中，建构主义和社会认知理论为教育者提供了指导，使他们能够更好地设计自主学习材料和支持学生的认知发展。学生在自主学习阶段通过观看教学视频、阅读资料等方式积极构建知识结构。建构主义认为学生是知识的积极建构者，因此，教育者可以设计能够引导学生进行深度思考和理解的学习材料。翻转课堂的设计可以增强学生问题解决和应用能力的培养。通过提供实际问题、案例分析等材料，学生有机会将抽象的知识应用到具体情境中，促进认知水平的提升。认知理论强调学习是社会活动，合作学习可以在翻转课堂中得到应用。学生在课堂互动阶段有机会分享观点、讨论问题，促进了其对知识的共建。在翻转课堂中，老师的角色更倾向成为导师和支持者。这与认知理论中指导者的概念相符，强调教育者的引导和支持对学生学习的重要性。通过理解学生是如何建构知识、解决问题以及通过社会互动学习，教育者可以更有针对性地设计课程内容，提高学生在翻转课堂中的认知水平和学科理解能力。

3. 社会建构主义理论

社会建构主义理论的引入为翻转课堂的课堂互动提供了理论支持。这一理论强调学生通过与他人的社会互动来建构知识，并且认为学习是一个社会性的活动。设计小组讨论和合作学习活动，鼓励学生在课堂上分享观点、讨论问题，这种互动式学习环境有助于促进社会性学习，通过与其他同学的交流，学生能够从不同的视角理解知识。教师在社会建构主义理论中扮演着导师和引导者的角色。在课堂互动中，老师可以引导学生思考、提出问题，同时提供必要的支持和反馈，这种角色转变使得学生更积极地参与互动。通过课堂互动，学生有机会共建知识。社会建构主义认为知识并非单一、静态的，而是通过社会互动中的对话和合作共同构建的。因此，在课堂上鼓励学生分享思考，形成共同理解。通过对话和互动，学生有机会反思自己的观点，理解其他人的观点，这有助于培养批判性思考和分析的能力，促进更深层次的理解。社会建构主义理论的应用使得翻转课堂的互动环境更加丰富和有益，从而可以培养学生在社会互动中共建知识的能力，提升对学科的深刻理解。

4. 交往学习理论

交往学习理论的引入为翻转课堂提供了一个理论框架，强调学生通过社交活动来建构知识。在翻转课堂中，这一理论可以通过以下几个方面得到体现：一是设计小组合作任务，鼓励学生共同解决问题、讨论课程内容。通过合作，学生能够从彼此的经验和观点中获得不同的见解，促进知识的共建。二是创设开放式的讨论环境，鼓励学生在课堂上提出问题、分享看法。这样的对话有助于激发学生的思考和深度学习，使知识更具交互性。三是利用角色扮演和模拟活动，让学生在虚拟场景中进行交往学习。这有助于将抽象的理论知识应用到实际情境中，并通过与他人的交往深化理解。四是设计问题解决任务，要求学生在团队中共同探讨和解决实际问题。这样的任务可以激发学生思考、合作和交往，培养其实际解决问题的能力。五是教师在交往学习理论中扮演着引导和促进学生交往的角色。通过提供问题、激发对话、分享案例等方式，教师可以引导学生参与更有意义的社交活动。通过交往学习理论的理论框架，翻转课堂可以更好地创造出具有社交性的学习环境，强调学生在互动中构建知识的过程。这有助于培养学生的社交技能、合作能力，并促进其对知识的更深层次理解。

5. 科技整合理论

科技整合理论为翻转课堂提供了一个有力的理论框架，关注教育技术在教学中的融合和应用。在翻转课堂中，科技整合理论可以通过以下几个方面得到体现：一是教育者可以根据科技整合理论，设计结合在线视频的多媒体教材。通过图像、声音和文字的有机融合，提高学生对知识的吸收和理解。二是资源集成与管理：利用教学平台，教育者可以集成并管理各类学习资源，包括教材、作业、测验等。这既为学生提供了方便的获取途径，也方便了教育者的教学组织。基于学习管理系统的数据，教育者可以更好地了解学生的学习进展，从而提供个性化的学习支持。同时科技整合理论强调利用数据提高教学效果的概念。利用科技整合理论，可以整合各种互动性工具，如在线讨论板、即时投票等，促进课堂上更丰富的互动体验。另外，科技整合理论还强调通过技术工具收集学生反馈，了解他们的学习体验和需求。这种反馈有助于及时调整教学策略，提高课堂效果。通过科技整合理论，翻转课堂能够更好地利用教育技术，提供支持学生自主学习和促进课堂互动的手段。这样的整合不仅可以提高教学的效果，也可以为学生提供更丰富的学习体验。

6. 信息处理理论

通过信息处理理论在翻转课堂中的应用可以深入研究学生在自主学习阶段和课堂互动中的信息处理过程。以下是信息处理理论在翻转课堂中的关键点：一是根据信息处理理论，预习材料的设计应考虑学生的认知负荷，以避免信息过载。二是多媒体设计、信息分层等策略可以帮助学生更有效地处理和理解预习内容。在课堂互动中，信息处理理论强调通过讨论和问题解决活动，促使学生对先前学到的知识进行再加工。这有助于知识的巩固和深化。三是基于信息处理理论，可以开发智能化的辅助工具，帮助学生更好地处理和理解学习材料，包括智能笔记工具、在线概念映射等。四是信息处理理论强调个体差异，因此在翻转课堂中，可以根据学生的认知特点定制个性化的学习支持，提供符合他们信息加工方式的学习材料和任务。五是信息处理理论认为及时的反馈对学习至关重要。在翻转课堂中，通过技术工具收集学生的反馈信息，有助于及时调整教学策略，提供更有效的学习支持。通过应用信息处理理论，可以更好地理解学生在翻转课堂学习过程中的认知过程，并通过科技手段提供有针对性的支持，从而提高学习效果。

7. 教育生态系统理论

教育生态系统理论在翻转课堂中的应用有助于深刻理解这一教学模式在更广泛社会环境中的角色和影响。教育生态系统理论考虑学校的文化和价值观对教学模式的影响。在翻转课堂中，需要考虑如何与学校的教育理念相融合，以确保顺利实施。教育生态系统理论强调社区对教育的支持作用。在翻转课堂中，可以通过社区资源的整合和家庭参与，增强学生在自主学习阶段的支持网络。同时翻转课堂的实施可能受到教育政策的影响，而教育生态系统理论可以帮助分析政策对翻转课堂的支持程度，并提出政策层面的改进建议。另外，教育生态系统理论还要考虑技术与社会的相互影响。在翻转课堂中，可以分析技术工具如何改变学生、教师和家庭之间的互动，以及社会对新型教学模式的接受程度。教育生态系统理论强调不同领域间的相互关系。在翻转课堂中，可以探索跨学科合作项目，促进学科间的融合和创新。教育生态系统理论关注系统的长期可持续发展。在翻转课堂中，需要考虑如何保持和调整这一教学模式，以适应教育生态系统的变化。通过应用教育生态系统理论，可以更全面地考虑翻转课堂在更广泛的社会背景中的运作，并提供指导以促进其在整个教育体系中的有效实施。

8. 指导性设计理论

指导性设计理论在翻转课堂中的应用可以深化对教育环境如何促进学生学习的理解。一是指导性设计强调明确的学习目标。在翻转课堂中，理论框架可以指导教育者明确定义学生在自主学习阶段和课堂互动阶段的具体学习目标，以确保教学活动有针对性。二是指导性设计理论关注学生的主动参与。在翻转课堂中，可以通过设计互动性强、启发性的任务和活动，激发学生的兴趣和参与度。三是指导性设计注重及时的反馈。在翻转课堂中，可以设计反馈机制，包括对自主学习的反馈和对课堂表现的即时反馈，以帮助学生调整学习策略。四是指导性设计理论考虑个性化支持。在翻转课堂中，可以采用适应性教学策略，根据学生的不同需求和水平提供个性化的学习支持。五是指导性设计理论强调激发学生的学习兴趣。在翻转课堂中，可以通过多样化的学习资源、引人入胜的教学视频等元素，增强学生的学习动机。六是指导性设计理论关注教学资源的整合。在翻转课堂中，可以通过有效整合在线学习资源，提供多样性的学习材料，以支持学生在自主学习阶段的需求。七是指导性设计理论鼓励循环性的设计和反思。在翻转课堂中，可以建立持续的教学改进机制，不断优化教学设计以适应学生的反馈和需求。通过应用指导性设计理论，可以更系统地构建翻转课堂的教育环境，促进学生的自主学习和积极的课堂互动。这些理论框架提供了对翻转课堂机制的深刻理解，有助于教育者更好地设计和实施翻转课堂，以增强学生的学习体验和提高学习成效。

（四）实证研究的积累

实证研究在深入了解翻转课堂有效性方面起到了至关重要的作用。实证研究可能通过比较参与翻转课堂和传统课堂的学生学科成绩，评估两者之间的差异。研究者可能采用标准化测试数据来评估学生在翻转课堂中的学业表现。通过学生参与的问卷调查，研究者可以了解学生对翻转课堂的态度、满意度，以及自主学习的感受通过跟踪学生在在线平台上的活动，研究者可以定量评估学生的参与度。研究者可能关注不同学生群体，如学科水平、学科兴趣等，以了解翻转课堂在不同群体中的效果。实证研究可能考察不同性别学生在翻转课堂中的表现是否存在差异。研究者可能比较不同翻转课堂设计模式，如预习材料的形式、课堂互动的方式等，以确定哪些设计对学生更有效。实证研究可以深入分析教育者如何使用技术工具来支持翻转课堂，并评估其影响。实证研究可能跟踪教育者在实践中对翻转课堂的不断调整和改进，以了解实际教学中的反馈机制。实证研究可能关注翻转课堂对不同社会背景、经济状况的学生是否能够提供更平等的学习机会。一些实证研究可能进行长期的追踪，以评估翻转课堂在学生学业发展中的长期效果。通过这些实证研究，教育者可以更好地理解翻转课堂的实际效果，有针对性地改进和优化教学设计。

（五）科学化的探讨

当教育实践逐渐被理论支持所深化和指导，我们就能更好地理解教育现象的本质，并更精确地设计和评估教学方法。这也提醒我们教育是一个动态的、不断演进的领域，需要不断地从实践中学习并丰富理论框架。研究者可能提出关于如何设计有效的预习材料、促进学生互动的课堂活动等方面的科学化建议。通过实验证据，可以量化不同教学设计模式对学生学习成效的影响，从而为教育者提供科学化的指导。对学习动机理论、认知理论等的深入研究，以更好地理解学生在翻转课堂中的学习过程。将新的学习理论或者对现有理论的修正应用到实际教学中，验证其有效性。研究者可能提出更精确的技术工具使用策略，以提高学生的自主学习和课堂互动。通过分析不同技术工具的效果，可以为教育者提供科学化的技术选择建议。关注不同背景学生在翻转课堂中是否能够获得平等的学习机会，科学化地研究教育的包容性。发展科学化的评估方法，以衡量翻转课堂等教学创新对学生学术成绩、学科理解力和实际应用能力的影响。将教育生态系统理论付诸实践，研究翻转课堂如何在更广泛的社会和学校环境中产生影响。这些科学化的探讨有望为翻转课堂的发展提供更系统、更有深度的指导，促使教育实践更加贴近科学研究的认识。

翻转课堂的理论和研究的发展不仅使该教学模式在实践中更加深入人心，也为未来的教育创新提供了丰富的理论积累和指导。

四、不同领域的应用

当我们深入探讨不同领域翻转课堂的应用时，可以将其分为学科教学、职业培训和企业教育三个小节，以更清晰地理解其演变和影响。

（一）学科教学

在学科教学方面，翻转课堂的发展确实是对传统教学方式的一种挑战和创新。让我们深入了解这一学科教学中翻转课堂的演变。学生在课前通过阅读、观看教学视频或其他学习材料，提前接触到课程内容。这为他们创造了一个独立学习和思考的空间，使得课堂时间可以更有针对性地用于深化理解和应用知识。相较传统模式，学生在课堂上不再仅仅是被动接收信息，而是通过预习更积极地参与互动。翻转课堂强调学生在课堂上的主动参与。由于他们已经预习过内容，课堂时间可以用于解决更复杂的问题、进行小组讨论或实践活动。这种交互式的学习方式有助于培养学生的批判性思维和问题解决能力。学生在教学过程中不仅仅是接收知识，更是在实践中构建和应用所学概念。通过翻转课堂，学生更有可能实现对知识的深层次理解。他们不再仅仅是记住表面知识，而是通过主动参与和实际运用，形成更为牢固的知识结构。这种深层次的理解在长期内更具有持久性，有助于学生在更高层次上运用所学知识。总体而言，在学科教学中，翻转课堂的演变为教育提供了一种更灵活、互动和深化学习的途径。学生通过预先学习和主动参与，不仅在知识层面上得到拓展，同时也培养了其更全面的学科素养和学习技能。

（二）职业培训

在职业培训领域，翻转课堂的运用为学员提供了一种更加个性化和实践导向的学习体验。我们可以深入了解在这个领域中翻转课堂的具体应用和优势。职业培训要求学员具备实际应用的技能和知识。通过翻转课堂，学员可以在自己的节奏和时间内预先学习相关知识，根据个人需求和学习进度调整学习计划。这种个性化的学习体验有助于满足不同学员的需求，确保每个人都能够充分理解和掌握培训内容。翻转课堂的一个关键优势是强调实践导向的学习。学员在课前通过学习材料准备好理论知识，而课堂时间则用于实际操作、模拟情景和案例分析。这种方法有助于学员更快地掌握实际应用的技能，提高在职场上的绩效和适应能力。职业培训不仅仅注重知识的传递，还强调解决实际问题的能力。通过翻转课堂，学员在课堂上可以深入讨论和解决真实场景中的问题。这样的学习方式可以培养学员的创造力、团队协作和问题解决能力，使其更好地应对职业领域中的挑战。总体而言，在职业培训中采用翻转课堂的方法，有助于实现学生更加灵活、个性化和实践导向的学习目标。学员通过提前学习和实际操作，不仅可以加强自己的技能，也可以提高在职业领域中的竞争力和适应能力。

(三)企业教育

在企业教育领域,翻转课堂的应用展现了其在增强培训效果和降低成本方面的显著优势。企业内部存在多样化的岗位和职责,员工的学习需求各异。通过翻转课堂,员工可以在自己的时间里预习与自己岗位相关的知识,根据个人需要进行深度学习。这种个性化学习的方式有助于确保每个员工都能够获得符合其职责和兴趣的培训内容。虽然员工个别预习,但翻转课堂并不是孤立的学习经验。在集体培训或讨论中,员工有机会与同事分享自己的理解、提出问题并进行深入的交流。这样的集体学习体验有助于促进团队之间的合作和共享知识,从而提高整个团队的绩效。传统的培训方式可能需要员工在工作时间之外参加培训课程,这可能会影响工作效率。通过翻转课堂,员工可以更自由地安排学习时间,降低了对工作日程的干扰。同时,由于预习内容是在员工自主时间完成,企业可以节省培训时间和成本,提高培训的效益。企业教育中的翻转课堂为员工提供了更为便捷的学习方式。员工可以选择在家中、办公室或其他地方进行预习,充分利用碎片化时间进行学习。这种灵活性使得员工更容易融入学习,提高学习的主动性。总体而言,企业教育中的翻转课堂为员工提供了一种更具个性化和灵活性的学习体验。通过提前学习和集体深入讨论,企业能够更有效地培养员工的技能,提高整个团队的绩效水平。

五、挑战与未来

(一)挑战

1. 技术设施不足

在一些地区或学校,可能存在技术设施不足的问题,包括网络连接不稳定、学生设备匮乏等。这可能导致学生在预习阶段遇到困难,影响到翻转课堂的有效实施。解决这一问题需要在教育体系中加大对技术设施的支持和投资力度。

2. 学生参与度不一

翻转课堂虽然强调学生的主动参与,但并不是每个学生都能够充分参与。一些学生可能由于个人原因或学习风格的不同而在预习阶段表现较差。教育者需要寻找方法，鼓励并提供支持，确保每个学生都能够从翻转课堂中受益。

3. 教师培训

教师在翻转课堂中的角色发生了变化，需要更强调引导和支持学生的能力。因此，教师培训成为一个关键问题，确保他们具备设计、管理和评估翻转课堂的能力。同时提供专门的培训和支持将有助于教师更好地适应这种新的教学模式。

（二）未来的发展方向

1. 整合其他教育创新手段

翻转课堂不应被看作孤立的教学方式，而应与其他教育创新手段结合，如在线学习、虚拟现实等。整合这些手段有助于创造更为丰富、多元化的学习体验。

2. 个性化学习支持

未来翻转课堂可以更加关注个性化学习的支持，通过智能化技术和数据分析，为每个学生提供更符合其需求和水平的学习内容，以提高学习效果。

3. 跨学科整合

教育不仅仅在特定学科中发展，还需要跨学科整合。翻转课堂可以成为促进跨学科学习和综合能力培养的平台，使学生更全面地发展。

未来翻转课堂需要在解决现有挑战的基础上，与其他教育创新手段融合，更好地满足学生和教育者的需求，推动教育向着更为创新和可持续的方向发展。通过这些层次的论述，我们可以更全面地了解翻转课堂的历史演变，以及其在这个过程中所面临的挑战和未来的发展趋势。

第三节 翻转课堂的教育理论

一、教育理论的基础

在教育理论的基础层,我们着眼于传统教育模式的局限性,强调学生主动性和个性化学习的重要性,以此为研究翻转课堂的理论基础奠定基础。

(一)传统教育模式的限制

传统教育通常是师生关系中老师主导,学生被动接收知识。这种模式可能导致学生对学习失去兴趣,因为他们的学习过程缺乏主动性和参与感。另外,传统教育强调的记忆和机械性学习也会阻碍学生深入理解和应用知识。

(二)学生主动性

翻转课堂理论的基础之一是强调学生的主动性。通过让学生在课前自主学习,可以提高他们对知识的掌握程度。学生有机会根据自己的学习节奏和风格预习课程内容,从而更加投入和自觉地参与到学习中。

(三)个性化学习的重要性

个性化学习理念认为每个学生都是独特的,有不同的学习风格和需求。传统教育难以满足所有学生的个性化学习需求。翻转课堂提供了更加灵活的学习环境,学生可以根据自己的兴趣和水平选择学习的路径,实现更个性化的学习体验。

(四)建立翻转课堂的理论基础

在这一层,我们可以深入研究教育哲学、心理学以及现代教育学的基本原理,如构建主义学派、情感认知理论等。通过理解这些理论,我们可以更好地认识到为什么翻转课堂被认为是一种更符合学习理念的教育创新方式。

通过在教育理论的基础层进行深入研究，我们能够理解翻转课堂的诞生背后的动机，以及其被认为是对传统教育模式的一种重要补充。这为后续层次的理论建构提供了坚实的基础。

二、认知理论与学习模式

在认知理论与学习模式的层次，我们深入研究翻转课堂与认知理论的关系，探讨学生在独立学习和团体学习中的认知过程。

（一）自主学习的认知过程

在自主学习的认知过程中，我们可以深入研究学生在翻转课堂中预习阶段的认知过程，包括信息获取、编码、存储、检索以及知识应用的方面。首先，在预习过程中，学生需要主动获取相关的信息，包括阅读教材、观看视频、参与在线讨论等。我们可以研究学生选择信息的依据，以及他们如何评估信息的重要性和可靠性。这一过程涉及注意力的分配和信息的筛选。获取信息后，学生需要对其进行编码和存储，以便将来能够检索和运用，这涉及将新信息与已有知识联系起来，形成更为牢固的记忆。其次，我们可以研究学生如何组织和整合新信息，以及他们在脑内构建的认知框架。在学生进入课堂时，他们需要能够检索并回忆起之前预习的知识。这一阶段涉及记忆的提取过程，我们可以研究学生在面对问题或任务时如何有效地检索并运用先前学到的知识。最后，认知过程需要将学到的知识应用到实际问题中，包括解决问题、参与讨论、进行实验等。同时我们可以深入研究学生在课堂上如何运用预习阶段获得的知识，以及他们在应用过程中面临的挑战和思考方式。通过深入研究自主学习的认知过程，我们能够更好地理解学生在预习阶段是如何主动参与学习、处理信息并为后续学习做好准备的。这有助于教育者设计更有效的预习材料和引导学生更有效地进行自主学习。

（二）预习对知识建构的作用

在翻转课堂中，预习被强调为一项重要的活动，其在认知理论中关于知识建构的概念相契合。让我们深入研究预习对于知识建构的作用，以及为什么它有助于提高学生的学习效果。预习为学生提供了在课堂上构建新知识框架的机会。学生在预习过程中接触到新的概念、理论或信息，通过这个过程，他们开始在脑海中建立起一个初步的认知框架。这个框架为后续的课堂讨论提供了基础，使学生更容易理解和吸收新知识。通过预习，学生被鼓励在课前对材料进行深入思考。这不仅包括理解基本概念，还涉及思考问题的深度、应用概念的场景等。这种深层次的思考促使学生不仅仅要记住信息，更要理解其背后的原理和逻辑，从而实现对知识的深刻理解。预习可以在学生进入课堂之前引起他们对知识的兴趣。通过提前接触相关内容，学生在课堂上更有动力去深入学习和参与讨论。这提高了学生的注意力和集中力，使他们更容易从课堂中获取有价值的信息。学生在预习时对知识进行了初步的接触和处理，这为信息在其记忆中的保留提供了更多的机会。相比在课堂上首次接触某一概念，通过预习，学生已经在脑海中留下了一些痕迹，使得在课堂上的学习更易于记忆和巩固。通过深入探讨预习对知识建构的作用，我们能够更好地理解为什么这一步骤对学生的学习效果至关重要。预习不仅可以为学生创造更有利于学习的环境，而且可以在认知过程中起到激发兴趣、深化理解和促进记忆的作用。

（三）激发自主学习和深层次思考

在激发自主学习和深层次思考方面，翻转课堂通过提前学习的方式为学生创造了一个积极的学习环境。让我们深入研究学生在这种环境中是如何培养其深层次思考能力的，并将认知理论中的深层次加工理论作为理论基础进行解释。通过提前学习，学生获得了对知识的先行认识，这可能激发他们主动深入学习的动机。自主学习的动机有助于学生更专注、更有目标地进行学习，而不仅仅是完成任务。这与认知理论中的动机理论相关，强调学习的主动性和个体差异。翻转课堂鼓励学生在预习的过程中进行深层次思考。这包括对概念的探讨、问题的提出以及与实际生活的联系。深层次思考超越了简单的记忆，涉及对知识的理解和应用。认知理论中的深层次加工理论认为，通过深入思考和处理信息，学生更有可能将其纳入长期记忆，并能够更灵活地运用。翻转课堂的环境促使学生更加主动地参与学习，同时支持合作学习。在课堂上，学生有机会与其他同学一起讨论、解决问题，这进一步培养了他们的深层次思考能力。认知理论中的社会建构主义认为，通过与他人合作，学生能够更全面地理解和运用知识。认知理论中的深层次加工理论解释了为什么翻转课堂有助于学生更深刻地理解和运用知识。根据这一理论，当学生在预习阶段对信息进行深层次的处理时，他们更可能在学习过程中对这些信息进行深度思考，而不仅仅是进行表面性的记忆。这有助于构建更为牢固的认知结构，使学生能够更灵活地应用所学的知识。通过研究激发自主学习和深层次思考的机制，我们能够更好地理解为什么翻转课堂能够在认知层面上提高学生的学习效果，这为设计和改进教学策略提供了有益的指导。

（四）结合认知心理学的原理

在结合认知心理学原理的层次，我们将研究如何根据认知心理学的框架设计翻转课堂，以提供更有效的学习体验。这包括注意力、记忆的存储与提取、问题解决等认知心理学原理的应用。认知心理学强调注意力对学生学习的重要性。在设计翻转课堂时，我们可以考虑如何引导学生的注意力，使其集中在关键概念和任务上。使用引人入胜的预习材料、设计引人入胜的问题，以及在课堂上引导有针对性的讨论，都是根据注意力理论的有效策略。认知心理学关注记忆的存储和提取过程。在设计预习任务时，我们可以考虑如何通过合适的方式呈现信息，以便更容易被记忆。在课堂上，通过提出问题、进行案例分析等方式，促使学生主动提取之前学到的知识，有助于巩固记忆。深层次加工理论认为对信息进行深层次的加工有助于更好地记忆和理解。在翻转课堂中，我们可以设计启发学生深层次思考的任务，如让他们解决实际问题、进行讨论，以促进深度加工，从而更好地理解和运用所学知识。认知心理学探讨了问题解决和学习策略对学习成效的影响。在设计翻转课堂的活动时，我们可以引导学生使用有效的学习策略，如分析问题、制定计划、反思等，以提高他们解决的问题能力和学习效果。通过结合认知心理学的原理，我们能够更有针对性地设计翻转课堂的教学策略，使其更符合学生认知过程的规律。这样的设计能够更好地引导学生的学习，促使他们更深层次地理解和运用所学的知识。

通过深入研究翻转课堂与认知理论的关系，我们能够更全面地理解为什么翻转课堂在认知层面上能够更有效地促进学生的学习。这一理论层次为设计和改进翻转课堂教学模式提供了理论指导。

三、社会建构主义与合作学习

在社会建构主义与合作学习的层次中，我们将深入研究翻转课堂与社会建构主义的关系，强调其通过合作学习促进社会互动和共同建构知识的特点。下面让我们探讨课堂上的讨论、小组活动如何促进学生的思辨能力、沟通技能，以及如何共同建构知识。

（一）社会建构主义与合作学习

在社会建构主义与合作学习的层次中，我们将深入研究社会建构主义理论如何认为知识是通过社会互动和共同建构而来的，并探讨在翻转课堂中如何将合作学习作为重要的教学策略，促进学生共同探讨和知识的建构。社会建构主义认为个体的认知和学习是通过社会交往与互动中形成的，而不仅仅是在个体内部进行的。知识不是被接收的，而是在通过与他人合作、交流、参与社会实践的过程中共同建构的。这一理论强调学习环境的社会性和文化性，以及个体通过参与社会活动来发展认知能力。在翻转课堂中，合作学习被引入作为一种重要的教学策略。学生通过预习阶段的个人学习，然后在课堂上与同学合作探讨问题、解决难题。这一过程中，学生不仅仅是接收信息，更是通过互动和合作建构知识。小组讨论、团队项目和合作性任务成为翻转课堂中常见的实践。社会建构主义理论认为，通过参与合作学习，学生可以通过对话、讨论和协作来建构知识。在课堂上，学生可以分享他们的理解、观点和经验，通过交流和合作，共同建构出更为深刻和全面的知识结构。这种互动不仅仅是信息的传递，更是对知识的共同建构。合作学习在翻转课堂中培养了学生的批判性思维和沟通技能。通过与其他同学进行讨论和合作，学生学会思考问题、提出观点并有效地表达自己。这不仅有助于他们更深层次地理解学科内容，还可以提升他们的批判性思维和团队沟通技能。通过深入研究社会建构主义与合作学习在翻转课堂中的关系，我们能够更好地理解为何合作学习是翻转课堂中的有效策略，如何通过社会互动促进学生之间共同建构知识。这为设计具有社会建构主义特点的教学环境提供了理论指导。

（二）课堂讨论促进思辨

在翻转课堂中，课堂讨论作为社会建构主义的具体实践，起到促进思辨的重要作用。通过让学生在预习后参与讨论，可以激发他们的思辨能力，而小组中的分享、对比、辩论和思考则共同推动对问题的深度理解。课堂讨论的设计有助于引导学生发展思辨能力。学生在小组中分享个人理解和观点，通过与同学的互动，不仅仅是简单地表达自己的观点，还需要对他人观点进行思考和辩论。这样的过程促使学生从多角度思考问题，培养其批判性思维和思辨的技能。在小组中，学生的观点可能存在差异，通过互动和对比，他们可以更全面地理解问题。不同观点的碰撞激发了学生对问题的深入思考，促使他们从不同的角度审视问题，从而达到更全面、深刻的理解。课堂讨论中的辩论是思辨的关键环节。学生通过与其他同学辩论，不仅要表达自己的观点，还需要理解并回应他人的观点。这种互动性的辩论过程有助于学生加深对问题的理解，同时可以锻炼学生逻辑思维和辩论技巧，整个讨论过程可以共同推动学生对问题的深度理解。学生通过分享、对比、辩论，逐渐深入探讨问题的本质。这种深度理解不仅仅是记忆事实和概念，更是对知识的深刻解析，有助于建立更为牢固的认知结构。通过课堂讨论，翻转课堂为学生提供了一个开放、互动的学习环境，促使他们在思辨中共同建构知识。这符合社会建构主义理论，该理论认为通过合作与互动，学生能够更全面地理解知识，并培养其批判性思维和深度思考的能力。

（三）小组活动的沟通技能

在翻转课堂中，小组活动作为常见的合作学习形式，起到了促进学生沟通技能的重要作用。学生可以在小组中共同解决问题、完成任务，这不仅有助于更全面地理解知识,同时可以培养其重要的沟通和协作技能,符合社会建构主义理论的观点。小组活动鼓励学生协作解决问题,通过集思广益,共同寻找解决方案。在这个过程中,学生需要相互交流、讨论,并协调各自的观点和意见。这促使他们培养团队协作的能力,同时提高沟通效果。学生在小组中需要进行频繁的互动和交流,分享各自的看法、经验和理解。这种互动不仅仅是为了解决问题,还有助于学生更全面地理解问题的多个方面。通过与同学的交流,他们能够接触到不同的观点,进而拓展自己的思维。小组活动培养了学生的沟通技能,包括有效表达观点、倾听他人意见、提出建议等方面,这些技能在团队合作和社交中都具有重要价值。通过小组活动,学生能够提高自己的口头表达和听取他人意见的能力。在小组中,学生可能会轮流担任领导或协作者的角色,这有助于培养他们的团队协作和领导力。通过与同学协商、分工、共同努力完成任务,学生能够体验到团队合作的重要性,并学会在团队中有效地发挥自己的作用。小组活动的实践符合社会建构主义理论,认为知识是通过社会互动和协作建构而来的。学生通过与小组成员的交流,不仅仅可以获取知识,还可以建构共同的理解和解决问题的策略。这种实践有助于学生更全面地理解知识,并在社会互动中培养其关键的沟通技能。通过小组活动,翻转课堂为学生提供了一个实践社会建构主义理论的机会,通过协作与互动,不仅可以促进知识的建构,还可以培养学生重要的沟通和协作技能。

(四)共同建构知识的过程

在合作学习中,学生共同建构知识的过程是一项关键的活动。通过分享不同的观点、经验,他们共同形成新的理解和知识。这种互动和知识的共同建构不仅可以加深学生对学科内容的理解,还可以培养他们的批判性思维和创造性解决问题的能力。在合作学习的环境中,学生有着不同的背景,拥有各自独特的观点和经验。通过分享这些观点和经验,他们能够从多个角度看待问题,由此丰富讨论内容的层次和深度。学生在互动中不仅仅是传递已有的知识,更是共同创造新的理解和知识。通过交流和合作,他们能够整合各自的见解,形成更为全面和深刻的理解。这种共同创造的过程使得知识内容更为丰富和有深度。合作学习促使学生思考和评估不同观点的有效性。通过与同学进行讨论和辩论，他们学会了对信息进行批判性分析，同时提出质疑，并更全面地理解问题的复杂性。在共同建构知识的过程中，学生不仅仅要理解问题，还需要共同寻找解决问题的方法。这培养了他们创造性解决问题的能力，通过合作找到创新的解决方案。这种共同建构知识的过程强调了社会性学习环境的价值。学生在互动和合作中，不仅可以学到知识，还可以学到解决问题的方法、团队合作的技能，以及如何在多元化的环境中理解和尊重他人的观点。通过共同建构知识的过程，合作学习不仅仅是一种知识的传递，更是一种知识的创造和丰富。这种实践培养了学生的批判性思维、创造性解决问题的能力，同时强调了社会性学习环境对于知识建构的重要性。

（四）社会建构主义在培养综合能力中的价值

社会建构主义理论认为，知识是通过社会互动和合作建构的。在翻转课堂中，采用社会建构主义的教学方法，强调学生之间的合作学习。通过小组合作、讨论等形式，学生能够共同建构知识，分享不同的观点和理解，从而深化对学科内容的理解。社会建构主义强调团队合作对个体发展的重要性。在合作学习中，学生需要共同解决问题、交流想法，培养了团队协作的能力。这不仅有助于解决具体问题，还培养了学生的团队协作技能，为其未来工作和学习中的团队合作打下基础。社会建构主义注重学生之间的交流和沟通。在翻转课堂中，学生需要通过讨论、解释等方式表达自己的观点。这可以培养学生的沟通和表达能力，使其能够清晰地传达自己的想法，进而提高综合能力的一部分。社会建构主义倡导批判性思维的培养。通过合作学习，学生能够从多个角度审视问题，对信息进行批判性分析。这有助于培养学生的批判性思维，使他们能够更全面、深入地思考问题，进而提高他们的综合能力。社会建构主义的理念在翻转课堂中的运用，不仅仅关注知识传授，更注重学生的综合能力培养。

通过深入研究社会建构主义与合作学习在翻转课堂中的应用，我们能够更全面地理解翻转课堂如何通过社会互动和共同建构知识，培养学生的思辨能力、沟通技能以及综合能力。这为设计更有效的翻转课堂教学提供了理论支持。

四、技术整合与教育创新

（一）在线资源的应用

在翻转课堂中，利用在线资源是提升学生学习体验的重要手段。通过网络平台，学生可以在课前获取各种学习资料，包括视频讲座、在线教材和互动模拟等。在线资源为学生提供了更加灵活的学习方式。他们可以根据自己的学习节奏，在任何时间、任何地点访问相关资料。这种自主性使学生能够更好地适应个体差异，自主安排学习时间，提高学习的效率。视频讲座可以生动地呈现课程内容，通过图像和声音的结合，有助于学生更深刻地理解抽象概念。教师可以运用多媒体技术创造富有吸引力的学习材料，提高学生的学习兴趣。在线教材的多样性丰富了学习资源。学生可以通过电子书、在线文档等形式获取丰富的教学内容。这种多样性不仅能够满足不同学生的学习风格，还能够更广泛地覆盖教学内容。互动模拟提供了实践机会，使学生能够在虚拟环境中运用所学知识。这有助于将理论知识转化为实际技能，并促使学生更深入地理解和掌握课程内容。另外，互动性还能够增强学生的参与度和兴趣。在线资源通常配备了反馈和评估机制，教师可以通过学生的在线学习情况及时了解他们的学习进度。这种及时反馈有助于教师更好地调整教学策略，为学生提供个性化的指导。总体而言，在线资源的应用使翻转课堂更具有灵活性和多样性。学生通过利用这些资源，能够更主动地参与学习，提高学科理解水平，并在个性化学习路径上有更多选择。

（二）多媒体学习工具的整合

多媒体学习工具的整合是翻转课堂中的重要组成部分，它们能够生动地呈现课程内容，通过图像和声音的结合提高学生对抽象概念的理解能力。多媒体学习工具能够以生动的方式呈现抽象概念，通过图像、图表、动画等形式展示复杂的信息。这种形象化的呈现方式有助于学生更直观地理解抽象概念，提高学科理解的深度。多媒体工具的引入能够激发学生的兴趣。有趣的图表、动画和实例能够吸引学生的注意力，使学习过程更加吸引人。

这种吸引力有助于保持学生的专注,提高学习效果。多媒体学习工具提供了多样性的呈现方式,可以根据不同的学科和主题选择合适的工具。例如,在科学课程中使用模拟实验的动画,或在语言课程中使用多媒体演示来展示语法规则。这种多样性有助于满足学生多样化的学习需求。通过多媒体工具,教师能够更有效地传递信息。幻灯片、图表等简洁明了的形式能够帮助学生更迅速地理解和记忆知识点。这有助于提高信息传递的效率,使学生更快地掌握课程内容。多媒体学习工具的整合可以为学生提供更个性化的学习体验。教师可以根据学生的反馈调整使用的多媒体元素,以满足不同学生的学习风格和需求。这有助于创造更有针对性的学习环境。通过整合多媒体学习工具,翻转课堂提供了更具吸引力和多样性的学习体验,促使学生更积极地参与学习,提高对知识的理解水平。

(三)互动式学习平台

互动式学习平台在翻转课堂中的应用中为学生提供了更为积极、参与度更高的学习体验。互动式学习平台可以包括在线测验,为学生提供即时的反馈。学生完成测验后,可以立即了解自己的得分和理解程度。这种实时反馈有助于学生及时纠正错误,加强对课程内容的理解。在线平台的讨论论坛为学生提供了交流和合作的空间。学生可以在论坛上分享观点、提出问题,并与同学进行讨论。这种互动促使学生更深入地思考和理解,同时可以提高沟通和合作的能力。另外,互动式学习平台还可以包括虚拟实验,为学生提供实践机会。在虚拟环境中进行实验可以降低实际实验的成本,并确保学生在安全的环境中进行实践。这有助于将理论知识应用到实际情境中,促进更深层次的学习。互动式学习平台可以根据学生的学习进度和表现提供个性化的学习路径。通过分析,平台能够推荐适合学生水平和兴趣的学习材料,帮助他们更好地适应学科内容。互动式学习平台的参与性和实时反馈有助于提高学生的学习动力。学生感受到他们的贡献和努力是可以被看到的,这可以激发他们更积极地投入学习过程中。通过引入互动式学习平台,翻转课堂不仅仅是知识的传递,更是一种学生参与、互动和深度理解的教学模式。这种互动性有助于创造更具活力和有趣的学习环境。

（四）个性化学习路径

个性化学习路径是技术整合在翻转课堂中的一项重要创新，它可以根据学生的学习进度、兴趣和需求提供定制化的教学方式。个性化学习路径依赖学习分析和数据挖掘技术。通过分析学生的学习行为、表现和偏好，系统可以生成个性化的学习建议。这种技术能够更全面地了解每个学生的学术水平和学科兴趣。根据学生的特点，个性化学习系统可以推荐定制化的学习材料，包括教材、视频、练习题等。学生可以在更适合自己水平的材料中进行学习，提高学习效果。个性化学习路径强调学生的自主学习。学生可以在个性化的学习路径上选择适合自己的学科、主题和难度。这种自主性能够激发学生的学习兴趣，提高他们的学习动力。系统提供及时的反馈，帮助学生了解自己的学习进度。同时，教师可以根据学习分析结果调整教学策略，更好地满足学生的学习需求，提供有针对性的指导。个性化学习路径考虑到学生的不同学习风格。有些学生更喜欢通过阅读理解知识，有些学生可能更适应通过视听方式学习。系统可以根据学生的偏好调整学习路径，提供更符合个体差异的学习体验。通过个性化学习路径，翻转课堂更好地满足不同学生的学习需求，提供更灵活、个性化的学习体验。这有助于促进每个学生的全面发展，并提高整体教育的效果。

（五）提升信息获取和处理效率

技术在提升信息获取和处理效率方面发挥了重要作用，特别是在翻转课堂的背景下。在线平台使学生能够随时随地获取学习资料。无论是在学校、家中还是在移动设备上，学生都能够轻松访问相关的课程内容。这种便利性提高了学生的学习效率，使其能够更灵活地安排学习时间。学生可以利用搜索引擎迅速查找和获取需要的信息。这种能力培养了学生的信息检索和筛选技能，使他们更具有独立获取知识的能力。同时，教师可以引导学生如何有效地利用搜索引擎获取准确和可靠的信息。通过使用技术获取信息，学生培养了信息素养，包括对信息的评估、理解和应用能力。学生学会辨别信息的可信度，从而更好地利用互联网资源，提高学业水平。技术的应用使学生更好地适应信息时代的学习环境。在这个环境中，信息的获取和处理速度至关重要。学生通过使用技术工具，不仅能够更快速地获取信息，而且能够更有效地处理和理解这些信息。综合来看，技术在信息获取和处理方面的应用有助于提高学习效率。学生能够更迅速地获取所需信息，从而有更多的时间用于深度学习、讨论和实践活动，提升整体的学习效果。通过技术提升信息获取和处理效率，翻转课堂更好地适应了学生在信息时代的学习需求，培养了他们在大量信息中迅速定位和运用知识的能力。通过技术整合，翻转课堂不仅仅是一种教学方法，而且成为教育创新的一部分。这使得学习更为灵活、个性化，且符合学生在现代社会的学习需求。这一层次的讨论将强调技术在提升翻转课堂效果方面的重要作用。

通过这些层次分明的论述，我们能够全面理解翻转课堂的教育理论，从基础原理到认知过程、社会互动再到技术整合，形成一个有机而深入的理论框架。

第四节　翻转课堂的实施步骤

一、课程设计与规划

在课程设计与规划阶段，教师需要认真考虑如何借助翻转课堂的理念，使得学生在课前能够通过自主学习做好准备，为课堂上更深入的讨论和实践活动打下基础。

（一）确定清晰的课程目标

在确定清晰的课程目标时，首先需要制定整体的课程目标，明确希望学生在课程结束时所要达到的核心学习效果。这可能涉及学科知识的广度和深度以及相关技能的发展。在这个层次上，教师应明确课程的总体目标，强调学生将要达到的综合。将整体目标分解为具体的知识点，确保每个知识点都与整体目标直接相关，这有助于更细致地组织课程内容，使学生逐步掌握课程的各个方面。例如，如果整体目标是学生能够理解某一领域的基本原理，那么具体的知识点就可能包括相关概念、理论等。除了知识点，还需要确定相关的能力要求，强调学生在特定领域的技能和能力的培养，包括分析能力、批判性思维、实践操作等方面的要求。通过清晰地规定这些要求，可以更好地引导课程设计和学生的学习方向。确保课程目标与学科标准和相关教育政策相一致，这可以通过查阅学科标准和相关课程框架，确保所设定的目标符合学科领域的要求。与学科标准对齐有助于提高课程的权威性和实用性。在设定课程目标时，要考虑学生的背景和水平是关键的一步。不同年级、不同水平的学生可能需要不同层次的目标设定，以确保所有学生都能够在课程学习中取得进步，这有助于个性化教学，满足学生的不同需求。通过这层次的分解，课程目标更加清晰和具体，为后续的课程设计提供了明确的方向。这样的分层次论述有助于确保每个学习目标都能得到全面考虑，提高整个课程的质量和有效性。

（二）制订详细的教学计划

在制订详细的教学计划时，首先需要设计整体的教学计划，明确整个学期或学年的教学框架。这包括确定主题、单元和学科内容的排列顺序，确保它们有逻辑的内在关联。这个层次的计划应反映整体的教学理念和目标。将整体计划分解为具体的学习阶段，包括每个单元或主题的详细计划。在这个层次上，教师需要确定每个学习阶段的核心概念、关键知识点和相关技能，这有助于确保学生在整个学期内逐步掌握所需的内容。在每个学习阶段中，特别关注预习阶段的设计。明确预习的任务，包括学生需要独立完成的阅读、观看视频等任务。同时，设计应与预习内容有机衔接的在线学习资源，确保学生能够通过学习这些资源做好充分的准备。在教学计划中明确每个学习阶段的课堂活动类型和形式，包括小组讨论、实验、案例分析等不同形式的活动。确保这些活动与预习内容紧密相连，能够促使学生更深入地理解和应用所学知识。考虑如何整合技术支持，使得在线学习资源能够更好地支持预习和课堂活动。确保学生能够方便地访问在线资源，以提高学习效率。此外，还要明确在线平台的使用方式，促进学生的互动和合作。在教学计划中考虑到学生的不同学习风格和层次。设定差异化的任务和活动,以满足不同学生的需求,这有助于个性化教学,提高每个学生的学习体验。在整个教学计划中应嵌入周期性的评估和调整机制。定期检查学生的学习情况,收集反馈信息,根据实际情况对教学计划进行灵活的调整,这有助于及时应对教学中的挑战和问题。通过这一层层的设计,教学计划能够更具体、更实用,确保预习和课堂活动的衔接性与逻辑性,提高学生的学习效果。

(三)设计适用于翻转课堂的学习资源

在设计适用于翻转课堂的学习资源时,首先需要进行整体学习资源规划。这包括确定需要的各种资源类型,如教学视频、电子教材、互动模拟等。整体规划应与课程目标和教学计划紧密对接,确保资源的全面性和有效性。重点关注教学视频的制作。教学视频应当清晰生动,能够引起学生的兴趣。在视频中,教师可以使用图表、动画等多媒体元素,以提高信息传递的效果。确保视频内容简洁明了,能够有效传达重要概念。除了视频,设计互动式电子教材也是重要的一环。电子教材可以包括文字、图片、链接等多种元素,使学生在预习阶段能够更全面地了解相关知识。考虑到不同学科的特点,制作相应领域的电子教材。考虑学生的学科背景和水平的差异,制作不同难度和深度的学习资源,这有助于个性化学习,使每个学生都能够找到适合自己水平的学习材料。在设计资源时,提供额外的拓展材料,满足有深入探究需求的学生。确保学习资源的多样性,包括不同类型的资源,如案例分析、实例演示、模拟实验等。多样性的资源类型有助于激发学生的学习兴趣,适应不同学生的学科喜好和学习风格。考虑学生的学习环境和设备差异,确保学习资源的可访问性。资源应当能够在不同设备上流畅播放,同时要考虑到网络环境可能的限制。提供多种格式的资源,以满足学生在不同情境下的学习需求。建立资源的周期性更新和优化机制。定期审查学习资源的有效性,根据学生反馈和学科发展的最新趋势,对资源进行更新和优化。保持资源的时效性和质量。通过这样的层次性设计,教学资源能够更好地满足学生的需求,提高他们在预习阶段的主动性和深度学习的效果。

（四）强调问题导向的学习

在强调问题导向的学习时，首先需要进行整体问题导向设计。这包括确定整个学期或学年中要强调的核心问题，这些问题应与课程目标直接相关。整体设计有助于确保问题的连贯性和深度。将整体问题分解为具体学习阶段的问题。每个学习阶段都应有明确的问题，这些问题既要引导学生预习相关内容，又要为课堂活动提供引导。问题的设计应当考虑到学科知识点的层次，确保学生在探究问题的过程中逐步深入。确保问题与课程目标的紧密关联。问题应当直接涉及课程目标所希望学生达到的知识和技能，这有助于确保问题的有效性，使学生在解答问题的过程中能够真正理解和运用所学内容。问题的设计应具有引导性，激发学生进行深度思考和探究。问题可以引导学生分析、比较、应用所学知识，而不仅仅是简单地回答性问题。引导性问题有助于培养学生的批判性思维和问题解决能力。考虑到学生的学科兴趣，设计能够引发学生好奇心和兴趣的问题。问题的设计应能够激发学生对学科的热情，使他们更愿意投入问题的解决过程，这有助于提高学生的学科参与度。问题导向的学习应当鼓励学生进行自主探究。问题设计应当引导学生主动寻找答案，培养他们的自主学习意愿。这有助于在预习阶段激发学生对知识的自主追求。设计能够促使学生合作解决问题的设计。在问题导向的学习中，合作能够激发学生思维的碰撞，提高问题解决的效率。通过小组合作，学生可以分享不同的观点，共同寻找问题的解决方案。通过这一层层的设计，问题导向的学习能够更好地引导学生在预习阶段进行深度思考和探究，为课堂活动的展开提供有效的引导。

（五）提供额外的拓展学习资源

在提供额外的拓展学习资源时，首先需要进行整体拓展资源规划。明确整个学期或学年中希望提供的拓展学习资源类型，如阅读材料、深度研究论文、专业领域的视频等。整体规划有助于确保拓展资源的全面性和相关性。根据学生的学科兴趣和深度需求，制作拓展资源的具体内容。考虑到不同学科的特点，提供相应领域的深度学习资源。确保这些资源能够满足学生在特定领域深入研究的愿望。拓展资源的设计应当与实际应用和案例相链接。通过提供与实际问题和应用场景相关的拓展资源，激发学生对知识的实际运用兴趣，这有助于将学科理论与实践相结合，提高学生的综合素质。考虑学生的学习环境和设备差异，确保拓展资源的可获取性。资源应当能够在不同设备上流畅阅读、观看，同时要考虑到网络环境可能的限制。提供多种格式的资源，以满足学生在不同情境下的学习需求。设计机制鼓励学生分享和讨论所学的拓展内容。可以通过在线平台、讨论论坛等方式，促进学生之间的交流和合作。这有助于拓展资源的更广泛利用，形成学生间的学科共同体。确保提供的拓展资源与专业领域的最新发展和研究方向有联系。这可以通过与专业从业者的合作、行业报告等方式实现。拓展资源应当能够反映学科领域的前沿知识，激发学生对专业发展的兴趣。建立拓展资源的定期更新和优化机制。定期审查拓展资源的有效性，根据学生反馈和学科发展的最新趋势，对资源进行更新和优化。保持资源的时效性和质量。通过这一层层的设计，额外的拓展学习资源能够更好地满足有兴趣深入学习的学生的需求，促进个性化学习的发展。

（六）考虑学生的学习风格

在考虑学生的学习风格时，首先需要进行学生学习风格的调查。通过问卷调查、个别面谈等方式了解学生的学科偏好、学科习得方式以及对不同教学方法的接受程度。学习风格调查有助于全面了解学生的个体差异。根据学生学习风格的调查结果，设计多样化的学习资源。这包括文字资料、图表、图像、视频等多种形式的资源，以满足不同学生对于学科理解方式的需求。确保学习资源的多样性，以适应不同学生的学科兴趣和学习风格。融入多种教学方法，以满足不同学生的学科理解方式。例如，可以结合讲解、案例分析、小组讨论、实验等多种教学方法，使得学生能够从不同角度和方式理解学科知识。教学方法的多样性有助于提高学生的参与度和学科理解深度。根据学生的学习风格和喜好，提供个性化的学习建议，包括特定学科领域的深度学习推荐、适合其学习风格的资源推荐等。通过个性化学习建议，帮助学生更好地规划学习路径，提高学科理解效果。建立学科导师制度，为学生提供个性化的学科指导。学科导师可以根据学生的学科兴趣和学习风格，提供定制化的建议和指导，这有助于增强学生的学科自信心，促使其更主动地参与学科学习。定期收集学生对学习资源和教学方法的反馈，根据反馈结果调整教学设计。通过学生的反馈，了解不同学生对学科理解方式的偏好变化，及时调整教学策略，使之更贴近学生的需求。鼓励学生自主选择适合自己学习方式的学科资源和教学方法。通过提供多样化的学习资源和教学方法，培养学生自主选择学习方式的能力，使其在学科学习中更具自主性。

（七）教学内容的层层递进

在确保教学内容的层层递进时，首先需要进行整体教学内容规划。明确整个学期或学年中的教学重点，确保知识体系的完整性。整体规划有助于确保教学内容的递进性和连贯性。从基础知识开始，系统传授相关概念和基本原理。确保学生对学科的基础概念有清晰的理解，为其后续高阶知识的学习打下坚实基础。基础知识的系统传授有助于建立学科的框架结构。在教学中强调知识点之间的关联性。通过引导学生理解知识点之间的内在联系，帮助他们建立起学科知识的整体认知。关联性的强调有助于避免"知识孤岛"现象，使学生能够形成更为全面的学科认知。逐步引入高阶知识和应用。在学生对基础知识有了一定了解的基础上，逐渐引入更深层次的概念和高阶应用，这有助于促使其在学科中不断深入，形成对知识的更高层次理解。通过设计问题和任务，促使学生综合运用已学知识。问题和任务的设计应当考虑到知识的层层递进，能够引导学生将不同层次的知识融合运用，培养他们综合解决问题的能力。注重实践和案例分析，将学科知识与实际情境相结合。通过实际案例的讲解和分析，帮助学生将理论知识应用到实际问题中，加深对知识的理解。实践和案例分析有助于将抽象的理论转化为实际操作能力。在学期或学年末，通过总结和复习，帮助学生建立学科知识体系的完整性。强调各个知识点之间的关联，使学生能够形成对整个学科领域的系统认知。这有助于巩固学生的学科基础，为其未来学科深入学习打下坚实基础。

（八）考虑技术整合

在考虑技术整合时，首先需要明确技术整合的学习目标。确定技术工具的引入是提高学生的学习效果和便利性,而非仅仅是为了引入技术。学习目标的明确有助于有效地选择和整合适当的技术工具。根据学习目标选择适用的技术工具。考虑在线资源的特点和学科需求,选择能够满足学生学科学习需求的技术工具,这可以包括在线学习平台、多媒体工具、互动式学习应用等。确保选择的技术工具符合学科特点和学生群体的特征。确保技术整合与教学内容相衔接。技术工具的引入应当有机地融入教学内容中,促使学生更好地理解和应用知识。技术整合应当是教学的有机组成部分,而非孤立存在。提供教师培训,使其能够熟练使用技术工具。教师的熟练运用技术工具是技术整合成功的关键。通过培训,教师能够更好地整合技术工具到教学实践中,提高在线学习资源的利用效率。为学生提供技术培训和支持,确保他们能够熟练使用相关技术工具。学生对技术的熟练程度直接影响其对在线学习资源的有效利用。提供培训和支持有助于降低学生在使用技术工具上的障碍感,进而提高他们的学习效果。定期评估技术整合的效果,并根据评估结果进行调整。确保技术整合真正起到促进学习的作用。通过定期评估,可以及时发现问题并进行改进,使技术整合更符合学科教学的实际需求。在技术整合的过程中,关注学生隐私和安全问题,确保使用的技术工具符合相关法规和政策,保障学生的信息安全。同时,提供透明的信息收集和使用政策,增强学生对技术整合的信任感。通过认真的课程设计与规划,教师能够为翻转课堂的有效实施奠定坚实的基础,确保学生在整个学习过程中能够达到预定的学习目标。

二、制作在线学习资源

为了实现学生在课前独立学习的目标,教师需要制作高质量的在线学习资源,包括录制教学视频、编写电子教材、设计在线练习等。这些资源应当清晰、易于理解,能够引导学生在家中自主学习课程内容。

(一)确定在线学习资源的类型

确定是否使用教学视频作为在线学习资源的主要类型。教学视频可以通过生动的图示、实例和解释,帮助学生更好地理解复杂的概念,这种资源类型适合那些需要视觉呈现和听觉解释的学科。如果选择电子教材,就需要考虑如何呈现清晰生动的文字内容。确定教材的结构,包括章节划分、重点强调和案例引入。电子教材适用于那些需要深入阅读和理论学习的学科。考虑是否添加在线练习作为学习资源的一部分。在线练习可以帮助学生巩固所学知识,并检验他们的理解程度。确保练习题目贴近课程内容,具有一定难度,同时提供详细的解答和解析。确定是否开发互动模拟环境,使学生能够在虚拟场景中运用所学知识。互动模拟有助于将理论知识与实际情境结合起来,提高学生的实际操作能力。这种资源类型适用于需要实践操作的学科。考虑是否添加其他类型的资源,如案例分析、讨论论坛、在线课堂等。这些资源可以增加学生参与度,促进同学之间的互动和知识分享。根据学科需求,选择适合的其他资源类型。在确定资源类型时,考虑是否提供个性化学习资源。这些资源可以根据学生的学科水平、兴趣和学习风格进行定制,以满足不同学生的需求,确保资源的个性化设计能够提高学生的学习体验。

(二)录制高质量的教学视频

确保录制视频的环境整洁、安静,减少干扰因素。选择合适的背景,使学生能够专注于主题内容而不受外界干扰。保证光线充足,以获得清晰的画面。选择适用的高质量录制设备,如高清摄像机或高像素手机摄像头,确保摄像设备能够捕捉清晰的图像和声音,以提供良好的观看和听觉体验。熟练使用录制软件,掌握基本的视频编辑技能,包括剪辑、合并、添加字幕等功能,以提高视频的质量和效果,确保最终呈现的视频内容简洁、有层次、易于理解。在录制视频时使用清晰、简练的语言表达。避免使用过于专业或晦涩的词汇,尽量使用通俗易懂的语言。语速适中,语音表达生动有趣,以保持学生的注意力。在录制教学视频之前,制定明确的教学大纲,这有助于确保视频内容的逻辑性和连贯性。按照大纲逐一进行讲解,避免跳跃性和混乱性,使学生更容易理解和跟随。在适当的情况下,添加互动元素,如图表、图示、案例等,这可以更生动地呈现概念,帮助学生更好地理解。确保互动元素的使用恰到好处,不影响整体视频的流畅性,确保视频的声音质量良好。使用专业的麦克风或录音设备,避免背景噪音和杂音。良好的声音质量能够提高学生对视频内容的理解和接受度。在正式录制前进行多次试录，并听取同行或学生的反馈，通过试录和反馈不断改进，确保最终录制的视频质量达到预期水平。

（三）编写清晰生动的电子教材

在编写电子教材之前，需要确定清晰的结构。将课程内容划分为章和节，确保章节的逻辑性和连贯性。明确每个章节的重点和学习目标，使学生能够有目标地进行学习。在电子教材中采用图文并茂的方式，通过插图、表格、图表等形式辅助文字说明。图文结合可以更生动地呈现知识，提高学生的学习兴趣和理解深度。确保图文之间的关系清晰，避免混淆。引入相关的案例和实例，使抽象的概念更具体化。通过实际案例，学生能够更好地理解理论知识在实际应用中的意义。案例和实例的选择应与课程内容紧密相连，具有代表性和实用性。在文字表达方面，注重清晰、简练的表达方式。避免过度的学术性词汇，使用通俗易懂的语言，确保学生能够迅速理解和消化知识。句子结构清晰，逻辑关系明确。考虑在电子教材中加入一些交互式元素，如链接到相关资源、弹出式问题等。这有助于提高学生的参与度，使他们更主动地参与学习过程。确保交互式元素的设计符合学科特点和学生需求。在电子教材中设立重点和难点的标识，帮助学生更有针对性地学习。通过标识重点，引导学生在预习时着重关注重要概念。对于难点，提供额外的解释和例子，帮助学生克服困难。考虑学科的逻辑结构，确保电子教材的编写符合学科知识的组织方式，避免信息的零散性，让学生能够系统性地理解整个学科领域。逻辑结构的清晰性有助于学生更好地掌握知识脉络。

（四）设计有针对性的在线练习

在设计在线练习时，首先要明确练习的目的是用于检测基础知识的掌握程度，还是用于提高解决问题的能力，不同的目的需要采用不同类型的练习题目。根据学科内容的难易程度，分层设计不同难度的练习题。既可以有基础的选择题，也可以有更具挑战性的应用题，以满足不同层次学生的需求。确保难度层次的逐渐递增，有助于学生逐步提高能力，确保在线练习涵盖学科的各个方面，全面检测学生对课程内容的理解。这有助于发现学生在哪些领域存在薄弱环节，以便有针对性地进行后续的教学和辅导。在线练习的效果不仅仅在于学生的答案是否正确，还在于他们能否理解和纠正错误。因此，在设计中要提供详细的解答和解析，解释每个问题的解决思路和关键步骤，这有助于学生从错误中学习，提高问题解决能力。考虑多样化的题型，包括选择题、填空题、解答题等。不同题型有助于激发学生不同方面的智力和思考能力。同时，适度使用创意性的题目形式，提高学生的学习兴趣。安排定期的在线测评，对学生进行全面的检测，检验他们在一段时间内的学习成果。及时提供测评结果和反馈，让学生了解自己的学习状况，有助于调整学习策略和加强薄弱环节。在设计在线练习的过程中，关注学生的反馈。收集学生对练习的评价和建议，根据反馈及时调整和改进练习内容，确保练习的质量和有效性。

（五）开发互动模拟环境

在开发互动模拟环境之前，需要明确模拟的主题和场景。根据课程内容和学科特点，选择能够有效展示知识应用的主题，确保与学生学习的知识体系相契合。互动模拟需要在虚拟环境中呈现真实的场景，使学生感觉仿佛置身于实际应用的情境中。设计虚拟环境时，应考虑场景的逼真度和学科的实际需求，以增强学生的沉浸感和参与度。在虚拟环境中设定学科相关的任务和问题，让学生在模拟中解决实际问题，确保任务与课程目标一致，既能够检测学生对知识的理解，又能够培养他们的解决问题的能力。互动模拟环境应当能够提供实时的反馈和指导。通过系统记录学生的操作和决策，及时给予正确性和有效性的反馈。同时，提供必要的指导，引导学生在模拟中更好地运用所学知识。考虑支持多样化的决策路径，使学生能够根据不同情境做出不同的决策。这有助于培养学生的灵活性和创造性思维，使他们在实际应用中能够适应不同的情境和需求。在互动模拟中引入团队协作和竞争元素，促进学生之间的合作和竞争。通过团队合作，培养学生的协作精神；通过竞争，激发学生的积极性。这种设计有助于提高学生的团队合作能力和竞争意识，确保互动模拟环境得到良好的技术支持，保证系统的稳定性和流畅性。同时，考虑易用性，使学生能够轻松上手，专注于知识的应用而非技术操作。

(六)确保资源的易用性和易理解性

资源的易用性和易理解性首先取决于语言表达。使用简洁清晰的语言，避免过多的专业术语，确保学生能够轻松理解内容。如果必须使用专业术语，就要提供清晰的解释和示例。资源的内容布局要结构合理，便于学生按照逻辑顺序理解和吸收知识。采用清晰的标题、子标题和段落，帮助学生抓住重点，避免信息混乱。考虑使用图表、图像等辅助工具，增强内容的可视化。避免资源中的信息过载，集中精力传递关键概念和重要信息。精简内容，确保每一段文字或每个视频片段都有明确的教学目标，不让学生在大量信息中迷失方向。无论是视频还是电子教材，注重视觉吸引力。采用清晰的图片、图表、动画等，帮助学生更好地理解抽象概念。合理运用颜色和字体，使内容更具吸引力。考虑到学生有不同的学习方式，资源的设计应当考虑多样性。除了文字解释，还可以结合音频、视频、图像等多种媒体形式，以满足不同学生的学科理解方式。为了让学生更好地理解理论知识，资源中可以提供实际例子和场景。通过案例分析或场景模拟，将抽象的概念具体化，使学生能够在实际情境中理解和运用知识。在资源设计中考虑学生的反馈。收集学生对资源易用性和易理解性的评价，根据反馈及时调整和改进设计，确保资源符合学生的学科水平和学科认知水平。

(七)适应多样化的学习风格

采用多媒体融合的方式，结合文字、图像、音频和视频，以满足视觉、听觉等多个感知通道。这种设计有助于吸引不同学生的注意力，提供更全面的学习体验。在资源中结合文字和图表，以满足对文字理解较强的学生和对图表理解较强的学生。文字提供详细的解释，图表则以图形化方式呈现信息，增强学科内容的可视化效果。对口头理解能力更强的学生，可以提供音频说明。同时，音频内容要与文字同步，使得学生在听觉和视觉上都能获得相应的信息，提高信息的吸收效果。设计互动式学习活动，包括在线讨论、小组合作等形式。这种方式适应了更喜欢通过交流和合作学习的学生，促进学科内容的深入理解。考虑提供个性化学习选择，让学生能够根据自己的学习偏好选择合适的学习资源，这可以通过提供不同难度的资源、不同学科方向的资源等方式实现。创造参与性学习体验,使学生成为学习的主体,包括设计思考题、案例分析、实践操作等,让学生在学习过程中积极参与,更好地理解和应用知识。提供灵活性的学习路径,使学生能够按照自己的学习速度和方式进行学习,这可以通过模块化设计、分层次的资源提供等方式实现,以满足不同学生的学习需求。

三、激发学生参与预习的兴趣

为了确保学生在课前完成预习,教师需要采取措施激发学生的兴趣。这可能包括设计富有趣味性的学习资源、提供额外的拓展阅读材料,以及设立奖励机制。通过这些方式,教师可以鼓励学生主动参与预习。

(一)设计富有趣味性的学习资源

设计富有趣味性的学习资源是激发学生预习兴趣的重要一环。首先,教师可以运用生动有趣的教学视频,通过视觉和听觉的结合,将抽象的概念具体化,使学生更容易理解和记忆。视频中的案例和实例可以帮助学生将知识应用到实际情境中,增强他们的学科兴趣。此外,图文并茂的电子教材也是设计富有趣味性学习资源的有效手段。通过精心设计的图像和生动的文字描述,教材可以更生动地呈现学科内容。引入具体而有趣的例子,使学生在阅读过程中更容易产生共鸣,激发对知识的浓厚兴趣。关键是确保这些资源不仅富有趣味性,还要与学科知识紧密结合,确保学生在轻松愉快的氛围中能够有效地学到知识。设计中要注意避免信息过于密集,要保持简洁明了,让学生能够在预习阶段轻松获取所需信息。

(二)提供引人入胜的故事情境

提供引人入胜的故事情境是一种强大的激发学生兴趣的手段。通过将学科知识嵌入有趣的故事中,教师可以引导学生在情境中进行学科思考,从而增加他们对知识的好奇心和参与度。首先,教师可以设计引人入胜的故事情节,使之与学科知识紧密结合。这个故事情节可以是一个生动的场景、一个有趣的人物,或者是一个与学科内容相关的实际问题。通过引入情节冲突、悬念和解决方案,吸引学生的兴趣,让他们渴望了解背后的学科知识。在故事情境中巧妙地嵌入学科知识的应用场景。通过故事中的人物或情节展示学科知识在实际生活中的应用,激发学生对知识实用性的认知。这种联系实际应用的方式能够增加学科内容的吸引力,使学生可以更主动地投入到预习中。采用交互式的方式呈现故事情境,如利用虚拟实境(VR)或在线模拟。这种体验式的学科情境可以使学生更深度地融入故事中,增加参与感和投入度。通过互动性,学生能够在虚拟世界中探索学科内容,从而更好地理解和预习。在故事情境中巧妙引导学生自主思考,提出问题或情境,让学生在预习过程中产生疑问并寻找答案。这种引导性的提问有助于学生深入思考学科知识,培养他们的探究兴趣。通过巧妙设计引人入胜的故事情境,教师能够使学生在轻松愉快的氛围中积极参与预习,提高他们对学科内容的兴趣和理解。

(三)引导学生提出问题

引导学生提出问题是激发他们学科兴趣和主动学习热情的重要环节。这一层次的设计旨在通过学生自主提问,培养他们对知识的好奇心和主动思考的能力。首先,教师可以通过精心设计的学科情境、案例或问题,引发学生对知识的兴趣。这可能包括引入一些引人入胜的现实场景、有趣的实例,或者是与学生日常生活相关的问题。通过激发兴趣,教师能够唤起学生提出问题的愿望。在预习阶段,教师可以提供一些引导性的问题,鼓励学生深入思考和提问,这些问题应当涵盖课程目标和关键概念,引导学生对重要知识点进行思考。在通过提供问题的同时,为学生提出更深层次的问题创造条件。鼓励学生在预习过程中自主提出问题,这可以通过在学习资源中设立问题引导点,提醒学生思考、提问,或者通过在线平台设置专门的问题讨论区。学生提出的问题可以涉及理解、应用、拓展等不同层次,促使他们在预习中更深入地思考。在课堂上进行问题讨论,引导学生分享他们在预习中提出的问题,并由教师和同学共同探讨。这种互动式的学习环境可以促进学生之间的交流,帮助他们理解和解决彼此出现的问题,同时增进对知识的理解。通过引导学生提出问题,教师能够在预习阶段培养学生的主动学习意识,使他们更深度地参与到课程内容的学习中。

（四）提供额外的拓展阅读材料

提供额外的拓展阅读材料是为了满足不同学生的学科兴趣和深度学习需求。以下是激发学生预习兴趣的多层次设计：首先，确保课程中的核心材料对所有学生都是清晰易懂的，包括教学视频、电子教材等主要学习资源。核心材料应涵盖课程目标和关键概念，以确保学生对基础知识的理解。在核心材料之外，为那些对深度学习感兴趣的学生提供额外的拓展阅读材料，包括学术论文、相关书籍、实际案例等。通过提供深度学习资源，满足有志于更深入了解课题的学生的学习需求。考虑采用个性化学习路径的方式，根据学生的兴趣和水平推荐不同的拓展阅读材料，这可以通过在线平台或个人学习计划的形式实现。个性化学习路径有助于确保学生能够选择与其兴趣相关的拓展阅读内容，激发学生在预习过程中的主动学习，鼓励他们分享在拓展阅读中的发现。可以设立在线讨论区或小组分享平台，让学生有机会分享他们发现的有趣、挑战性或深刻的内容，这促进了同学之间的知识交流和合作学习。为积极参与拓展阅读的学生设立奖励机制，如表彰他们的贡献、提供额外学分或奖励证书。这样的奖励机制可以激发更多学生的主动学习意愿，培养他们对知识深度学习的兴趣。通过提供额外的拓展阅读材料，教师可以巧妙地引导学生在预习中深入学习，同时可以为对知识有更高追求的学生提供更多的学术挑战和发展空间。

（五）设立奖励机制

设立奖励机制是激发学生兴趣和提高他们预习积极性的有效手段。以下是一些设立奖励机制的层次论述：首先，明确设立奖励的目标，即希望通过奖励机制达到什么效果，包括提高整体预习完成率、鼓励深度学习、促进同学之间的合作等。确保奖励机制与预期目标一致。其次，考虑奖励机制的形式，可以是个体奖励，也可以是小组竞赛。个体奖励强调每个学生的个人努力，而小组竞赛则鼓励同学之间合作共赢。根据课程特点和学生群体选择适当的奖励形式。确定奖励的具体类型，包括物质奖励（如礼品、证书）、荣誉奖励（如表扬信、学术荣誉）、学分奖励等。再次，选择奖励类型时考虑学生的年龄、兴趣和课程性质，确保奖励对他们具有吸引力。

设立明确的奖励标准，让学生清楚了解如何获得奖励，包括完成预习的次数、提出高质量问题、参与讨论的贡献等。最后，透明的标准有助于建立公正的奖励体系，激发学生的竞争动力。定期评估奖励机制的效果，并根据学生的反馈和表现进行调整。有时候需要根据实际情况对奖励标准或类型进行调整，以保持奖励机制的有效性。确保设立的奖励机制与教学目标相衔接，不仅能够激发学生的兴趣，还能够推动他们更好地达到课程目标。奖励机制应当是教学策略的有机组成部分，而非孤立存在。通过层层设计奖励机制，可以更好地引导学生参与预习，同时确保奖励的公正性和激励效果。

（六）与实际应用相联系

在设计课程时，将知识与实际应用相联系是一种有效的方法，尤其对激发学生兴趣和提高预习积极性而言。首先，选择与课程内容相关的实际案例。这些案例可以是行业应用、科学实验、历史事件等，与学科的具体领域密切相关，确保实际案例能够引起学生的兴趣，并与课程目标紧密结合。生动地呈现实际场景，可以通过教学视频、图表、图像等方式展示实际应用的过程。这有助于学生将抽象的理论知识与具体场景联系起来，增加他们对课程内容的认知深度。其次，引导学生在预习过程中思考实际应用的意义。设计问题或提示，让学生思考所学知识在实际场景中的作用，以及这些知识对解决实际问题的贡献。这种引导有助于激发学生对知识实用性的认识。再次，设计实际问题驱动的练习，让学生在预习中尝试解决与实际场景相关的问题。这样的练习可以培养学生解决实际问题的能力，同时促进他们深入理解课程内容。如果条件允许，可以组织实地考察或实践活动，让学生亲身体验知识在实际应用中的情境。这样的活动可以强化学生对知识实际运用的认识，使他们更主动地进行预习。最后，在课前或课堂上提供实例分析和讨论，让学生深入了解实际案例的背景、问题、解决方案等。通过实例分析，学生可以更深入地理解知识的实际运用，从而增强对课程内容的兴趣。将知识与职业发展相联系，让学生了解所学知识在未来职业中的价值，这有助于激发学生对课程内容的长期兴趣，使他们更有动力进行深度学习和预习。

（七）借助科技元素

引入科技元素，尤其是虚拟实境（VR）和增强实境（AR），是一种在预习阶段激发学生兴趣的创新方法。首先，教师需要向学生介绍虚拟实境和增强实境的基本概念。解释这些技术如何通过模拟或增强真实环境，提供更丰富的学科体验。利用虚拟实境和增强实境技术，展示学科知识在真实应用场景中的具体情境。例如，通过VR呈现历史事件、AR展示科学实验等，使学生能够身临其境地体验知识应用。借助虚拟实境和增强实境，设计互动性学科体验。让学生参与虚拟实验、AR互动模拟等，使他们能够在虚拟环境中实际操作，加深对知识的理解。其次，通过科技元素，个性化学习体验可以更为突出。根据学生的兴趣和水平，提供定制的虚拟学科场景，使学生能够更专注其感兴趣的领域。引导学生在虚拟实境中主动探索学科内容。设计任务或问题，让学生通过与虚拟环境互动，积极参与知识的发现和探索过程。再次，结合实际案例与科技元素，例如通过虚拟实境还原历史事件或使用增强实境展示工程实践。这样的结合能够使学生更深刻地理解知识在实际生活中的应用。最后，利用科技元素促进跨学科的整合，创造跨学科的学习体验。通过虚拟实境和增强实境，将不同学科的知识相互连接，使学生在学科之间建立更为综合的认知。进而引导学生反思科技在学科学习中的价值。让他们思考科技元素如何提升他们的学科理解、兴趣和学习体验，以激发更深层次的学科兴趣。

四、建立在线互动平台

建立在线互动平台是确保学生在翻转课堂中充分参与的关键。以下是建立在线互动平台的分层论述：首先，教师需要选择合适的在线互动平台，包括论坛、即时通信工具（如聊天应用）、专门设计的教学平台等。不同平台有不同的功能，需要根据学科特点和教学目标做出明智的选择。其次，在选择的互动平台上，搭建专门的课前讨论区。这个区域可以用于学生在课前分享预习心得、提出问题，以及相互讨论，这为学生在课堂前建立思考和学习的基础。再次，在互动平台上设计即时互动环节，包括在课中提出问题，让学生实时回答和讨论，这可以通过投票、问答等方式进行，激发学生在课堂上更积极地参与。为学生设立问题解答板块，让他们能够在学习过程中提出疑问，并由教师或其他同学进行解答，这有助于及时解决学生在学习中遇到的问题，促进学习效果。在互动平台上组建小组学习区，鼓励学生组成小组，共同探讨和解决问题。小组学习有助于培养学生的团队合作精神，促进共同建构知识。定期主持在线讨论会，由教师或学生担任主持人，引导整个学习社群进行深入的讨论。这可以是关于特定主题、案例分析或学科应用的讨论，加深学生对知识的理解。鼓励同学之间的互动和反馈，不仅限于教师对学生的指导。学生可以分享自己的观点、经验，相互评价和启发。这种平等的互动有助于形成积极的学习社群。最后，在互动平台上整合多媒体元素，如图片、视频等，使讨论更生动有趣，这有助于提高学生对讨论的关注度，促使更多学生参与。定期总结和反思学习社群的讨论，以及学生的互动。通过这种方式，可以发现问题、改进教学设计，促进翻转课堂的不断优化。通过在线互动平台推动跨学科合作。在学科之间建立连接，促进跨学科的学习和思维。这有助于培养学生更全面的知识结构。

五、课堂活动设计与实施

在翻转课堂中，课堂活动的设计与实施至关重要。以下是分层次论述课堂活动的设计与实施：在设计课堂活动之前，教师需要明确每个课堂的学习目标。这些目标应当与预习阶段的内容和课程目标相一致。明确的学习目标有助于指导课堂活动的设计，确保活动对学生的学习有实际意义。课堂活动的设计可以始于提出启发性问题，这些问题应当引导学生深入思考、运用预习知识，并能够激发他们的兴趣。问题的设计需要具有挑战性，使学生不仅仅是回答问题，更是思考问题背后的原理和应用。引导学生参与小组讨论和合作活动。通过小组合作，学生可以共同解决问题、分享不同观点，促进彼此之间的学习。教师可以设定任务，让每个小组在有限的时间内提出解决方案，并在课堂上展示和讨论。引入实践性活动，让学生将理论知识应用到实际情境中，包括实验、案例分析、模拟操作等。实践性活动有助于巩固学生的理论学习，使他们更深刻地理解和掌握知识。结合多媒体元素设计课堂活动。利用视频、图表、实例等多媒体资源，让课堂更生动有趣。这不仅能够提高学生的参与度,还有助于更好地传递信息和概念。在课堂上鼓励学生提出问题,这可以通过即时问答、讨论环节来实现。提出问题的学生不仅能够澄清自己的疑惑,也能够促使其他同学思考,扩展课堂讨论的深度。设计个性化学习任务,允许学生在课堂上选择或者根据自己的兴趣和水平进行深入学习。这可以通过提供不同难度的问题、拓展任务等方式实现,促使学生更有动力地参与到课堂活动中。为课堂活动设计及时的反馈机制,以便学生能够了解自己的学习进展。教师可以通过实时评价、小组展示等方式提供反馈,帮助学生及时纠正错误、加深理解。引导学生在课后深化思考。这可以包括布置延伸阅读、练习题,或者提出进一步的问题,鼓励学生在课后深入挖掘和思考所学内容。根据学生的表现和反馈,及时调整教学策略。了解学生的学习需求,不断优化课堂设计,确保教学活动对学生成效。

六、及时反馈和调整

在翻转课堂中,建立有效的反馈机制是至关重要的。教师可以利用在线平台、问卷调查、课堂讨论等方式收集学生的反馈意见。确保反馈渠道多样化,以满足不同学生的表达方式和习惯。在课前预习阶段,收集学生对预习内容的反馈。了解学生是否遇到了困难,是否需要额外的辅导或解释,这有助于教师在课堂上有针对性地解决学生的疑惑。在课堂活动中,引入实时的反馈环节,包括即时问答、投票系统等。通过这些工具,教师可以了解学生对课堂内容的理解程度,及时调整教学进度或深化讨论。鼓励小组活动和合作学习,并从小组中收集反馈。了解学生在小组中的合作情况,是否有学生起到引领作用,以及小组内部是否存在协作问题,这有助于改进合作学习的效果。对实践性活动的设计进行评估,收集学生对实践任务的反馈。了解学生在实践中遇到的问题,是否理解了实际应用,以及能否将理论知识顺利应用到实践中。定期评估在线学习资源的效果。收集学生对教学视频、电子教材等的评价,了解学生的学习体验和需求,这有助于教师及时更新和改进在线学习资源。关注学生在课堂讨论和互动中的表现,通过观察学生的参与度和讨论质量收集反馈。了解学生对同学观点的接受程度,是否存在问题需要教师介入解决。评估个性化学习任务的效果。收集学生对个性化学习任务的反馈，了解是否满足了学生的兴趣和需求，是否有需要调整的地方。了解学生在课后深入思考阶段的反馈。收集他们对延伸阅读、拓展任务的看法，是否认为这些任务对他们的学习有帮助。根据收集到的反馈信息，教师需要及时调整教学策略和计划，包括调整下一次课堂的内容、修改在线学习资源，或者对个别学生进行额外辅导。通过这种反馈和调整的循环，教学可以更加贴近学生的学习需求，提高教学的有效性。

七、评估学生学习成果

在评估学生学习成果之前，教师需要制定清晰的评估标准。这包括确定考察的知识点、技能和能力，并确保评估方式能够全面反映学生的学习成果。传统考试和测验仍然是评估学生学习成果的有效手段之一，包括笔试、选择题、问答题等形式。通过这些形式的评估，教师能够了解学生对基础知识的掌握情况。引入项目作业作为评估手段，可以更好地考查学生在实际应用中的能力。评估项目作业时，需要关注学生对课程内容的深度理解和创造性运用。通过小组展示和讨论形式的评估，可以考查学生的团队协作能力、表达能力和批判性思维。这种形式的评估有助于培养学生的综合素养。对个性化学习任务的评估需要关注学生在自主学习和深化思考方面的表现，包括对学生撰写的反思文章、完成的拓展任务等进行评估。实践性活动的评估旨在了解学生是否能够将理论知识应用到实际情境中，包括实验报告、实地考察报告等形式。评估的结果需要及时向学生沟通，并提供详细的反馈。这有助于学生了解自己的学习状况，找到改进的方向。同时，促使学生在评估后继续深化学习。在翻转课堂的评估中，需要进行综合评估和反思。教师可以考虑学生在预习、课堂互动、实践性活动等方面的表现，综合评估学生的整体学习成果。根据评估结果，教师需要调整教学策略。这可能包括在下一轮教学中强调某些知识点、改进在线学习资源，或者对学生提供个性化的指导。建立学生的学习档案，记录他们的学习历程、成绩、评估结果等信息，这有助于学生和教师共同追踪学生的学习发展，为个性化教育提供依据。通过这一层层的实施步骤，翻转课堂能够更有效地促进学生的自主学习和深层次理解，提高教学效果。

第五节　翻转课堂的优点与面临的挑战

一、翻转课堂的优点

（一）个性化学习

个性化学习是翻转课堂的一项重要优势。通过提供预习材料和在线学习资源，学生可以在自己的节奏下学习，并根据自己的学习风格和需求进行深入学习。这种个性化的学习方式有助于满足学生的差异性，使每个学生都能够在最适合自己的环境中学习。这同时有助于提高学生的学习动机和自主学习能力。

（二）激发兴趣

引入生动的教学视频、互动模拟等多媒体资源，以及设计富有趣味性的学习活动，能够使学科内容更具吸引力。这种创新的学习方式不仅让学生更主动地参与学习，还能够培养他们对知识的好奇心和兴趣。通过提供有趣的学习体验，翻转课堂有助于打破传统教学的枯燥感，使学生更愿意投入到学习中。

（三）深度思考

预习为学生提供了更多自主学习的机会，使他们在课堂上能够更专注于深度思考、互动讨论和实际应用。这种教学模式强调学生在知识获取上的主动性，从而促使他们更深层次地理解概念和解决问题。通过在课前自主学习，学生不仅能够提高对知识的消化和理解程度，还能够更有效地参与到课堂互动中，实现知识的内化和应用。

(四)合作学习

合作学习是翻转课堂中的重要组成部分。通过在课前预习,学生在课堂上有更多的机会参与小组讨论、解决问题,共同建构知识。这种合作学习的方式不仅可以促进学科内容的深度理解,还可以培养学生的沟通能力、团队协作技能和批判性思维能力。学生通过与其他同学互动,分享不同的观点和经验,从而更全面地理解课程内容,这对培养综合素质和团队合作精神都将起到积极的作用。

(五)实践应用

翻转课堂的一个显著优势就是能够提高学生的实践应用能力。通过在课前独立学习相关知识,学生在课堂上可以更充分地参与实际操作、解决问题。这种实践性的学习方式有助于学生将抽象的理论知识转化为实际技能,培养学生解决现实问题的能力。同时,学生在实际操作中将更容易理解和记忆知识,促使他们在学科学习领域中取得更好的成绩。

二、翻转课堂的挑战

(一)技术依赖

技术依赖是翻转课堂面临的一个挑战。在使用在线学习平台和多媒体资源的过程中,对可靠的网络连接和合适的设备有一定的要求。如果学校或学生的技术设施不足,可能就会影响到学生的学习体验,甚至妨碍了翻转课堂的有效实施。另外,这也强调了在推行翻转课堂时需要考虑到教育资源的平等分配,确保所有学生都能够获得必要的技术支持,不因技术条件而造成学习差异。技术的使用应当是一种支持和增强学习的手段,而不应成为学生学习的障碍。

(二)学生准备不足

学生准备不足确实是翻转课堂中可能遇到的挑战之一。这可能是由于学生个体差异、家庭环境、时间管理等多种因素导致的。为了应对这一挑战,教师可以考虑以下几个方面：在课程开始前，教师可以清晰地说明预习对课堂活动的重要性，以及它对学生深度学习的帮助。激发学生对预习任务的认识和重视。教师可以提供额外的支持和资源，包括引导性问题、参考资料等，帮助学生更好地完成预习任务。这有助于降低学生因为不理解或感到困惑而放弃预习的可能性。通过促进同学之间的合作和互助，可以减轻个别学生的学习压力。在课堂上组织小组讨论或活动，让学生在合作中互相补充和理解。教师可以在课堂上根据学生的实际预习情况进行灵活调整。如果有多数学生准备不足，就可以考虑进行一些即时的温故知新，或者重新梳理重要概念。通过这些方法，可以更好地应对学生准备不足的情况，使翻转课堂教学的效果更为理想。

（三）不适合所有学科

不同学科有不同的特点，而翻转课堂并非适用所有学科和所有教学场景。一些理论性强、需要更多面对面指导或实践性较强的学科可能在翻转课堂中面临一些挑战。为了解决这一问题，可以考虑以下方法：对不同类型的学科，可以采用差异化的教学策略。对理论性较强的学科，可以更注重面对面的授课和解释；对实践性强的学科，可以结合线上和线下的教学方式，确保学生有足够的实践机会。在设计课程时，可以整合多种教学方法，包括传统的面对面讲授、实践性的项目任务、在线学习等，以满足不同学科的需求。不同学科可以考虑不同的翻转程度。有些学科可能更适合采用轻度翻转，保留一定的面对面教学元素；有些学科可能更适合深度翻转，更多地依赖在线学习，确保翻转课堂的模式符合教学目标。另外，有些学科可能更适合通过面对面的交流和实践来达到特定的教学目标。综合考虑学科特性和教学目标，可以更好地选择和调整翻转课堂的策略，使其更符合实际教学的需求。

（四）时间管理

时间管理对学生在翻转课堂中的成功非常关键。学生需要在预习、课堂活动和复习等方面更加自主地管理时间。这可能对一些学生构成挑战，尤其是那些没有充分发展时间管理技能的学生。为了解决这一问题，可以考虑以下方法：教师可以在课程开始时提供一些时间管理的指导，包括如何有效利用预习时间、如何安排课堂活动的时间、如何合理分配复习时间等。这可以帮助学生更好地规划他们的学习日程。设定预习和其他任务的明确截止日期，有助于学生更好地分配时间，并避免最后一刻才开始预习的情况。教师可以向学生介绍一些时间管理工具和方法，如使用日历、任务列表等，这些工具可以帮助学生更有条理地组织学习时间。学生可以通过自我反思来了解他们的学习习惯和时间利用情况。教师可以鼓励学生在学期末进行自我评估，以改进他们的时间管理技能。学生在时间管理方面可能存在一些适应期，教师和学校可以提供支持和资源，帮助学生更好地适应翻转课堂的学习模式。通过这些方法，可以帮助学生更好地适应翻转课堂，提高他们的时间管理能力，从而更好地参与学习活动。

（五）教师培训

教师培训对成功实施翻转课堂非常重要。这种教学模式要求教师具备一些新的技能和知识，包括制作在线学习资源、设计引导性问题、有效组织课堂活动等。教师需要培训以掌握使用在线学习平台、制作教学视频、设计互动式学习活动等技能。这些工具对翻转课堂的成功实施至关重要。教师需要学会设计能够引导学生深度思考和讨论的问题，包括问题的提出方式、难度的把握、与课程目标的关联等。翻转课堂注重学生之间的合作和讨论，因此教师需要学会有效地引导小组合作和讨论，促进学生间的互动。传统的考试和测验可能不再适用于翻转课堂，教师可能需要学会采用更灵活的评估方法，如项目作业、小组展示等。教师需要学会将在线学习资源和课堂活动与学科知识有机地整合起来，确保学生能够在两者之间建立有效的联系。教师需要了解如何支持学生在翻转课堂中的学习，包括如何解答他们的问题、提供额外支持等。教师培训应强调及时反馈的价值，以及如何有效地从学生反馈中汲取教学改进的灵感。通过提供这些培训，学校和教育机构可以帮助教师更好地适应翻转课堂的教学模式，提高他们的教学效果。

总的来说，翻转课堂在提高学生参与度和个性化学习方面有很多优势，但需要面对一些技术和实施上的挑战。

第二章 英语课程教学法综述

第一节 英语教育的重要性

一、国际交流与合作

在现今全球化的背景下,国际交流与合作成为高校英语教育的一个重要方面。英语作为国际通用语言,为学生提供了更广阔的交流平台和参与国际事务的机会。以下是关于这一点的更详细说明。

(一)跨文化沟通

跨文化沟通是英语教育中的一项重要目标。通过英语教育,学生能够培养出色的跨文化交流技能,这对他们未来在国际舞台上的职业发展至关重要。在全球化的今天,各个领域都需要具备这种能力的专业人才。学生通过英语学习,不仅仅是掌握了语法和词汇,更重要的是学到了如何在不同文化之间建立联系和理解。通过学习英语,学生接触到世界各地的文学、历史、文化,从而培养了对不同文化的尊重和理解。这种尊重是跨文化沟通的基础。跨文化沟通往往涉及文化差异,学生需要学会识别并解决可能出现的文化冲突,包括语言习惯、沟通方式、价值观等方面的差异。学生通过英语学习,提高了语言表达的准确性和流利度,能够更自信、清晰地表达自己的观点,确保信息在跨文化环境中得到正确传达。在国际团队中,学生需要学会与来自不同文化背景的同事合作,这要求他们具备良好的团队合作和沟通技能,以实现共同的目标。学生通过英语学习,逐渐培养其对不同文化的敏感性。这种敏感性使他们能够更好地适应多元文化的工作和生活环境。在现代职场中，跨文化沟通的能力越来越被重视。因此，高校英语教育的目标之一就是培养学生具备这种能力，使他们更好地适应国际化的社会。

（二）国际学术交流

国际学术交流是高校英语教育的另一项重要目标。随着全球学术界的互通日益加深，学术研究往往需要学者们积极参与国际学术交流。英语作为国际学术交流的主要语言之一，高校英语教育在这方面发挥着重要的作用。在国际学术交流方面，英语教育的作用体现在：学生通过英语教育能够更轻松地阅读国际学术期刊、论文和书籍，及时了解全球学术领域的最新进展，这有助于他们更深入地参与到自己领域的学术研究中。英语教育培养学生进行学术写作的能力，使他们能够更流利、规范地表达学术思想。这对其撰写学术论文、参与国际会议并发表研究成果至关重要。学生在英语环境中学到的合作和沟通技能使他们更容易参与到国际性的学术合作项目中，这有助于促进国际学术界的合作和交流。通过参与国际学术交流，学生能够更好地理解其他国家和地区的学科发展动态，促进不同学科之间的融合和合作。学生通过参与国际学术交流，可以将国际先进的研究方法和理念引入国内，提高整个学科的水平。总体而言，英语教育为学生参与国际学术交流提供了必备的语言和沟通技能。这对培养高水平的学术人才，推动学科的发展，以及提高学校的国际声誉都具有重要意义。

（三）全球职业机会

全球化的职业环境需要员工具备跨文化交流和国际合作的能力，而英语作为国际商务和职场沟通的主要语言，为毕业生提供了更广阔的职业机会。以下是英语教育在拓展全球职业机会方面的作用：英语教育培养了学生在国际公司工作的能力。他们应具备与来自不同国家、文化背景的同事进行高效沟通和合作的技能，能够更快适应国际职场的工作环境。具备英语能力的毕业生更容易在跨国企业中担任重要职务。他们可以参与国际业务谈判、管理国际项目，并在全球范围内担任领导职务。对从事市场营销、国际贸易等领域的毕业生，英语教育是拓展国际市场的关键。他们能够更好地理解和服务国际客户，推动公司在全球范围内的业务发展。英语教育为参与国际合作项目提供了语言基础。毕业生可以与国际团队协作，共同推动项目的实施，为企业或组织在国际上的合作做出贡献。通过英语教育，学生可以更容易地建立全球性的职业网络。这对学生未来职业发展、获得国际性的职业机会具有重要意义。在全球化时代，英语教育为高校毕业生打开了更多的职业大门，使他们能够更自信、更成功地融入国际职场。

（四）参与国际项目

大学时光是开阔视野的好时机。国际项目、交流计划以及志愿活动为学生提供了与世界各地的人们共事、学习和服务的机会。英语的掌握为他们打开了更多的大门，让这一切变得更加顺利。参与国际项目不仅仅是语言的锻炼，更是一次深刻的文化体验。通过与不同国家的人们互动，学生能够了解不同背景、信仰和价值观。这种跨文化的交流不仅促进了语言能力的提升，也培养了跨文化沟通的技能，为未来的职业发展奠定了坚实的基础。在国际交流中，学生们能够结识来自不同领域的同龄人，共同探讨学术问题、分享经验。这种合作精神有助于培养团队合作和领导能力。通过共同努力完成项目，学生们能够学到更多实际应用的知识，增强问题解决能力。志愿活动则是实践社会责任的好途径。通过参与国际志愿服务，学生们能够亲身感受到社会问题的严重性，并为解决这些问题贡献自己的一份力量。这不仅培养了学生的社会责任感，也使他们更加关注全球性的挑战，如气候变化、贫困等。总的来说，参与国际项目不仅可以拓宽学生的国际视野，还可以培养跨文化交流、团队合作和社会责任感等多方面的能力。这些经历将为他们未来的职业生涯和个人发展打下坚实的基础。

（五）外国学生交流

外国学生的涌入不仅为学校注入了多元文化的元素，也为本地学生提供了与不同国家学生学术交流的机会。这种跨文化的交流有助于培养学生的国际视野，提高他们的跨文化沟通能力。英语的普及和运用为外国学生提供了更好的学习环境。他们能够更轻松地适应学术生活，与本地学生进行有效的交流。这种语言的共通性打破了沟通的壁垒，促进了跨国际学术合作。同时，学校因为提供英语授课的机会而成为吸引国际学者和优秀教职人员的磁石。国际化的学术氛围对学校的声誉提升有着积极的影响。吸引更多外国学生意味着学校的教育质量得到了国际认可，为学校在全球范围内建立了良好的声誉，这也进一步吸引了高水平的师资，形成良性的循环。在这种国际化的环境下，学生们能够接触到来自不同文化背景的知识和观念，促使他们更加开放、包容。这对培养未来具有全球竞争力的人才有着重要的意义。因此，英语作为国际交流的桥梁，不仅可以促进学校内外的学术交流，也为学校的声誉提升和吸引高水平师资带来新的可能性。这种国际化的学术氛围使学校更具吸引力，可以为学生提供更广阔的学术发展空间。

（六）国际组织与 NGO 参与

国际组织和非政府组织（NGO）在全球事务中发挥着重要作用，而英语作为国际交流的主要语言，成为参与这些组织工作的关键因素。英语教育为学生提供了与国际组织和 NGO 互动的平台。在这些组织中工作通常需要具备流利的英语沟通能力，因为成员来自不同国家，使用共同的语言是确保高效协作的基础。通过良好的英语表达能力，学生可以更容易地与国际同事交流，分享想法并参与全球性问题的解决。参与国际组织和 NGO 的工作，使学生有机会深入了解全球性问题，如气候变化、贫困、健康等，以及解决这些问题的策略。这样的经历不仅可以拓宽他们的视野，还可以培养解决复杂问题的能力。在这个过程中，英语不仅是一种工具，更是打开了解世界机会的大门。此外，参与国际组织和 NGO 的工作经验将对学生的职业发展产生深远的影响。在这些组织中，他们有机会建立国际性的人脉，结识来自不同文化背景的专业人士，这对其未来进入国际职场，发展全球性职业生涯都具有重要价值。因此，英语教育不仅仅是提高语言能力，更是为学生提供参与国际组织和 NGO、成为全球问题解决者的重要途径。通过掌握英语，学生们可以在全球事务中发挥更积极的作用，为构建更加和谐的国际社会贡献自己的力量。

总体而言，国际交流与合作是高校英语教育的一项关键任务，不仅有助于学生个体的职业发展,也可以推动整个学校在国际舞台上的影响力。

二、学科知识获取

大量的学术文献和研究成果都以英语为主要载体。通过英语教育,学生能够更轻松地获取并理解国际上的最新学术进展,促使他们在专业领域取得更好的成就。

(一)学术文献的重要性

在学术领域中,学术文献的重要性不可忽视。这些文献承载着最新的研究成果、理论探讨以及学科发展的方向。然而,这一海量信息的传播主要以英语为主要载体。学术期刊、论文以及研究报告往往采用英语进行撰写和发布,从而构建了一个全球性的学术交流网络。

通过英语教育,学生能够更轻松地融入这个国际学术交流的体系。掌握英语语言能力使得他们能够顺利地阅读、理解并吸收这些英语学术文献。这种能力的提升使得学生不再受限于本地学术资源,而能够直接获取国际上最新学术进展,跟随学科的发展动态。因此,学术文献的英语表达不仅仅是一种语言工具,更是学术交流和知识获取的媒介。通过英语教育,使学生成为了解、参与全球学术讨论的一员,为其专业发展奠定了坚实的基础。这也进一步强调了英语在当代学术领域中的不可替代的地位。

(二)阅读与理解的轻松性

学科整合是一种创新的教学方法,通过将数学与其他学科整合,设计跨学科的任务和项目,有助于学生将数学知识应用到实际情境中,培养跨学科思维。教师可以设计旨在整合数学和其他学科的任务和项目。例如,结合数学和自然科学,设计生态系统建模项目,让学生通过数学方法分析生态系统的动态变化。学科整合使得学生能够将数学知识应用到实际情境中。通过解决真实问题,学生不仅理解了数学的抽象概念,还学会将这些概念应用到解决现实生活中的跨学科问题。学科整合培养了学生的跨学科思维,使其能够在多学科的融合中看到问题的多个方面。这有助于拓展学生的思维,培养他们解决问题的能力。跨学科的任务设计鼓励学生间的合作与互助。学生可以在小组中共同解决复杂问题,每位成员都可以贡献自己学科领域的知识,促进了学科之间的交流和理解。学科整合的任务和项目有助于提升学生的综合素养。他们不仅需要运用数学知识,还需结合其他学科的理论和方法,形成全面的解决方案。在跨学科任务中,教师可以提供实时反馈和指导,引导学生在整合过程中更好地理解和应用数学知识,确保他们在跨学科学习中取得良好的成果。学科整合为学生提供了更为全面和贴近实际的学科学习体验。例如,通过将数学与其他学科融为一体,学生不仅能够更深入地理解数学的应用,还能够培养出学生更灵活、创新的思维方式。

(三)专业术语的准确运用

英语教育为学生提供了准确理解和运用专业术语的能力。在特定学科领域,存在大量的专业术语和特定的表达方式,通常以英语为主。以下是不分段的详细论述:英语作为一门全球性的语言,被广泛应用于各个学科领域。通过英语教育,学生不仅学会了语言本身,更重要的是掌握了在各自专业领域中使用的专业术语,这对他们在专业交流和研究中起到了至关重要的作用。英语教育使得学生能够准确理解各个学科领域的专业术语。通过学习专业英语课程,学生对专业概念和领域内的术语有了更深入的了解。学生在英语环境中学到了如何用准确的专业术语进行表达和沟通。这不仅有助于他们更好地参与学科讨论,还可以提高他们在国际学术圈内的交流能力。掌握英语中的专业术语使得学生更容易与国际同行合作,参与国际性的研究项目,这为他们提供了更广泛的研究机会,促进了学科的发展。英语教育可以培养学生在学科领域中的适应性。无论是在工程、医学、科学还是商业领域,学生都能够更自如地理解和运用相关的专业术语。英语是许多学科领域的主要文献和研究资料的语言。通过英语教育,学生能够更轻松地获取并理解国际上的学术著作和研究成果。学生在英语教育中学到的专业术语和表达方式,使得他们更容易进行跨学科的整合。这对学生解决复杂问题,融合不同学科的知识,具有重要意义。总的来说,英语教育为学生提供了更广阔的专业视野,使他们能够更自信、准确地在各自的学科领域中进行表达和交流。这种能力不仅在学术研究中发挥作用,也将对其未来职业发展产生积极影响。

(四)国际学术交流与合作的便利性

英语是国际学术交流的主要语言,许多重要的学术期刊、会议和研究资料都以英语为主。通过英语教育,学生能够更轻松地获取并理解来自世界各地的学术文献。英语教育可以培养学生在学术领域中进行讨论和交流的能力。无论是参加国际学术会议还是与国际同行进行学术讨论,学生都能自如地运用英语进行沟通。掌握英语为媒介的国际学术交流,为学生提供了更广泛的学术合作机会。他们能够与来自不同国家和地区的研究者共同合作,推动学科的国际化发展。学生通过英语教育不仅能够理解国际上的科研项目,还能够更容易地加入这些项目中,这有助于他们积累国际性的研究经验,提高科研水平。英语教育使得学生能够更深入地了解全球学术界的动态。他们可以关注国际上最新的研究成果,与国际学者一同思考学科的未来发展趋势。掌握英语为媒介的学术交流为学生提供了参与国际合作项目的机会。这种国际性的合作项目通常能够提供更丰富的资源和更广泛的学术支持。另外,通过参与国际学术交流,学生还能够加强跨文化交流的能力,这对在全球范围内与来自不同文化背景的研究者合作具有重要意义。总体而言,英语作为国际学术交流的通用语言,为学生提供了更便捷、广泛的学术合作机会。通过英语教育,学生能够更好地参与国际学术社区,推动学科的国际合作与发展。

(五)专业发展的帮助

通过英语教育,学生能够深入学习专业领域的知识。英语作为国际学术交流的语言,许多领域的前沿知识都以英语为主要媒介,学生可以更轻松地获取这些知识。英语教育使得学生能够更紧密地关注国际学术进展,他们可以通过阅读英文文献、参与国际学术活动等方式,及时了解全球范围内的学科动态。掌握英语为媒介的沟通能力可以为学生提供参与国际合作项目的机会。通过与国际同行合作,学生能够结交更广泛的学术圈内人士,促进专业发展。英语教育可以培养学生在英语环境下进行科研论文写作的能力。这对将研究成果发表在国际著名学术期刊上具有关键作用,由此提升其专业声望。学生通过英语教育不仅能够更自如地参与国际会议，还能够在这些国际性的学术活动中展示自己的研究成果，增加学术交流和合作的机会。英语教育使得学生具备更广泛的职业视野，他们可以更容易地在国际职场中寻找机会，拓展职业发展的空间。英语教育所获得的学历更容易受到国际认可，这对学生在国际范围内寻找工作和发展职业生涯具有显著的优势。通过参与国际学术交流，学生能够提升综合素质，包括跨文化交流、团队协作、领导力等方面的能力，使学生在职业发展中更具竞争力。英语教育为学生的专业发展提供了全方位的支持，不仅加强了学习学科知识，还为他们在国际学术舞台上取得更好的成就提供了有力的保障。

综合来看，英语教育在学科知识获取的各个层面都发挥着重要的作用，为学生在专业领域取得更好的成就提供了有力支持。

三、职业发展

在全球化的时代，许多职业要求具备良好的英语沟通能力。高校英语教育不仅可以提高学生的语言水平，还可以培养他们在职业生涯中所需的沟通技能。

（一）提升语言水平

在提升语言水平的层面，高校英语教育通过系统的英语课程实现了学生的全面语言技能培养。以下是对这一层面的详细分析：高校英语课程首先注重学生对基础语法和词汇的掌握。通过系统的教学，学生建立了对英语语法结构和常用词汇的基本理解，为后续的语言运用奠定了基础。其次，英语教育注重培养学生的听、说、读、写四项语言技能。通过听力训练，学生提高了听力理解能力；口语表达课程培养了流利的口头沟通能力；阅读和写作训练使得学生能够更自如地表达和理解文字信息。通过实际的语言实践活动，如角色扮演、小组讨论等，学生将学到的语法和词汇运用到实际情境中。这有助于提高他们的语言运用能力，使得在职场中更加得心应手。综合性的英语技能训练包括听力理解、口语表达、阅读理解和写作等方面。学生通过多样化的练习，不仅提高了各项技能的水平，也培养了综合运用这些技能的能力。最后，英语教育强调在真实语境中培养沟通技能。学生通过模拟职场场景、商务对话等练习，提高了在职场中进行有效英语沟通的信心和能力。

通过提升语言水平，高校英语教育为学生奠定了坚实的语言基础，使他们能够更加自信和流利地利用英语进行沟通，为其未来的职业生涯做好准备。

（二）沟通技能培养

在沟通技能培养的层面，高校英语教育通过多元的教学方法和活动，使学生逐步提高口头表达能力，具备在职场中进行有效沟通的技能。以下是对这一层面的详细分析：英语教育通过专门的口语表达课程，帮助学生提高口头表达的能力。这些课程可能包括模拟对话、口语演讲等活动，让学生更自信地进行英语口头表达。通过参与辩论和演讲活动，学生能够训练清晰准确地陈述自己的观点，这培养了他们在职场中进行业务沟通时的表达自己观点的能力，同时提高了逻辑思维和说服力。小组讨论是培养团队合作和沟通技能的有效方式。通过参与小组项目，学生学会与团队成员协作，共同解决问题，提高了团队协作和沟通的能力。模拟职场沟通场景的活动使学生能够在真实的工作环境中练习沟通技能，包括商务会议、客户沟通等情景模拟，使学生更好地适应职场沟通需求。参与实际项目的团队合作是一种将沟通技能应用到实际情境中的方式。学生通过协作完成项目，学到了在团队中有效沟通和协调的重要性。英语教育可以培养学生在多样化的沟通方式中灵活应对的能力，包括书面沟通、电子邮件交流、视频会议等，使学生能够适应不同的工作场景。通过这些活动和教学方法，高校英语教育努力培养学生的沟通技能，使他们在职场中能够清晰、准确、有效地表达自己的思想和观点，为团队合作和业务沟通提供了支持。

（三）跨文化交流和领导力

在培养跨文化交流和领导力方面，高校英语教育通过特定的学科内容和实践活动，使学生具备更全面的国际化职业素养。学习国际商务英语的课程使学生熟悉商务领域的专业术语和沟通技巧，这有助于他们在跨国公司、国际项目中更流利地进行沟通，提高职场竞争力。学生通过参与国际项目，特别是与外国同学或企业合作的项目，面对不同文化的挑战。这可以锻炼他们在跨文化环境中适应和沟通的能力。与来自不同国家的学生合作是培养跨文化领导力的有效途径。学生在国际团队中学会协作，理解不同文化的工作方式，从而提高其领导和管理国际团队的能力。通过文化差异的教学和案例分析，英语教育培养学生的文化敏感性。这使他们更加关注和尊重不同文化的差异，减少在跨文化环境中可能出现的误解和冲突。一些英语课程可能特别注重领导力的培养。学生通过学习领导理论、参与领导力培训等方式，逐渐发展出在国际职场中发挥领导作用的能力。学校要组织国际交流项目，让学生有机会在国外学习或实习。这不仅可以拓宽他们的国际视野，还可以增加跨文化交流和领导力的实际经验。通过这些教育手段，高校英语教育使学生更好地适应全球化职场，培养他们在国际团队中卓越领导和出色跨文化交流的能力，为其未来的职业发展提供支持。

四、文化理解与多元视野

英语是连接不同文化的桥梁，通过英语教育，学生能够更深入地了解英语国家的文化、历史和社会，培养跨文化理解和尊重。

（一）文化基础知识

在文化基础知识的层面，英语教育通过特定的课程和学习活动，为学生提供英语国家文化的基本认知。学生通过历史课程了解英语国家的过去，包括重要事件、社会变革等，这有助于建立学生对该国家历史演变的基本了解，为后续对其文化的理解提供时空背景。课程可能涵盖英语国家的传统、习俗和节庆等方面的内容。学生通过学习这些知识，能够更好地理解当地人的文化传统和日常生活方式。文学和艺术是文化的重要组成部分。学生可能通过文学作品、艺术品的学习，感受英语国家独特的文学和艺术风格，进一步了解文化的深层次内涵。学习英语国家的价值观念和宗教信仰有助于学生理解当地人的思维方式和生活态度，这方面的知识有助于建立对文化背景的基本认知。了解英语国家的社会结构、政治制度等方面的知识，使学生对当地社会生活的运作有更深刻的认识，这对理解当地文化中的权力关系、社会规范等具有重要意义。通过这些学习活动，英语教育在文化基础知识的层面上为学生提供了对英语国家文化的基本认知,为他们进一步深入了解和尊重这一文化奠定了基础。

(二)跨文化理解的培养

在跨文化理解的培养层面,英语教育通过特定的教学活动和课程设计,使学生更好地理解和尊重英语国家文化的多元性。专门的文化交流课程通过引入不同英语国家的文化元素,促使学生深入了解各种文化的特点、价值观和行为模式。这有助于拓宽学生的文化视野。通过跨文化的讨论和项目,学生有机会与来自不同文化背景的同学合作。这样的合作过程中,学生能够体验文化差异,促使他们更深刻地理解和尊重其他文化。课程包括对文化差异的深入分析,帮助学生认识到不同文化之间存在的差异,并培养在跨文化环境中沟通和合作的技能。实地考察和文化体验活动使学生有机会亲身感受和体验英语国家的文化,这样的实践有助于加深学生对文化的理解,使其更加真实和深刻。案例研究包括真实跨文化交流的案例,学生通过分析这些案例,了解在实际生活中如何应对跨文化沟通的挑战,提高解决问题的能力。通过这些教育活动,英语教育在跨文化理解的培养层面上,使学生不仅认识到文化差异,而且能够通过积极的学习和互动,培养其对多元文化的理解和尊重的态度。

(三)多元视野和全球意识

在培养多元视野和全球意识的层面,英语教育通过涵盖全球性问题和国际事务的课程,使学生更加深刻地认识英语国家文化与其他国家文化的关系,培养了超越国界的全球意识。引入全球性问题,如气候变化、人权、贸易等,使学生了解这些问题在全球范围内的影响。通过讨论和研究,学生能够从不同文化的角度思考这些全球性问题。学习国际事务,包括国际政治、经济、文化等方面的知识。通过对国际事务的深入了解,学生能够正确理解各国之间的合作与冲突,形成更全面的国际视野。参与国际合作项目,与其他国家的学生共同解决全球性问题。这样的项目促使学生深入了解其他文化,同时培养了国际合作的技能。学校要组织国际交流活动,让学生与其他国家的学生交流经验、分享文化,这有助于学生拓宽视野,认识到全球化时代的重要性。通过对不同文化的深入比较，学生能够更好地理解不同文化之间的联系和差异，这有助于培养学生更开放、包容的国际观念。通过这些全球性课程和活动，在多元视野和全球意识的培养层面上，英语教育使学生形成超越国界的综合视野，使其在未来更好地适应全球化的社会和职场。

五、综合素质的培养

在培养综合素质的层面，英语学科通过涵盖听、说、读、写等多个方面，旨在培养学生的综合语言能力，提高他们的表达能力和批判性思维。以下是对这一层面的详细分析。

（一）听力能力的培养

在听力能力的培养层面，英语教育通过特定的训练和活动，旨在提高学生对英语语音、语调的理解，同时培养他们在真实语境中听懂和理解信息的能力。设计听力训练课程，包括各种语速和语调的听力材料，这有助于学生逐步适应不同的听力环境，提高对多样化语音的敏感性。使用真实语境中的听力材料，如英语新闻、纪录片、访谈等。这样的材料更贴近真实生活，能够帮助学生在真实场景中更好地理解和应用所学的听力技能。利用多媒体资源，包括音频和视频，进行听力训练。多媒体形式的内容更生动有趣，能够吸引学生的注意力，提高学习的积极性。设计听力理解任务，要求学生在听完一段对话或文章后回答问题、总结要点等，这有助于培养学生在听力过程中捕捉信息的能力。引入不同英语国家的口音和方言，使学生接触到更广泛的语音变化，这有助于培养学生对不同口音的适应能力。教授学生一些常用的听力技巧，如关键词捕捉、上下文推测等。这些技巧能够提高学生在听力过程中的效率和准确性。通过这些听力培养活动，英语教育旨在使学生在不同听力场景中都能够理解和运用所学的语言知识，提高他们的听力水平。

（二）口语表达的提升

在口语表达的提升层面，英语教育通过特定的课程和活动，致力于帮助学生提高英语口语表达能力。设计针对口语表达的课程，包括口语训练、发音练习等，这样的课程有助于学生系统性地提高口语水平。定期组织交流活动和小组讨论，鼓励学生在轻松的氛围中展开口语表达，这有助于培养学生自信和流利的口语表达能力。参与辩论和演讲比赛，提供学生展示口语表达能力的机会。这样的比赛可以激发学生的竞争意识，同时锻炼他们在公共场合表达自己的能力。设计实景口语练习，模拟真实情境，使学生在语言环境中更好地应对各种情况，这样的练习能够培养学生在实际生活中的口语应用能力。安排角色扮演活动，让学生在不同的角色中进行口语表达，这有助于提高他们在特定语境中的表达能力和语言适应性。引入语音教学，帮助学生改进发音和语调。收音练习可以帮助学生纠正口音，提高口语的地道性。通过这些口语表达的提升活动，英语教育致力于使学生在语言表达方面更为自信、流利，并能够在不同场合中清晰准确地表达其观点。

（三）阅读能力的培养

阅读能力的培养是英语教育中的重要环节，它涵盖了对各种文学作品、文章和新闻的理解和分析。通过阅读文学作品，学生能够体验不同文化背景、历史时期和文学风格。小说、诗歌、戏剧等作品提供了丰富的语言和情感体验，同时可以拓展学生的文学鉴赏能力。学生要能够阅读各种类型的文章，包括学术文章、时事评论和新闻报道，这有助于他们获取信息、理解观点，并培养对不同主题的综合分析能力。阅读不仅仅是获取信息，还包括对信息的评估和批判性思考。学生应当学会提出问题、对观点进行评价，并能够形成独立的见解，这有助于培养批判性思维和逻辑推理能力。随着多媒体技术的发展，学生需要培养在数字化环境中的阅读技能，包括对图像、音频和视频的理解，以及在互动式平台上获取信息的能力。针对学科领域，学生需要培养阅读专业文献的能力，这涉及学术论文、研究报告等，帮助学生更深入地了解特定领域的知识和发展动态。阅读过程中，学生会接触到丰富的词汇和语法结构。通过不断的阅读，学生的词汇量得以扩展，语法运用得以提升，从而提高整体语言水平。阅读能力的培养是英语学习中不可或缺的一部分，它不仅关乎语言能力的提升，还涉及思维方式和知识广度的拓展。

（四）写作技能的提高

写作技能的提高是英语教育中的一个重要目标，它涉及学生在书面表达方面的能力和技巧。设计系统性的写作课程，包括写作基础、写作风格、文体等方面的培训。通过逐步的课程设置，帮助学生逐渐提升写作水平。提供多样性的写作任务，包括论文、文章、报告、评论等。不同类型的写作任务有助于学生灵活运用不同的写作技巧，适应不同的写作场景。写作不仅仅是文字表达，还包括对观点的建构和批判性思考。通过写作任务，培养学生对问题的深度分析和独立见解的表达。提供及时有效的反馈机制，鼓励学生在写作后进行自我审查和修订。同时，教师的反馈是学生写作提高的关键因素。注重语法和词汇的训练，使学生能够在写作中正确运用语法结构和丰富的词汇，以提高文章的表达力和逻辑性。帮助学生学会选择适当的主题，并能够构建合理的组织结构。清晰的主题和结构有助于文章的逻辑性和连贯性。教授学生一些常用的写作技巧，如修辞手法、段落组织、引用技巧等，这些技巧能够提升文章的艺术性和说服力。通过综合性的写作培训，学生能够在不同场合中自如地进行书面表达，不仅可以提高英语水平，也可以培养批判性思维和逻辑思考的能力。

（五）综合性项目和任务

综合性项目和任务在英语教育中扮演着重要的角色，它们不仅要求学生综合运用各种语言技能，还能够在真实场景中应用所学知识。设计各种类型的综合性项目，涵盖不同主题和语境，包括模拟商务会议、跨文化交流项目、多媒体展示等，以使学生在不同领域中得到全面的锻炼。强调项目中各语言技能的综合运用，包括听、说、读、写。学生在项目中需要理解口头信息、表达自己的观点、撰写文档等，从而全面提高语言能力。尽量模拟真实场景，使学生感受到在实际情境中使用英语的挑战，这可以通过模拟商业谈判、国际会议、文化交流等方式实现。鼓励学生进行小组合作，每个成员负责不同的角色，这有助于培养团队协作精神，同时使学生能够在合作中学到更多。提供项目结束后的反馈机制，帮助学生总结经验、发现问题、改进表现,这有助于他们在下次项目中更好地应用所学。设计跨学科的综合性项目,将英语与其他学科知识相结合,这有助于培养学生的综合素质,提高他们解决实际问题的能力。允许学生在一定范围内选择符合个人兴趣和专业方向的项目。个性化项目选择有助于激发学生的学习热情和动力。通过综合性项目和任务的设计,学生能够更全面地理解和运用所学英语知识,同时培养其解决问题和团队协作的能力。

(六)批判性思维的培养

批判性思维的培养是英语教育中的一项关键目标,它要求学生能够以批判性的眼光审视和分析信息,形成独立的见解。引导学生对阅读材料进行深入的文本分析,包括理解作者观点、推理结构、论证方式等。通过提出问题,激发学生对文本的批判性思考。组织学生参与讨论和辩论活动,鼓励他们就特定主题或问题表达自己的观点,并能够对他人的观点提出有力的反驳或支持。设计问题解决型任务,要求学生运用所学知识解决实际问题,这能够锻炼学生分析问题、提出解决方案的能力。提供多元化的学习资源,包括不同观点的文章、多媒体资料等,这有助于学生从不同角度思考问题,培养开放和多元的思维。结合实践性项目和任务,要求学生在解决问题的过程中运用批判性思维,这使得批判性思考与实际问题解决能力相结合。鼓励学生在完成任务后进行反思和自我评估,这包括对自己的表现、思考方式以及是否有改进的空间等方面的评价。使用引导性问题引导学生深入思考,逐步培养他们提出问题、独立思考的习惯,这有助于锻炼学生的批判性思维。通过这些活动和方法,学生能够逐渐培养出具有批判性思维的能力,不仅在语言学习中受益,也为将来的学习和工作打下了坚实基础。通过这些综合性的学习活动,英语学科旨在培养学生全面素质,使其在语言能力、思维能力和实际应用能力等方面都得到全面提升。

六、国际交流与人才引进

(一)国际学术合作

通过英语教育,高校能够加强与国际学术机构的联系,促进学术合作和交流。英语作为国际学术交流的主要语言,有助于打破语言壁垒,促进跨国研究项目的开展。

(二)企业合作与职业机会

英语教育为高校提供了与国际企业合作的机会。毕业生通过英语培训更容易适应国际职场,提高就业竞争力。高校与企业的紧密联系促进了实习和就业机会的拓展。

(三)国际学生与学者交流

高校通过英语教育能够吸引更多国际学生来校学习。这不仅丰富了校园文化,也促进了文化多样性。同时,吸引国际学者参与教学和研究,推动学术水平的提升。

(四)国际合作项目

通过英语进行教学,高校更容易开展国际合作项目。这包括联合培养、双学位项目等形式,可以为学生提供更广泛的学术资源和国际视野。

(五)研究成果的国际传播

英语作为国际通用语言,有助于高校的研究成果更广泛地传播。学术论文、研究报告等能够更容易被国外同行理解和引用,提升高校在国际学术界的声誉。

(六)跨国人才引进计划

通过英语教育,高校能够更灵活地开展跨国人才引进计划。这包括聘请国际知名教授、引进外籍专业人才等,从而提升高校的教学水平和学科影响力。

(七)国际化校园氛围

英语教育促使校园更加国际化,培养学生具备跨文化沟通的能力。这不仅有助于学生更好地适应全球化社会,也可以提升学校在国际舞台上的形象。通过这些层面的努力,高校能够在国际交流与人才引进方面取得更为显著的成果，为学校的发展和国际声誉的提升奠定坚实基础。

总体而言，高校英语教育对学校培养具有国际竞争力和综合素质的人才，推动学术研究与国际合作，以及促进文化多元理解都具有重要的作用。

第二节　传统英语课程教学法

一、语法—翻译法

（一）注重语法规则和词汇的教学

语法—翻译法将教学的重心放在语法和词汇的传授上，以确保学生在语言学习的早期建立坚实的基础。教师通过详尽的语法解释，确保学生理解各种语法规则的结构和用法，包括对句法、时态、语态等方面的深入讲解，为学生提供清晰的语法指导。同时，大量的词汇训练是这个阶段的关键。学生被引导学习和记忆大量常用词汇，以便在语境中更自如地表达。通过词汇的积累，学生能够在语法结构中更加流利地运用单词。教学的目标在于确保学生对基本语言结构的理解，包括句子的构建、语法关系等。这是为了奠定学生未来语言运用的基础，使他们能够准确表达自己的思想。通过这个阶段的学习，学生可以建立初步的语法基础，能够应对简单的语法要求。这是进一步学习和实践的基础，同时为其后续的翻译练习提供了支持。这个阶段的教学注重打下坚实的语法和词汇基础，从而为学生的语言学习之路奠定基础。

（二）翻译文本来强化语言知识

学生通过实际操作，即翻译文本，将抽象的语法规则和词汇运用到具体的语境中。这种实践性的学习有助于加深对语言知识的理解，让学生在实际运用中更加灵活。翻译作业的目的在于巩固学生在课堂上学到的语法和词汇知识。通过将这些知识运用到翻译任务中，学生能够更好地记忆和理解，确保知识点的掌握程度。翻译文本的选择通常与实际语境相关，使学生能够在真实场景中熟练运用所学知识。这有助于培养学生的实际语言运用能力，提高他们在实际交流中的信心。翻译作业的变化能够让学生应对不同语境下的语言需求，培养他们更全面的语言运用能力。通过不同主题、领域的翻译，学生逐渐适应多样性的语言要求。这个层次的教学强调了实践性学习的重要性，通过翻译文本来锻炼学生在真实语境中的语言运用能力。

（三）建立语法基础

通过详细解释语法规则和进行系统的词汇训练，学生逐步建立其对语法的扎实理解。这一过程注重渐进性，确保学生在建立语法基础的同时不感到过度压力。学生不仅理解语法规则的含义，还要学会在实际语境中运用这些规则。强调理论知识与实际运用的结合，使学生能够更全面地掌握语法的使用方法。教学强调语法准确性，确保学生在翻译文本和语境中不仅能够流利表达，还能够保持正确的语法结构，这为学生建立自信心，使他们在语言表达中更为准确。建立的语法基础不仅为当前阶段的学习提供了支持，也为学生未来更高层次的语言学习奠定了基础，这种坚实的语法基础将在学生后续的语言学习中发挥重要作用。

（四）强调语法准确性

教学过程中着重培养学生形成正确的语法结构，确保他们能够准确理解和运用不同语法规则。学生通过具体的例子和实际练习，逐渐形成对正确语法结构的敏感性。不仅注重语法规则，还强调使用正确的词汇。翻译等练习帮助学生学会在具体语境中选择适当的词汇，使表达更为准确和丰富。学生被引导注重每一个语法细节的准确运用，从而形成对语法细节的高度警觉，这有助于建立对语法规则的深入理解，使学生能够在语言表达中避免常见的错误。翻译等练习被运用作为一种强化手段，使学生在实际运用中更加注重语法的准确性。这种实际运用的方式有助于学生将语法规则融入实际语境中，提高准确性。强调语法准确性有助于学生养成良好的语法习惯，从而为他们的语言学习提供可靠的基础。这一阶段的教学目标是确保学生能够在语法使用中保持高水平的准确性。

(五)可能导致过度关注书面语言

学生可能更注重在学术性的文本中表达的准确性,而对其实际口语表达和实际应用的需求关注不足。过度注重书面语言可能导致学生在实际语境中应用时感到不自信。由于注重书面语言,学生在口语能力上可能相对薄弱。口语表达和实际对话技能需要额外的关注和培养。学生可能在实际应用语言的能力上受到限制,因为他们可能更擅长翻译和书写,而非实际交流。过度关注书面语言可能导致学生在实际沟通中的效果较差。语言学习的最终目标是能够有效地与他人交流,而不仅仅是书面表达的准确性。教学中应该平衡强调书面和口语表达,确保学生在两个方面都得到充分的培养。引入实际运用任务,如角色扮演、实地考察等,使学生能够将语法知识运用到实际生活中。设计口语训练活动,如小组讨论、演讲比赛等,以提高学生的口语表达能力。创造实际交流的机会,如与外语人士对话、参与语言交流活动等,帮助学生在实际运用中提高自己。通过有针对性的教学设计,可以解决可能导致过度关注书面语言的问题,确保学生在各个方面都取得均衡的语言发展。

(六)可能忽略口语表达和实际应用

传统的语法—翻译法在注重语法规则和词汇教学的同时,确实存在一个明显的不足,即可能忽略了口语表达和实际应用的训练。这种不平衡可能导致学生在实际语境中的应用能力相对薄弱,尤其是在口语交流方面。现代语言教学法正试图通过更加注重交流、实际应用和情景模拟来弥补这一不足,使学生能够更全面地掌握语言技能。在实际应用中进行口语表达训练是确保学生能够流利、准确地运用所学语言的重要一环。通过分层论述,我们深入剖析了语法—翻译法的不同层次,从而更好地了解其优势和局限性。

二、听说读写全面发展法

(一)追求听、说、读、写的全面发展

在这个全面的语言教学法中,我们致力于培养学生在听、说、读、写

四个方面的全面能力，使他们能够在各种语言活动中游刃有余。通过系统而细致的语言训练，教师旨在帮助学生更好地理解、表达和应用语言知识。听力是语言技能的基石之一。教师应采用多样化的听力材料，包括录音、对话、讲座等，以让学生面对不同语境、语速和口音。通过听写、听力理解题等活动，学生可以提升在真实语境中听懂和理解信息的能力。口语表达是语言交流的核心。通过角色扮演、小组讨论、口语练习等方式，教师应激发学生的积极性，培养他们在交流中自信地运用语言的能力。辩论、口语演讲、小组交流等活动将使学生在各种情境下游刃有余地表达自己的观点。阅读能力是对语言深度理解的关键。教师引入多样的阅读材料，如文章、小说、新闻等，让学生适应不同领域和文体的阅读。通过阅读理解题、文学分析、小组读书会等活动，学生将提高阅读广度和深度。书面表达是语言运用的另一方面。通过写作任务，如作文、日记、报告等，教师引导学生在书面表达中清晰、有逻辑地表达自己的观点。写作训练、互批作业、写作比赛等活动将激发学生的写作兴趣，提高他们的写作水平。这种全面的语言训练不仅仅是为了提高学生的语言水平，更是为了培养他们在多样化语境下应对自如的能力。通过听、说、读、写的全面发展，学生将更好地理解、表达和应用语言知识，为其未来的语言应用奠定坚实的基础。

（二）注重实际语言运用

在这个注重实际语言运用的教学法中，教师强调学生在真实情景中灵活运用所学语言。通过模拟实际场景、进行情境对话等活动，我们旨在让学生更深入地理解语言的实际运用情境，从而提高他们的实际交流能力。教师通过模拟真实生活场景，如购物、旅行、工作等，创造一种真实的语言环境。学生在这些情境中能够学会如何应对各种实际挑战，提高他们在特定情境中使用语言的自信心。学生通过参与情境对话，能够在模拟的情境中实际运用所学语言。这不仅可以加深他们对语言表达的理解，还可以培养他们在实际交流中的应变能力。情境对话可以涉及日常对话、商务对话等，以满足学生不同领域的实际需求。鼓励学生参与实地体验，如实地考察、参观活动等。这样的实践活动可以让学生将所学语言应用到真实的场景中，增强他们在实际生活中的语言运用能力。通过这些实际语言运用的活动，学生将不仅仅掌握语言的理论知识，而且能够在真实情景中游刃有余地运用所学。这种注重实际语言运用的教学法有助于培养学生的实际交流技能，使他们在日常生活和职业中都能更加自如地运用所学语言。

（三）促进学生综合语言能力的提高

在这个注重综合语言能力提高的教学方法中，教师通过多方位的训练，旨在培养学生在听、说、读、写各个方面的能力，从而全面提升他们的整体语言素养，使其能够更全面地应对各种语言任务。通过丰富多样的听力材料，包括各种口音、语速和语境的录音，学生将锻炼在不同情境下听懂和理解信息的能力。听力训练可以涵盖实时对话、听写、听力理解等活动，以提高学生在听力方面的综合能力。通过角色扮演、小组讨论、口语练习等方式，学生将培养流利而准确的口语表达能力。这有助于他们在各种实际情境中自信地运用所学语言，提高实际交流的能力。教师引入多样的阅读材料，涵盖不同领域和文体，以培养学生对复杂文本的阅读理解能力。阅读理解活动可以包括文学分析、讨论和解答问题，从而提高学生在阅读方面的整体水平。通过写作任务，如作文、报告、日记等，学生将提升书面表达的清晰性和逻辑性。写作训练可以包括组织结构的培养、写作风格的塑造等，以提高学生在书面表达方面的综合水平。通过这种多方位的综合训练，学生将在听、说、读、写各个方面得到全面的发展，从而更好地应对各种语言任务。这种方法有助于塑造学生的全面语言素养，使他们能够在不同语境下更灵活、更自信地运用所学语言。

（四）符合实际语言运用需求

这一教学法的强调实际语言运用确保了学生在完成学业后更容易适应实际生活和工作中的语言需求。这种实际导向的方法符合现代社会对语言能力的实际要求，为学生提供了更具竞争力的语言技能。通过模拟实际场景、情景对话和实地体验等活动，学生在学习过程中培养了在日常生活中实际运用语言的能力。这使得学生能够更自如地处理购物、旅行、社交等日常生活中的语言交流需求。教学法注重培养学生在不同职业环境下的语言应用能力。通过实际语言运用的训练，学生能够更好地适应工作场景，表达清晰、与同事协作，从而在职业发展中更具竞争力。学生在这个教学法下接触到多样的语境，包括商务、社交、学术等领域，使他们能够灵活运用语言，适应不同场合的语言要求。实际语言运用的强调有助于培养学生的自信心，使他们能够更流利地表达自己的想法和观点，这对其在社交和职业环境中建立良好沟通至关重要。通过满足实际语言运用需求，这种教学法使学生更好地准备好面对现代社会的各种语言挑战，为他们的未来提供了更广阔的发展空间。

（五）可能需要更多时间和资源

全面发展听、说、读、写确实需要更多的时间和资源，这是一个值得注意的方面。以下是一些可能面临的挑战：在传统的学校设置中，教学时间通常有限。全面发展听、说、读、写需要更多的课时，可能会对其他学科的学习产生影响。因此需要找到平衡点，确保每个方面都得到足够的关注。全面发展语言技能可能需要更多的教材、设备和技术支持。一些学校或地区可能缺乏这些资源，这可能会限制这种教学法的实施。教师需要接受额外的培训，以适应和有效地实施这种全面发展的教学法，这可能需要更多的专业发展机会和资源。学生在不同的语言技能方面有不同的发展速度和需求。为了满足每个学生的个性化需求，可能需要更多的个别辅导和支持，这将增加教育资源的负担。尽管面临这些挑战，但通过制定合理的教学计划、提供足够的资源支持以及积极参与教师培训，还可以缓解一些潜在的问题。在追求全面发展听、说、读、写的同时，教育机构和决策者需要认识到这些挑战，并寻求创新的方法来提供更多支持。

（六）难以在有限时间内全面覆盖

在有限的时间内全面覆盖听、说、读、写这四个庞大的学科领域是一项挑战。以下是一些可能需要考虑的因素：教师需要仔细设计课程，确保每个语言技能都能够得到适当的关注，这可能涉及灵活的教学计划和教学资源的合理分配。或许需要确定在某个时间段内要重点关注哪个语言技能，根据学生的需求和学习目标设定优先级。这样可以确保每个方面都得到足够的重视。教学活动可以被设计成整合多个语言技能。例如，一个项目性作业可能同时涉及听、说、读、写,从而在有限时间内实现更全面的学习。教学计划需要具有一定的灵活性,以便在实际教学中根据学生的进展和需求进行调整,这有助于确保全面发展在有限时间内的有效实施。教师可以考虑借助技术工具来增强教学效果,如在线学习平台、多媒体资源等,以更高效地覆盖多个语言技能。虽然全面发展听、说、读、写在有限时间内是一个挑战,但通过细致的规划、灵活性的教学方法和创新的教学工具,可以更有效地达到这一目标。重要的是在实践中不断优化教学策略,以确保学生在每个语言技能上都有充分的发展。

三、直接法

直接法,作为一种语言教学法,强调直接使用目标语言进行教学,以促进学生通过语境理解语言规则和词汇。这种方法主张在语言学习过程中直接沉浸于目标语境中,使学生更自然地掌握语言,并鼓励口语交流。然而,对初学者来说,这可能会带来一定的难度,需要逐渐适应。

直接法的核心特征是在教学过程中直接使用目标语言。教师会用目标语言进行解释、交流和教学,以创造一种沉浸式的语言环境。教学注重创造实际语境,让学生通过上下文理解语法规则和词汇。通过真实情境的呈现,学生更容易理解语言的用法和含义。直接法强调口语交流,通过实际的对话和交流活动,学生被鼓励更主动地运用所学语言,提高口语表达能力。教学过程中尽量避免使用学生的母语,以减少对目标语言的干扰,促使学生直接将目标语言与实际语境联系起来。教师通过图示、演示等方式进行直观的教学,帮助学生直接理解语言的使用方式,强调感知和体验。学生通过直接感知语境中的语言,培养了更自然的语感,有助于真实场景中的语言运用。由于强调口语交流,学生在实践中更容易提高口语表达的能力。通过实际语境的运用,学生更直观地理解语法规则,而非仅仅通过抽象的规则学习。对初学者来说,直接沉浸在目标语言环境中可能带来一定的难度,需要逐渐适应,既需要创造丰富多样的实际语境,又需要更多的教学资源和准备工作。学生可能面临目标语言文化的差异,需要适应不同的语言习惯和表达方式。总的来说,直接法通过创造真实语境和强调口语交流,为学生提供了更自然、实用的语言学习体验。然而,需要教师有针对性地应对初学者的难度，并确保提供足够的支持和资源。

四、情境教学法

情境教学法是一种将语言教学融入真实情境的方法，旨在让学生在实际语境中学习语言，从而提高语言的实际运用能力，培养学生在真实场景中进行交流的信心。然而，这种方法可能在某些语法和词汇方面欠缺系统性，需要特别的设计和补充。

（一）融入真实情境

融入真实情境是情境教学法的核心特点之一。这一方法致力于在语言教学中创造真实的生活场景，以提供更贴近实际应用的学习体验。情境教学法通过模拟各种生活情境，如购物、旅行、工作等，使学生置身于真实的语境中。这样的教学活动能够让学生更好地理解和运用所学的语言知识。学生在这些情境中不仅学习语法和词汇，还学会如何实际运用语言进行交流。这种实际应用的学习方式有助于培养学生在真实生活场景中运用语言的信心和能力。融入真实情境使学习更具有现实意义，因此能够增强学生的学习动机。学生更容易理解为什么需要学习某种语言，因为他们能够看到在实际生活中如何运用这门语言。学生在情境教学法中能够体验到一种沉浸式的学习过程。他们不仅仅是在课堂上学习语言知识，更是在一种仿真的生活情境中使用和体验语言。利用真实情境创造的动态学习环境有助于打破传统教学中的单调感，使学习更为生动有趣。这有助于提高学生对学习的积极性和主动性。学生通过在真实情景中的角色扮演、模拟对话等活动，不仅练习了语法和词汇，还实践了实际的交际技能，包括倾听、回应、提问等。通过融入真实情境，情境教学法提供了一种更贴近实际生活的语言学习体验。学生在这样的教学环境中更容易将学到的语言运用到实际中，促使他们更有效地掌握语言技能。

（二）提高实际运用能力

提高实际运用能力是情境教学法的一个关键目标。通过参与各种情景活动，学生不仅学习语法和词汇，还可以培养其在实际生活中灵活运用语言的能力。情境教学法通过情景活动,使学生能够实践语言技能,包括听、说、读、写。这样的实践有助于学生更全面地掌握语言,而不仅仅是理论知识。实际运用语言的能力不仅包括理解和阅读,还强调口语表达。学生在情境中通过对话、交流等活动,提高自己在口语表达方面的信心和熟练度。情境教学法通过模拟实际生活场景,使学生在这些情境中练习语言。例如,在模拟购物场景中,学生可以学会如何用目标语言进行购物交流。通过实际运用语言,学生逐渐培养其在真实场景中使用语言的自信心,这种自信心对其积极参与交流、克服语言障碍非常关键。学生参与情境对话,不仅仅是为了语法和词汇的应用,还锻炼学生在实际交流中应对各种情境的能力,这种实际运用对日常生活和职业环境中的语言运用至关重要。实际运用语言的过程中,学生不仅学到了语言的结构,还培养了有效的交际技能,包括倾听、回应、提问等。通过提高实际运用能力,情境教学法使学生更好地准备好在真实生活和职业环境中灵活运用所学语言。这种能力的培养不仅有助于巩固学生在语言学习中的成绩,也为他们未来的社交和职业成功打下坚实的基础。

(三)创造适当情境

创造适当的情境是情境教学法的关键之一。教师需要设计各种多样化的、贴近实际的情境,以确保学生能够在不同的场景中成功运用所学语言。教师应该设计多样化的情境,涵盖学生可能在生活中遇到的各种场景,如购物、旅行、工作、社交等。这样的设计可以使学生在不同情境下灵活运用语言。通过角色扮演活动,教师可以让学生扮演不同的角色,如商店店员、顾客、旅行者等。这种活动模拟真实情境,使学生在交流中更自然地运用语言。设计模拟对话,让学生在情境中进行实际对话练习。这可以涉及日常对话、商务对话等,以满足学生在不同领域的语言需求。安排实地考察活动,让学生亲身体验语言在实际场景中的应用。例如,实地考察超市、火车站等地方,让学生通过真实的场景进行语言交流。设计项目任务,要求学生在一定的情境下完成特定任务,这可以是团队项目,要求学生在协作中运用所学语言。引入文化元素,创造包含文化背景的情境。这有助于学生更全面地理解和运用语言,同时增进对目标语言文化的理解。考虑学生的兴趣和特长，创造个性化的情境，这可以激发学生的学习兴趣，使他们更积极地参与语言活动。创造适当情境不仅可以增强学生对语言的实际运用能力，还能够使学习更加有趣和有深度。通过多样的情境设计，学生将更容易将所学语言融入自己的实际生活中，提高学习的实效性。

（四）欠缺系统性

欠缺系统性是情境教学法面临的一项挑战。尽管情境教学法强调通过实际情境学习语言，但在涉及语法和词汇方面，可能缺乏系统性的组织和深入的讲解。情境教学法更注重学生在真实情景中的实际运用，而对抽象的语法规则和词汇表可能涉及得不够深入。这可能导致学生在具体应用中灵活，但在系统性的语法和词汇知识上相对薄弱。学生需要额外的教材或资源，以便在实际情境中学到的语言知识得到更系统性的整合和扩展，包括专门的语法课程或词汇学习材料。在情境教学法中，学生的学习可能更依赖教师的引导和设计的情境。缺乏系统性的教学资源可能使得学生在独立学习和理解更深层次的语言规则时面临挑战。学生可能在掌握语法体系的整体结构上遇到困难，因为他们更多地将注意力集中在特定的情境和实际运用中。情境教学法可能更适用某些类型的学习者，特别是那些通过实际应用更容易学习的学生。对其他学生而言，可能需要更多强调系统性学习的方法。在教学中需要找到平衡点，确保既注重实际应用，又提供足够的系统性教学，以确保学生对语法和词汇的全面理解。解决这个问题的方法包括更系统地整合语法和词汇教学，使用支持系统性学习的教材，并在情境教学中引入更多的综合性活动，以巩固学生对语言系统的理解。在实践中，这就需要教师在设计课程时仔细研究不同方面的教学内容，并根据学生的需求进行调整。

（五）学生参与度

学生参与度的提高是情境教学法的一个显著优势。通过在真实情景中学习语言，学生更容易感到兴奋和投入，这对促进学习效果和培养学生的学习兴趣至关重要。学生在实际情境中更容易感到兴奋和投入，因为这样的学习方式让他们觉得自己不仅仅是在学语言，而是在运用语言解决真实问题。学生通过参与实际情境中的角色扮演、模拟对话等活动,感受到语言的实际运用,这激发了他们对学习的兴趣。学习不再是单调的课堂,而是变成有趣的体验。在情境教学中,学生有可能成为学习的主体,因为他们需要在实际情境中主动运用所学语言,这培养了学生的学习主动性。学生在情境教学中通常需要进行社交互动,与同学或教师进行实际对话,这种互动有助于打破学生间的隔阂,提高集体学习氛围。情境教学法创造了动态和实践性的学习环境,学生更容易积极参与,因为他们能够在一个更有趣和具体的背景中学习。在一些情境教学的活动中,学生需要合作完成任务,这促进了团队合作和集体学习。在情境中,学生可以得到实时的反馈,帮助他们更快地纠正错误,提高学习效果。这种即时性的反馈对学生的进步非常有帮助。通过提高学生的参与度,情境教学法能够更好地激发学生的学习热情,使他们更深入融入语言学习中。这种积极的学习体验有助于培养学生对学习的积极态度,并增强他们对语言的深刻理解。

(六)教师角色

在情境教学法中,教师扮演着引导者和促进者的关键角色。

1. 引导者的角色

教师的首要任务是创造具体、真实的情境,以便学生能够在其中学习语言,包括设计角色扮演活动、模拟对话、实地考察等。教师需要设计能够激发学生兴趣和参与的教学活动,包括制定项目任务、情境对话、实际问题解决等,以确保学生在实际情境中积极学习。在情境教学中,教师引导学生通过情境进行学习,这涉及引导他们在情境中运用语言、解决问题,并从中获得实际经验。

2. 促进者的角色

教师通过创造生动有趣的情境和教学活动,激发学生对学习的兴趣,这有助于提高学生的积极性和主动性。教师鼓励学生积极参与情境教学中的各种活动,包括角色扮演、实地考察等。同时,促进学生之间的合作与交流。教师在情境教学中及时提供反馈,帮助学生纠正错误,改进表达方式,并鼓励他们在实际情境中不断提高语言运用能力。教师需要根据学生的不同需求提供个性化的支持,包括额外的解释、补充材料,以确保每个学生能够在情境教学中受益。另外，促使学生在情境中不仅仅是运用语言，还要深入思考问题，推动他们在实践中理解语言的逻辑和规律。在情境教学中，教师不再是传统的知识传递者，而是更像是学习过程的引导者和学习氛围的创建者。他们通过创造适当的情境和激发学生的学习兴趣，使学生在实际语境中更深入地学习和运用语言。情境教学法通过将语言教学与实际场景融为一体，为学生提供了更为生动、实用的学习体验。然而，为了保持系统性和全面性，教师需要结合其他教学方法和资源，以确保学生在语法和词汇等方面得到全面的发展。

五、重视文学作品的教学法

（一）引入文学作品

在教学中引入文学作品可以通过多种方式，如选择经典文学作品或与学生年龄和兴趣相关的现代文学作品。通过引入这些作品，学生有机会接触不同的文学风格和主题，从而培养其对文学的兴趣。

（二）文学欣赏提高语言素养

通过深入分析文学作品，学生将不仅仅提高对语言的理解能力，还能够学到更多的词汇和表达方式。老师可以设计相关的活动，如让学生讨论作者的用词和表达手法，以促进语言素养的提高。

（三）文学作品与文化理解

文学作品通常反映了特定时期和文化的特征。在教学中，老师可以引导学生深入理解文学作品背后的文化内涵，从而增进学生对不同文化的理解和尊重。

（四）增加学生对文学和文化的兴趣

通过精心挑选适合学生水平和兴趣的文学作品，可以激发学生对文学和文化的浓厚兴趣。老师可以在教学中灵活运用多媒体资源、讨论和小组活动，使学生更主动地参与文学欣赏。

（五）拓展学生的文化视野

通过引入来自不同文化背景的文学作品，可以帮助学生拓展他们的文化视野。这有助于培养学生的国际视野和跨文化交流能力，这在当今全球化的环境中变得越来越重要。

（六）吸引对实际应用关注的学生

为了吸引那些更关注实际应用的学生，可以通过连接文学作品与现实生活、职业领域等方面，展示文学在解决实际问题和提升实际能力方面的价值。例如，可以讨论文学作品中的领导力、沟通和解决问题的元素，并将其与现实世界联系起来。

通过综合运用上述方法，可以更全面地重视文学作品的教学，满足不同学生的需求，促使他们在文学学习中取得更好的效果。

第三节　现代英语教学法趋势

一、技术整合

（一）基础设施建设

在技术整合的基础设施建设阶段，我们着眼教育机构和学校的基础设施，为技术整合提供坚实的支持。确保学校拥有高速、稳定的网络连接是首要任务，包括无缝的 Wi-Fi 覆盖，以便学生和教师可以方便地接入在线学习平台和其他教学资源。提供足够数量和种类的计算机设备，确保学生能够在需要的时候方便地使用，包括桌面电脑、笔记本电脑或平板电脑，以满足不同学生的需求。教育机构需要确保计算机设备具备足够的性能和兼容性，以支持各种在线学习平台和教学工具的使用，涉及定期的硬件升级和软件更新。针对学校系统和学生数据，必须有完善的数字安全措施，以保护隐私和防范潜在的网络威胁，包括对教师和学生进行数字安全培训，提高其对网络安全的认识。建立一个专业的技术支持团队，及时解决教师和学生在使用技术工具时遇到的问题，确保技术设备的正常运行。在这个基础设施建设的阶段，教师致力于构建一个稳固的技术基础，为学生后续的在线学习和教学提供可靠的支持。这为学校和教育机构创造了更广阔的可能性，使得现代科技工具能够更好地融入英语教学的方方面面。

（二）在线学习平台的应用

教师可以借助在线学习平台轻松设计和发布课程，包括制定课程大纲、上传学习资料、发布作业任务等。这种灵活性使教育者能够更好地规划和组织教学内容，以适应学生的学习节奏和水平。在线学习平台提供了实时互动的机会，教师和学生可以通过聊天、讨论板等方式进行互动。这有助于促进学生之间的合作，让学习变得更加动态和有趣。教师可以在在线平台上融入多样化的教学内容，包括文字、图片、音频和视频。通过多媒体的丰富呈现，学生能够以更直观的方式理解英语知识，从而更好地吸收和运用。在线学习平台允许教师更好地跟踪学生的学习进展。通过分析学生的学习数据，教师可以提供更个性化的反馈和支持，调整教学策略，满足不同学生的学习需求。学生可以随时随地访问在线学习平台，使学习变得更加灵活。这对有时间和地点限制的学生尤为重要，他们可以根据自己的日程安排自主学习，提高学习的效率和质量。通过充分利用在线学习平台，教育者能够打破时间和空间的限制，为学生提供更为丰富、灵活和个性化的英语学习体验。这种学习方式不仅促进了知识的传递，还激发了学生的学习兴趣和参与度。

（三）语音识别软件的运用

在语音识别软件的应用阶段，我们聚焦如何通过这一技术工具强调口语表达和提高发音准确性。学生可以利用语音识别软件进行口语练习，模仿和复述英语口音、发音。软件能够即时识别学生的发音，并提供反馈，帮助他们改进。这种实时的反馈机制有助于学生更有针对性地纠正发音错误，提高其口语表达的自信心。语音识别软件允许学生根据个人水平和需求定制语音练习。通过个性化的学习路径,每位学生可以专注自己的口音问题,并有针对性地提高发音准确性。这种个性化的学习体验通常更具吸引力,能够激发学生的学习兴趣。语音识别软件可以提供实时的口语评估,包括音调、语速、语调等方面,有助于学生全面了解自己的口语表达水平,并在学习过程中逐步改进。同时,教师可以更有效地监测学生的口语进展,为个性化教学提供数据支持。一些语音识别软件提供模拟真实语境的功能,如模拟不同场景的对话。通过这种方式,学生能够在虚拟环境中练习真实生活中可能遇到的口语情境,提高在实际交流中的表达能力。通过引入语音识别软件,英语教育者能够更全面地关注学生口语表达和发音的方面,提供更为个性化和实用性的语音学习体验,为学生英语学习打下坚实的口语基础。

(四)虚拟现实的创新应用

在虚拟现实的创新应用层次,我们探讨了如何通过虚拟现实技术创造沉浸式的语言学习环境,以提高学生的实际语言运用能力。虚拟现实技术可以模拟真实的语言学习环境,让学生感觉自己置身于英语国家的日常场景中。这种沉浸式体验使学生更容易投入学习,提高学习的吸引力和参与度。学生可以通过虚拟现实参与生动逼真的英语对话体验。这不仅有助于提高学生的口语表达能力,还培养了他们在真实情景中运用英语的信心。虚拟现实可模拟实地考察,让学生远离教室,探索英语国家的文化和环境。这样的虚拟体验不仅增加了文化理解,还提升了学生在实际情境中运用语言的能力。虚拟现实技术可以根据学生的水平和兴趣提供个性化的学习路径。通过智能化的系统,学生可以选择特定主题的虚拟体验,使学习更贴近他们的实际需求。虚拟现实环境中的即时反馈机制能够帮助学生纠正错误,改善发音和语法。教师可以通过系统的评估了解学生在虚拟现实学习环境中的表现,以更好地指导教学。通过引入虚拟现实,英语学习者可以在仿真的英语环境中锻炼语言技能,提高实际应用的能力。这种创新应用为语言教学带来了更为生动、互动和个性化的学习体验。通过这样的分层论述,我们可以更清晰地了解技术整合在现代英语教学中的不同层次应用,以满足学生的多样化学习需求。

二、个性化教学

越来越多的英语教学法强调个性化学习。通过了解每个学生的学习风格、兴趣和水平,教师可以制订个性化的教学计划,以更好地满足学生的需求。这可能涉及不同的学科、项目和任务,以促使每个学生都能够在自己的学习路径上取得成功。

(一)学习风格的了解

了解学生的学习风格是个性化教学的基础。每个学生都有独特的学习方式,而教师通过以下方法来深入了解:这类学生通过看和观察更容易理解和吸收知识。在教学中,教师可以使用图表、图像、漫画等视觉元素,以满足他们更强烈的视觉感知需求。听觉学习者更喜欢通过听力方式获取信息。在课堂上,教师可以使用口头解释、讲故事、语音记录等方式,使这些学生更容易理解和记忆学习内容。这类学生通过实际动手操作更容易学习。教师可以设计实验、手工制作项目或实地考察,让他们通过实际操作来加深对知识的理解。通过教育评估和观察,教师能够更全面地了解每个学生的学习风格。这种了解使得教学变得更为个性化,有助于确保教学方法和内容更好地与学生的个体差异相匹配,提高他们的学习效果。

(二)兴趣的整合

学生的兴趣是个性化教学的黄金钥匙。通过以下方法,教师可以成功地整合学生的兴趣,激发他们的学习兴趣和投入度:教师可以选择与学生兴趣相关的主题和话题作为教学内容。这样的选择能够引起学生的兴趣,使学习更加生动有趣。将学习与实际生活场景相结合,使学生能够看到知识在实际中的应用。通过案例分析、实地考察等方式,教师可以激发学生对学科的实际兴趣。教师可以设计项目和作业,允许学生在兴趣领域中深入研究。这样的个性化项目不仅提高了学生的学习兴趣,还培养了他们在特定领域的专业技能。考虑到每个学生的独特兴趣,教师可以制订个性化的学习计划。这种计划可以包括专门针对学生兴趣领域的阅读材料、视频资源等,从而更好地满足他们的学科需求。通过整合学生的兴趣,教师可以让学习更贴近学生的生活和喜好，使其更加主动地参与学习过程。这种个性化的教学方式不仅提高了学生的学习兴趣，还培养了他们对知识的深刻理解。

（三）水平的个性化

学生在同一班级中往往有不同的学习水平。在个性化教学中，关注学生的水平差异至关重要，可以通过以下方式进行有效的个性化：针对高水平学生，教师可以提供额外的挑战任务，包括深度阅读、研究项目或更高难度的问题。这有助于激发他们的求知欲，推动他们在学科中更深入地思考和学习。针对学科上处于较低水平学生，教师可以提供个别辅导和支持，以帮助他们弥补知识差距。这可能包括补充教材、个别讨论或更频繁的反馈，确保每个学生都能够理解和掌握基本概念。教师可以使用灵活的教学材料，以适应不同水平的学生。这可能包括提供多个难度层次的教科书、文章或作业，使每个学生都能够在适合自己水平的材料中学习。利用小组合作和同伴学习的方式，学生可以相互帮助，弥补彼此的差距。高水平学生可以在解释概念时巩固自己的理解，同时低水平学生可以从同伴那里获取额外的指导和解释。通过关注学生的水平差异，教师能够更好地个性化教学，确保每个学生都在适当的水平上受到挑战和得到支持。这种差异化的教学方法有助于激发每个学生的学习动力，并促使他们在适合自己水平的学习环境中不断进步。

（四）项目和任务的差异化

差异化的项目和任务设计是个性化教学的关键方面。通过以下策略，教师可以有效地满足学生不同的学科兴趣和学科需求：教师可以设计各种类型的项目，包括研究项目、实践性项目、创造性项目等。这样的差异化能够满足学生在不同学科中的兴趣和天赋。针对不同水平的学生，教师可以提供不同难度的任务。高水平学生可以接受更复杂、深度的任务，而低水平学生可以从更简单的任务中获益。教师可以允许学生在一定框架内选择自己感兴趣的项目。这种方式可以激发学生的主动性，让他们在学科中深入研究自己关心的主题。教师可以设计跨学科的项目，涵盖多个学科领域。这样的项目有助于培养学生的综合能力，使他们能够在不同学科之间建立联系。将学科知识运用到实际情境中的任务，可以增强学生对知识的理解和应用能力。通过实际任务，学生能够看到学科知识在解决实际问题中的实际价值。通过差异化的项目和任务设计，教师可以更好地满足学生的多样化需求，培养他们的批判性思维、解决问题的能力和创造性思维。这种个性化的学习方式有助于激发学生的学习兴趣，并使他们在学科中全面发展。

（五）个性化反馈和指导

为每个学生提供个性化的反馈和指导是个性化教学的关键环节。通过以下方式，教师可以更有效地支持学生的学习：教师应该识别和强调每个学生的优势与特长。这有助于增强学生的自信心，并激发他们更深入地探索和发展自己的优点。针对每个学生的学习风格和需求，提供个性化的学习建议，包括推荐特定的学习资源、方法或策略，以帮助学生更有效地学习。与学生一起设定个性化的学习目标，并在学期或学年内追踪这些目标的实现情况。这有助于学生明确学习方向，同时能够根据反馈不断调整和改进学习策略。提供及时的反馈，让学生知道他们在哪些方面做得好，哪些方面还有改进的空间。这有助于学生快速纠正错误，提高学习效果。定期进行个别会谈，了解学生的学习体验、困难和目标。通过与学生的直接交流，教师可以更深入地了解他们的需求，并提供更具体的个性化支持。通过个性化反馈和指导，教师能够更好地满足每个学生的独特需求，帮助他们发挥潜力，不断提高学业水平。这种关注学生个体差异的教学方法有助于营造出积极的学习环境，激发学生的学习动力。

通过综合考虑这些方面，个性化教学可以更全面、有针对性地满足学生的需求，营造出更适合每个学生学习的环境，使每个学生都能够在自己的学习路径上取得成功。

三、沟通和实际运用

在现代英语教学法中，注重语言的实际运用和沟通能力培养是至关重要的。与传统注重文法和词汇教学的方法不同，现代教学法更加强调学生在真实场景中运用语言的能力。以下是在这个层次下的分层论述。

（一）实际场景中的语言运用

在教学中，将学生置身于实际场景中运用英语是培养他们语言能力的有效途径。角色扮演是一种模拟真实情境的活动，通过设定特定的角色和情景，学生需要用英语进行交流。这有助于提高学生的口语表达能力，让他们更自信地运用英语进行对话。锻炼学生在特定情境下的沟通技巧，包括礼貌用语、表达观点等。将学生带到实际场景，如商场、博物馆或社区，让他们在真实环境中运用英语与当地人交流。这种实地考察的好处包括：一是提升语言能力，因为学生需要在真实环境中应对各种语言情境。二是增加文化体验，使学生更深入地了解当地文化，拓宽他们的文化视野。通过这两种活动，学生能够在模拟的和真实的情境中实际运用所学的语言，更好地适应各种语言要求。这不仅可以提高他们的语言能力，还可以培养其在不同文化环境中有效沟通的能力。

（二）活动形式的沟通训练

小组讨论为学生提供了一个分享和交流观点的平台，通过这种方式，他们能够在口头表达和倾听方面得到锻炼。这不仅有助于个体技能的提升，还可以培养团队协作和集体智慧，因为每个人都能从别人的观点中学到新的见解。辩论赛则是一个出色的方式，让学生展示逻辑思维和语言运用的本领。通过参与辩论，学生能够学会有条理地陈述自己的观点，并在辩论的过程中应对对方的论点。这种实践不仅提高了学生的口才，还可以激发其对不同观点的理解和表达能力。整体来看，这些活动形式为学生提供了全面的沟通训练机会，有助于他们在未来的学习和职业中更加自信地表达自己。

（三）实用语言技能的培养

实用语言技能的培养确实能够让学生更好地适应现实生活和职场需求。应用写作，如写邮件、报告或博客，不仅让学生在书面沟通方面得到锻炼，还培养了他们在实际场景中使用英语的能力。这是一个非常实用的技能，因为无论是工作还是日常生活，书面沟通都扮演着重要的角色。同时，使用真实的听力材料是一个很好的策略。英语广播和访谈录音能够让学生接触到不同的语速和口音，这对提高其听力理解能力非常重要。在真实语境中接触语言，有助于学生更好地适应各种语言变体，为他们未来面对不同语言环境提供了更多的信心。

（四）技术辅助的沟通工具

引入语音识别应用确实是一个创新的方式，通过这种工具，学生可以进行口语练习，并且获得即时的语音反馈。这种实时反馈对提高口语表达的准确性非常有帮助，因为学生可以立即纠正发音或语法错误。这样的技术辅助工具不仅丰富了教学手段，也使学生在语言学习过程中更有动力和效果。另外，利用在线协作平台进行实时沟通和合作也是非常有益的。在虚拟环境中实际运用英语，不仅培养了学生的线上沟通技能，还帮助他们适应未来可能的远程工作或国际合作环境。这样的工具和平台为学生提供了更广泛的学习体验，使他们能够更全面地发展语言和沟通技能。

四、跨文化教学

（一）了解文化差异

了解文化差异是非常重要的，尤其在全球化时代，人们之间的联系变得更加紧密。以下是一些关于为何了解文化差异的重要性以及如何实现跨文化教学的想法：通过深入学习其他文化的文学、历史和习俗，学生可以更好地理解和感知不同文化的独特之处。这有助于培养他们的文化敏感性，使他们能够更好地适应多元文化的环境。了解文化差异有助于培养学生的跨文化沟通技能。在全球化时代，跨国交流和合作变得越来越常见，掌握有效的跨文化沟通能力变得至关重要。具备跨文化素养的人更容易适应国际工作环境，提升自身的国际竞争力。在全球化的背景下，这种全球视野对学生未来职业生涯的成功非常关键。通过了解其他文化，学生能够培养其对多元文化的包容性。这有助于减少文化误解和冲突，建立一个更加和谐、理解的社会。文化教育不仅可以丰富学生对世界的认识，还能够拓宽他们的视野,使他们更全面、更深刻地理解人类的多样性。通过跨文化教学,学生将更容易理解并接纳不同文化中的人们。这有助于培养他们成为具有全球公民意识的个体,为解决全球性问题做出贡献。为了实现跨文化教学,教育机构可以采用多元化的教材、组织文化交流活动、提供跨文化培训等方式。关键在于创造一个积极、包容的学习环境,激发学生对其他文化的好奇心和尊重心。这样的教学方法将有助于培养学生具有全球视野和跨文化素养的未来领导者。

(二)拓展国际视野

拓展国际视野是跨文化教学中至关重要的一环。通过引入不同文化的文学、历史和传统,学生能够深入了解其他国家和地区的人民生活、思想和价值观。这有助于打破文化壁垒,促进跨文化理解。拓展国际视野有助于培养学生的全球意识,学生将更全面地了解全球性问题,能够思考并参与解决这些问题,成为具有国际视野的全球公民。具备拓展的国际视野的学生更容易适应跨国合作的环境,这对其未来可能涉及国际事务的职业非常重要,如国际商务、外交和跨国科研等领域。了解世界各地的文化和历史有助于学生更加自信地面对不同的文化和环境。这种自信心对其在国际舞台上成功地表达自己和理解他人至关重要。从不同文化中汲取智慧和经验有助于激发学生的创新思维。不同文化背景的交流可以带来新的思考方式,为问题的解决提供多元化的视角。学习其他文化通常需要掌握不同的语言。通过学习其他国家的文学作品、电影、音乐等,学生能够提升语言能力,更好地与他人沟通。为实现拓展国际视野的目标,学校可以通过国际交流项目、引入多元化的教材、组织国际文化活动等方式,为学生提供更广泛的学习体验。培养具有开阔国际视野的学生是建设更加包容和多元文化社会的关键一步。

(三)提高跨文化沟通能力

提高跨文化沟通能力是培养学生在全球化时代成功交往的关键一环。跨文化沟通涉及不同语言和语境的交流。通过模拟跨文化情境、语言交换和语言课程,学生能够更好地理解和应对语言障碍,提高自己的语言表达能力。非语言沟通在跨文化交流中占据重要位置。学生通过实际交流和角色扮演，能够更深刻地理解不同文化中的非语言信号，包括姿势、表情、眼神等，从而避免误解和提高对方对自己的理解。学生需要了解并尊重不同文化中的行为准则、价值观念和社会规范。通过学习其他文化的习俗、礼仪和文化背景，可以培养他们文化敏感性，减少跨文化冲突。创设跨文化情境，进行角色扮演和模拟交流是提高跨文化沟通能力的有效手段。通过模拟真实的跨文化交流场景，学生可以更好地应对各种情况，提高实际操作的能力。将学生组织成多元文化的小组，让他们在合作中学会尊重和理解彼此的文化背景。这样的合作能够培养他们在团队中协调合作的能力，提高团队的绩效。学生需要学会解决跨文化冲突，包括有效的沟通、妥协和文化的包容性。培养他们的解决冲突能力，使他们能够在跨文化环境中更加从容地处理各种情况。为学生提供实际的跨文化交流机会，如国际实习、交换项目、国际学生交流等。亲身经历能够让学生更深刻地理解不同文化，提高他们的实际应用能力。通过这些方法，学生将更好地适应和成功地融入多元文化的社会，为他们未来的国际事业和跨国交流打下坚实的基础。

总的来说，跨文化教学在培养学生成为具有全球视野和跨文化素养的公民方面，起到了至关重要的作用。通过深入的文化学习和实际交流，学生能够更好地适应多元化的社会，并为其未来的国际合作做好准备。

五、持续评估和反馈

持续评估和即时反馈在现代英语教学中的作用不可忽视。以下是一些关于为何强调这一方法以及如何实现的思考。

（一）实时调整教学方法

实时调整教学方法是一种响应学生需求、提高教学效果的重要策略。学生的学习进度和理解程度因人而异。通过实时评估和反馈，教师可以更好地了解每个学生的特点和需求，从而调整教学方法以实现个性化教学。这样的个性化教学有助于确保每个学生都能在适合自己学习节奏的情况下取得进步。在学习的过程中，学生可能会遇到各种难题。通过实时反馈，教师可以迅速发现学生在理解某个知识点或运用某种技能上的困难,并及时进行解释或提供额外的辅导。这有助于防止学生在困难面前积压问题,提高学习效率。学生的学习积极性和兴趣水平可能受多种因素影响。通过实时了解学生的反馈,教师可以调整教学策略,使课堂更具吸引力,激发学生的学习兴趣,提高他们的参与度。及时了解学生的理解情况,教师可以有针对性地进行教学。这有助于避免不必要的重复教学,提高教学效率。通过针对性地解决学生的问题,教师可以更加专注地推动课程的进度。实时调整教学方法也包括根据学生的实际需求调整教学的形式。强调实践和应用性的教学方法可能更适合某些学生,因此教师可以灵活地调整课程设计,使之更符合学生的学习风格和需求。通过及时的反馈,学生能够更好地了解自己的学习状态,鼓励他们在教学外进行更多的自主学习。这有助于培养学生的学习主动性和自我管理能力。通过实时调整教学方法,教师能够更灵活地适应学生的需求,营造更具有互动性和有效性的教学环境,提高学生的学习体验和成效。

(二)促进学生自主学习

促进学生自主学习是培养学生终身学习能力和主动性的关键。以下是一些关于为何强调这一方法以及如何实现的思考:及时的反馈让学生更清晰地了解自己的学习状态,包括优点和不足。通过了解自身情况,学生能够培养出更强的学习意识,明确学习目标和方向。反馈不仅告诉学生他们做得好的地方,也指出了需要改进的地方。学生通过及时的反馈能够更快速地发现自己在知识点或技能上的不足,并主动寻找解决问题的方法。自主学习通常伴随着更高的学习动机。了解自己的学习成果和不足可以激励学生自己设定更高的学习目标,提高他们对学习的热情和积极性。学生通过自主学习更能够按照自己的学习节奏和方式进行学习,提高学习效率。他们可以选择更适合自己的学习材料和方法,更好地发挥自身优势。自主学习培养了学生的学习能力,包括自我管理、问题解决、信息获取等方面的能力,这种能力对其未来的学习和工作至关重要。自主学习意味着学生能够在教室之外继续学习。他们可以通过自主学习形成持续的学习习惯,不仅在课堂上学到的知识更深刻,而且能够更好地适应未来学习和工作的需求。另外,促进学生自主学习也包括鼓励学生建立学习社群。通过与同学合作学习、共享学习资源,学生能够在协作中更好地发展自主学习的能力。通过及时的反馈和鼓励自主学习,学生将更积极地参与到学习中,培养起其对知识的主动追求和持续学习的习惯。这种自主性的学习态度将使他们在未来的学业和职业中更具竞争力。

(三)确保学生持续进步

确保学生持续进步是教育的核心目标之一,尤其在语言学习中。以下是一些关于为何强调持续评估和反馈以及如何实现的思考:持续评估允许教师在学期或学年的不同阶段检测学生的学习进展。通过及时的评估,教师能够迅速发现学生在语言学习中可能遇到的问题和难点。了解学生的薄弱环节后,教师可以提供更为针对性的指导。这种个性化的辅导有助于学生更好地理解和克服困难,提高他们在特定领域的语言技能。持续的评估和反馈不仅关注问题,也强调学生在学习中的成功和进步。正面的反馈和认可有助于激发学生的学习动力,增强他们对学习的积极性。反馈信息不仅对学生有启发,对教师同样重要。了解学生的学习状态可以帮助教师调整教学策略,更好地满足学生的学习需求,提高教学效果。持续评估有助于提高学习效率。通过针对性的反馈,学生可以更有针对性地调整学习方法和学习计划,使学习更为高效。持续评估和反馈应该被看作一个循环过程。学生接受反馈后,可以调整学习策略,再次参与评估。这样的循环使学生不断审视自己的学习过程,实现更深层次的学习。持续评估有助于为每个学生构建个性化的学习路径。根据学生的实际需求和水平,教师可以为他们设计更适合的教学内容和方法,推动个体学生的持续进步。通过建立一个有效的评估和反馈机制,学生能够在不同阶段获得具体而有针对性的指导,有助于他们持续提升语言技能,实现其在语言学习中的全面进步。

(四)个性化教学

个性化教学是一种注重适应学生差异、满足个体学习需求的教育方法。每个学生在语言学习方面的起点、学习速度和学科偏好都有所不同。个性化教学通过深入了解学生的差异,有助于制订更符合个体需求的教育方案。

个性化教学能够激发学生的学习动机。当学生感到教学内容和方法贴近他们的实际需求和兴趣时，他们更有可能投入学习，提高学习的积极性。通过了解学生的学习风格和弱势领域，教师可以为每个学生量身定制个体学习路径。这样的路径更有可能引导学生发现自己的学习方式和解决问题的方法。个性化教学强调学科连贯性，将不同学科的知识和技能有机结合。这有助于学生更全面地理解语言的使用环境和语境，提高他们的语言综合应用能力。个性化教学并不意味着每个学生都是独立学习的。相反，它强调创设多元教学环境，通过小组合作、讨论等方式，让学生在合作中互相促进，丰富学习体验。现代技术提供了更多实现个性化教学的机会。教师可以利用在线学习平台、个性化学习软件等工具，为学生提供个性化的学习资源和任务，促进更有效的学习。个性化教学是一个不断调整和优化的过程。通过持续评估学生的学习表现，教师可以及时调整个性化教学计划，确保始终满足学生的实际需求。个性化教学的核心在于关注学生个体的需求和潜力，使每个学生都能够在最适合他们的环境中发展自己的语言技能，提高学习效果。

（五）建立有效的沟通机制

建立有效的沟通机制是促进学生与教师之间良好互动的关键。持续评估和及时反馈确保学生对自己的表现有清晰的认知。透明的反馈使学生了解自己的优势和不足，为进一步提高提供了方向。通过有效的沟通机制，学生被鼓励参与对自己学习的评价过程。他们可以提出问题、表达疑虑，并更积极地参与到教学活动中，增强学习的互动性。有效的沟通机制有助于学生及时解决学习中遇到的问题。学生可以通过反馈向教师提出疑问，教师则能够迅速回应，确保学生对知识点的理解不受拖延。有效的沟通机制创造了一个鼓励互动学习的环境。学生之间、学生与教师之间的积极互动有助于知识的共享和交流，提高整体学习效果。在定期会谈中，教师可以与学生深入交流，了解他们的学习体验、困难和目标。这种面对面的沟通有助于建立更为紧密的师生关系，提高学生对教学的投入感。通过积极的反馈文化，学生更愿意分享自己的经验和见解。这种文化有助于在教学环境中建立一种互相尊重、鼓励合作的氛围。教师和学生可以通过多种沟通渠道互动，包括面对面的讨论、电子邮件、在线平台等。这样的多样化渠道确保了在不同情境下都能有效地进行沟通。有效的沟通机制强调反馈的双向性。不仅教师向学生提供反馈，学生也可以向教师提出建议或反馈，促使教学不断改进。通过建立有效的沟通机制，学生和教师之间的互动更为紧密，有助于提高学习效果、解决问题，并营造出积极的学习氛围。这样的沟通机制使教育过程更加开放、透明，为学生提供更好的学习体验。

（六）评估多方面技能

多方面技能的持续评估确实是一个更全面、深入了解学生语言水平的重要手段。传统的语言评估往往侧重书面考核，而忽略语言运用的多样性。通过关注听、说、读、写等多个方面，我们能够更全面地把握学生的语言能力。听力和口语技能的评估有助于了解学生在实际交流中的表达能力和理解能力，而阅读和写作的评估则反映了其在书面沟通方面的表现。这种全方位的评估方式不仅有助于发现学生在不同方面的优势和不足，也能够为有针对性的教学提供重要参考。通过深入挖掘学生的听说读写等技能，教育者可以更好地设计个性化的学习计划，使学生在各个方面都得到充分的发展。此外，多方面技能的评估也有助于培养学生的综合运用能力。语言的应用往往是综合性的，而不仅仅是狭隘地局限在书面或口头表达中。通过综合性评估，我们能够培养学生更全面、灵活地运用语言的能力，使其在不同场景和任务中都能游刃有余地运用所学知识。总的来说，多方面技能的持续评估是一个促进学生全面语言发展的重要手段，有助于教育者更精准地指导学生，使其在语言运用的各个方面都能够取得更好的进步。

（七）鼓励反思和成长

反思和成长确实是学习过程中不可或缺的一部分。鼓励学生进行反思能够帮助他们建立自我意识，更深刻地理解自己的学习过程。反馈不仅是一种评价工具，更是为学生提供改进和进步方向的指引。及时的反馈具有启发性，能够让学生在错误中找到机会，从而更好地理解知识点或技能。这种反馈不仅关注错误，也应该突出学生已经掌握的优势和技能，为其树立信心。同时，针对不足提供建设性的意见，引导学生思考如何改进和提高，是促使个人成长的有效途径。通过鼓励反思,我们为学生提供了一个自我发现和自我完善的机会。学生能够逐渐学会独立思考、总结经验,形成自己的学习策略和方法。这种自主性的学习过程不仅促进了知识的深层次理解,也培养了学生解决问题和应对挑战的能力。总的来说,反思和成长是学习过程中的一对重要伙伴。透过反馈的窗口,学生能够看到自己的学习轨迹,认识到自己的潜力和不足,从而更有针对性地迈向更高的学术和个人发展水平。通过建立一个持续评估和反馈的机制,教师和学生能够在共同努力下实现更有效的英语教学,确保学生在语言学习中获得更好的体验和成果。

这些趋势共同构成了现代英语教学法的框架,旨在更好地满足学生的需求,提高了他们的语言水平和实际运用能力。

第四节 语言教学方法的选择与评估

一、学生分层与差异化教学

(一)初学者的教学策略

初学者的教学策略至关重要,因为它直接关系到学生在语言学习的起步阶段能否建立坚实的基础。首先,交际法为初学者提供了一种直观的语言体验。通过与他人真实的交流,学生不仅能够感受语言的实际运用,还能培养出实际运用语言的信心和能力。这种教学策略强调语言是为了交流而存在的,从而使学生更加积极主动地参与学习。情境教学法通过模拟实际情境,为初学者创造了一种身临其境的学习体验。通过在具体场景中运用语言,学生更容易将所学的基础词汇和语法融会贯通,使学习过程更为自然而有趣。这种教学策略强调语言的实际运用,有助于初学者在实践中更快地建立语言框架。总的来说,制定初学者的教学策略需要注重实际体验和情景模拟,以帮助他们建立扎实的基础语言技能。交际法和情境教学法的有机结合，不仅使学生更好地理解语言规则，还可以培养他们的语言运用能力，为其后续学习打下了坚实的基础。

（二）中级水平的任务型教学

对中级水平的学生，任务型教学是一种高效而有趣的教学策略。这一阶段的学生已经具备了基本的语言技能，因此需要更深层次的实践来巩固和提高他们的语言水平。任务型教学的核心理念在于通过实际任务来促使学生运用所学的语言知识。这些任务可以是解决实际问题、完成项目、参与模拟情境等。通过这些任务，学生不仅能够在实际情境中运用语言，还能培养解决问题的能力和团队协作精神。这种实践性的教学方法不仅可以提高语言运用能力，还可以让学生更加深入地理解语言背后的文化和社会背景。另外，任务型教学方法还有助于激发学生的学习兴趣。通过设置具体的任务，教师能够使学生更加主动地参与学习过程，从而增强他们的学习动力。这对中级水平的学生来说尤为重要，因为他们在语言学习中可能会遇到一些难题，需要一种更具挑战性和实用性的教学方法来激发他们的学习热情。综上所述，中级水平的学生通过任务型教学能够在实际任务中提高语言运用能力，培养实际解决问题的能力，并激发学习兴趣。这种实践性的教学方法为学生提供了更深入的学习体验，使他们更好地适应复杂的语言环境。

（三）高级水平的项目式学习和深度讨论

高级水平的学生在语言学习中需要完成更为深层次和挑战性的任务，因此项目式学习和深度讨论成为合适的教学策略。首先，项目式学习为高级学生提供了更贴近实际工作场景的学习体验。通过参与实际项目，学生需要在团队中协作，运用他们所学的语言技能解决复杂问题。这种实践性的学习不仅提高了语言运用能力，还培养了学生的团队合作和领导能力。项目式学习使学生更好地适应未来职场中的语言要求。其次，深度讨论是培养高级学生批判性思维和表达能力的有效途径。通过深入探讨语言背后的文化、社会、历史等方面的议题，学生能够更全面地理解语言的含义和使用。这不仅提高了语言的深度理解，还锻炼了学生分析和思考的能力。

最后，深度讨论为学生提供了表达自己观点的机会，培养了他们在学术和社会交往中的自信心。综合而言，项目式学习和深度讨论为高级水平的学生提供了更具挑战性和丰富的语言学习体验。这两种教学策略不仅有助于提高语言水平，还培养了学生在实际应用和深层思考中的综合能力。通过参与这样的学习活动，高级水平的学生能够更好地迎接复杂的语言环境和未来的职业挑战。教师能够更有针对性地满足不同层次学生的需求，促使他们在语言学习中更全面地成长。这种差异化的教学方法能够激发学生的学习兴趣，提高学习效果。

二、教学方法的灵活运用

（一）教学目标的明确与分层选择

明确教学目标是语言教学的第一步，也是确保教学有效性的关键。在不同水平的学生中，教学目标应该根据其当前水平和发展需求进行明确定制，并采取相应的分层教学策略。对初学者来说，主要目标可能是建立基础语言技能，包括词汇、语法和简单的交流能力。在这种情况下，选择注重实际运用的交际法是合理的。通过在真实情景中的交流，初学者能够更直观地体验语言的实际运用，从而建立起对语言的信心和兴趣。对中级水平的学生来说，教学目标可以更侧重于提高语言运用能力，包括更复杂的口语表达和书面表达。任务型教学是一种适合中级水平的方法，通过为学生设计实际任务，培养他们在不同语境下运用语言的能力，进一步巩固和提高语言水平。对高级水平的学生来说，教学目标则可以更加注重语言的深层次运用和理解。采用项目式学习和深度讨论，学生不仅能够在实际项目中合作运用语言，还能够深入思考语言背后的文化、社会等方面，这有助于培养他们的批判性思维和高层次的语言能力。总体而言，教学目标的明确性是教学成功的基石。根据学生的不同水平，有针对性地选择和设定教学目标，并采取相应的教学方法，能够更好地引导学生朝着全面发展的方向前进。

（二）多种方法的有机结合

交际法和任务型教学的有机结合为学生提供了一个全面的学习体验。通过实际情境中的交流任务，学生不仅能够提高口语表达能力，还能够培养听力理解技能。这种实用性的学习方式不仅让语言变得更具生活化，也激发了学生学习的兴趣。在任务型教学方面，具体的任务可以成为学生提高写作和阅读技能的有效途径。通过解决实际问题或完成特定任务，学生在语言运用的过程中逐渐提高他们的写作水平。同时，任务型教学注重实际应用，可以激发学生对阅读的兴趣，因为他们知道这对完成任务是必要的。这种多方法结合的好处在于，它满足了不同学生的学习需求。有些学生可能更倾向通过与他人交流来学习，而有些学生可能更喜欢通过完成任务来提高他们的语言技能。这种灵活性使教学变得更为包容，能够照顾到每个学生的学习风格和兴趣。总体而言，多种方法的有机结合为语言课程注入了新的活力，使学习变得更加富有趣味性和实用性。在这样的教学环境中，学生不仅仅是在学习语言，而且可以在培养解决问题和实际运用语言的能力。

（三）学生个体差异的考虑与个性化教学

学生个体差异的考虑是实现真正个性化教学的关键。了解每个学生的学科兴趣是个性化教学的出发点之一。通过了解学生对哪些话题或领域感兴趣，教师可以有针对性地设计教学内容，使学习内容更加吸引人和有动力。这种个性化的教学方式有助于激发学生对学科的兴趣，提高他们的学习动力。考虑学生的学习风格也是个性化教学的关键要素。有的学生可能更喜欢通过实践来学习，而有些学生可能更偏向于理论性的学习。因此，教师可以通过多元化的教学方法，如实践性任务、小组合作等，满足不同学生的学习偏好。这不仅有助于提高学生的学习效果，还可以促进学生在多种学习环境中的发展。另外，在实施个性化教学时，了解学生的学习能力差异也至关重要。一些学生可能在某些领域有更高的天赋或更快的学习速度，而另一些学生可能需要更多的支持和时间。通过差异化教学，教师可以根据学生的学习能力，提供个性化的辅导和挑战，确保每个学生都能够在适合他们水平的环境中学习。总体而言,个性化教学不仅关注学科内容,还注重满足学生的个体需求。通过灵活运用教学方法,结合对学生个体差异的深刻了解,教师可以为每个学生营造一个更有利于他们发展的学习环境。这样的教学方式有助于激发学生的潜力,培养他们全面的能力。

(四)教学方法的动态调整与反馈

教学过程中的反馈机制是教学质量提升的重要环节。教师可以通过定期的评估和学生反馈来了解学生的学习状况,包括对不同语言技能的评估,如口语、听力、阅读和写作等。通过这些评估,教师可以获取详细的信息,了解学生在哪些方面取得了进步,哪些方面需要额外的支持。学生的反馈是非常宝贵的资源,可以提供关于教学方法是否有效、是否容易理解以及是否能够满足他们的学习需求的重要信息。通过倾听学生的声音,教师可以更好地理解教学过程中可能出现的问题,并及时做出调整。基于获得的评估数据和学生反馈,教师应该灵活调整教学方法,包括改变教学策略、调整教材、提供额外的练习机会,或者采用更多互动性的教学方式。动态调整教学方法的过程是一个不断优化的循环,目的是确保教学过程紧密贴合学生的学习需求。此外,教师还可以通过定期的教学团队会议和专业发展活动分享经验,学习和借鉴其他教师的成功经验。这种协作和经验分享有助于形成更加综合和有效的教学方法。总的来说,教学方法的动态调整与及时反馈是提高教学效果的关键环节。通过持续不断地优化教学过程,教师可以更好地满足学生的需求,提高他们的学习体验和成果。

三、定期评估与反馈

评估是语言教学中的持续过程,通过定期评估能够了解学生在各个层次上的学习进展。评估形式包括传统考试、作业、项目成果和口头表达等多种方式。通过这些评估手段,教师能够发现学生的优点和不足,为进一步教学提供有针对性的建议。及时的反馈有助于学生认识到自己的学习状态,促使其更有目标地进行自我调整和提高。

（一）评估的多样性

在语言教学中，评估的多样性是确保全面了解学生能力的重要手段。传统考试是其中一种方式，通过笔试和口试来检验学生对语法和词汇等基础知识的掌握情况。这提供了一种相对标准的评估方法，能够帮助教师了解学生在特定知识点上的表现。然而，评估不仅仅局限于传统考试。作业和项目成果的评估更侧重学生在实际应用语境中的能力。通过完成作业和项目，学生能够展示他们在真实情景中运用语言的能力，这对培养其实际语言运用能力至关重要。此外，口头表达的评估也是一项关键工作。直接考查学生的口语交流能力，包括流利度、发音准确性和语言表达能力。这种形式的评估更贴近实际沟通，为学生提供了展示他们口头表达技能的机会。评估的多样性有助于全面了解学生的语言能力，并促使教学更加综合。通过结合不同形式的评估，教师能够更全面地了解学生的强项和需改进之处。这样的综合评估能够更好地引导教学，使其更贴近学生的实际需求，从而提高教学效果。

（二）提供全面反馈

提供全面反馈是评估过程的关键环节，它不仅有助于教师更好地理解学生的学习状态，也能激发学生的积极性和自我提高的动力。首先，评估结果揭示了学生的优势和不足。了解学生在不同层次上的学习进展，教师可以发现学生在哪些方面表现出色，同时能发现需要进一步加强的领域。这种全面的了解为个性化教学提供了基础，使教师能够更有针对性地指导学生的学习。其次，全面反馈为教师提供了机会，能够为学生提供有针对性的建议。通过深入分析评估结果，教师可以为学生制订个性化的学习计划，指导他们在薄弱领域的提高，同时促进他们在强项上的发展。这种定制化的指导有助于学生更有效地利用学习时间，提高学习效率。最重要的是，及时的反馈有助于学生认清自己的学习状态。通过了解自己的优势和不足，学生能够更清晰地认识到自己的学业需求，从而更有目标地进行自我调整。这种自我认知是学生自我提高的基础，可以激发他们在学习中更加积极主动的态度。综合而言，提供全面反馈是促使学生进步的关键步骤。

通过深入分析评估结果,教师能够为学生提供有针对性的建议和指导,帮助他们更好地理解自己的学习状态,从而激发他们的学习动力。

(三)个性化调整教学

个性化调整教学是在评估的基础上,根据学生的个体差异进行有针对性的教学调整,以提高教学效果。这一过程涉及多个方面的调整:首先,根据评估结果,教师可以调整教学内容。对一些学生来说,可能需要更多的挑战,而另一些学生可能需要更多的支持。因此,教师可以根据学生的水平差异,选择更合适的教材和学习任务,以确保每个学生都能在适当的难度下取得进步。其次,个性化调整可以涉及教学方法的变化。不同的学生有不同的学习风格和偏好,有些可能更适应于视觉化的教学,而有些则更擅长通过实践学习。通过灵活运用不同的教学方法,教师能够更好地满足学生的个体需求,使教学更富有趣味性和实用性。最后,教学节奏是个性化调整的重要方面。有些学生可能需要更多的时间来消化和掌握知识,而有些学生则可能迅速掌握。通过灵活调整课程进度和安排,教师能够为每个学生创造一个更适合他们学习步调的环境。个性化调整教学还包括提供个性化的支持和挑战。对那些需要额外帮助的学生来说,教师可以提供更多的辅导和支持;对那些有更高学术水平的学生来说,教师可以提供更深入的学术挑战,以激发他们的学术兴趣。总体而言,个性化调整教学是为了更好地迎合学生的差异性和个性化需求。通过灵活应用各种教学策略和提供个性化的支持,教师能够确保每个学生都在一个最适合他们学习方式和水平的环境中取得进步。这种教学方式有助于提高学生的学习动机,促使他们更积极地参与学习。

(四)激发学生的学习动力

激发学生的学习动力是教学过程中至关重要的一环,而及时的反馈在这一过程中扮演了重要的角色。以下是如何通过反馈来激发学生学习动力的一些关键点:首先,清晰的自我认知是学生学习动力的源泉。通过及时的反馈,学生能够明确了解到自己在学业上的优势和不足。这种明确的自我认知帮助学生建立起对自己的真实了解,使他们更容易设定明确的学习目标。其次，反馈帮助学生明确改进的方向。当学生了解到自己的薄弱之处时，他们更有可能制订针对性的学习计划，集中精力提高在特定领域的能力。这种明确的方向感有助于学生更有效地进行学习，增加了他们的学习动机。再次，及时的反馈可以强化学生的自我效能感。当学生在某个方面取得进步时，及时的正面反馈能够增强他们的自信心，从而提高他们对学习的兴趣和投入。这种积极的反馈可以构建一个积极的学习环境，激发学生更积极地参与学习。最后，通过设立明确的目标和反馈机制，学生可以更直观地看到他们的学习成果。这种直观的反馈帮助学生建立自我激励机制，使他们更有动力去追求更高的学术成就。总的来说，及时的反馈对于激发学生的学习动力起着至关重要的作用。通过帮助学生建立清晰的自我认知、明确改进方向、强化自我效能感和设立明确目标，反馈成为教学过程中的强大动力因素，促使学生更有目标地投入学习，取得更好的学术成绩。

（五）持续优化教学过程

持续优化教学过程是一个反馈循环的重要组成部分，它确保教学始终处于不断提升的状态。以下是一些关键步骤：首先，教师应该定期收集和分析反馈数据，包括学生的评估结果、课堂观察、学生作业等。通过系统地收集这些信息，教师能够全面了解教学的强项和需要改进的地方。其次，教师需要审视反馈数据并提出具体的改进措施。这可能涉及调整教学方法、更新教材、改进评估方式等。重要的是，改进措施应该根据具体的反馈和学生的需求来制定，以确保调整的针对性和有效性。再次，教师可以在实施改进措施后继续进行评估。这种评估不仅仅是为了检查改进的效果，也是为了了解是否需要进一步的调整。这个循环的灵活性是确保教学不断优化的关键。此外，教师还可以积极参与专业发展活动和与同事的合作。分享经验、交流教学方法和互相学习是促进教学不断优化的有效途径。从其他教师那里汲取经验，可以为自己的教学带来新的视角和启示。最后，关键是将这个循环融入教学的文化中。教师和学生都应该理解，持续改进是教育过程中的一部分。鼓励学生提供反馈，使他们成为教学过程中的积极参与者，也是持续优化的关键。总的来说，持续优化教学过程需要教师对反馈数据的敏感性和对改进的积极态度。通过不断地收集、分析、调整和评估，教学过程可以不断地适应学生的需求，确保学生在一个不断提升的学习环境中取得更好的效果。

综合而言，定期评估与及时反馈是语言教学中至关重要的环节。它不仅为学生提供了发展的方向，也为教学过程的不断优化提供了有效的反馈机制。

四、教学方法的调整和优化

基于定期评估的结果，教师应具备调整和优化教学方法的能力。如果发现某个方法在某一层次的学生中效果不佳，可以尝试调整为更符合其特点的教学策略。这种动态的教学调整有助于不断提高教学质量，确保教学方法的选择更贴近学生的实际需求。

（一）不同层次学生的差异性

不同学生在学业水平、学习风格和兴趣上的差异性是教学中不可避免的现实。为了更好地满足不同层次学生的需求，教师可以采取以下措施：针对不同水平的学生，制订个性化的教学计划是至关重要的。对高水平学生来说，可以提供更深入、更复杂的学术任务，以挑战他们的学术能力；对低水平学生来说，则需要更多的针对基础知识的强化和巩固，可能需要更多的辅导和支持。采用弹性的教学策略，允许教师在教学过程中灵活调整。这意味着教师应该具备不同教学方法的应用能力，以满足学生的不同学习风格和偏好。例如，通过融合小组合作、实践性任务和讨论等多元化的教学方法，可以更好地迎合不同层次学生的需求。对高水平学生来说，可以提供更多的拓展性材料和项目，以满足他们的学术好奇心；对低水平学生来说，可以采取更具体、更直观的教学方法，如示范、实物演示等，以帮助他们更好地理解学科知识。在教学中，激发学生的兴趣是关键一环。教师可以尝试将教学内容与学生的兴趣点联系起来，通过生动有趣的案例、实例或实际应用场景，引发学生的兴趣，这对提高学生学习积极性和主动性非常重要。不同层次学生在学习上面临不同的挑战，因此及时的反馈对他们的学习至关重要。通过定期的评估和反馈，教师可以更好地了解学生的学术表现，为不同层次的学生提供个性化的指导和支持。通过充分考虑不同层次学生的差异性，教师可以更有效地调整教学方法，确保每个学生都在一个适合他们水平和学习风格的环境中取得进步。这种差异化的教学方法有助于促进学生的个体发展，提高整体学习效果。

（二）多元化的教学方法

多元化的教学方法是一种为了满足不同学生学习风格和需求而采取的策略。以下是多元化教学方法的一些关键方面：一些学生更喜欢通过视觉方式学习，他们对图表、图像和演示文稿有更强的吸收能力。在教学中，可以通过使用图表、图像、演示文稿等视觉工具，来帮助这些学生更好地理解和记忆知识点。许多学生通过实践性学习方式更容易掌握知识。教师可以引入实际案例、实验、项目等实践性任务，让学生亲身参与，从而更深刻地理解和应用学科知识。通过小组合作，学生有机会与同学互动，共同解决问题。这种互动方式有助于培养学生的合作能力、沟通技巧，并从不同角度获取知识。小组合作能够满足那些更喜欢社交性学习方式的学生。在课堂中鼓励学生参与讨论和互动，促使他们表达自己的观点、提出问题。这种教学方法有助于激发学生思考能力，培养批判性思维，适用于那些更喜欢参与性学习的学生。整合技术工具，如在线教学平台、多媒体资源等，可以吸引学生的注意力，提供更生动和有趣的学习体验。对于那些对技术感兴趣的学生，这种教学方法可能更具吸引力。在评估学生学习成果时，采用不同形式的评估方式，如项目报告、口头演讲、作品展示等。这有助于满足不同学生的展示和表达方式，让他们在评估中能够展现出个体的特长。通过融合以上多元化的教学方法，教师可以创造一个更具活力和包容性的学习环境。这有助于满足学生的不同学习需求，提高他们的学习体验和成就感。同时，教师能够更好地发现和发挥学生的潜力，促使他们在多个方面得到全面的发展。

（三）教学策略的灵活性

教学策略的灵活性是确保适应性教学的核心。教师可以定期进行教学评估，包括学生的学业表现、课堂反馈和参与情况等。这些评估结果提供了实时的信息,帮助教师了解哪些教学策略有效,哪些需要调整。学生是最直接的受益者,他们的反馈是宝贵的。教师应该倾听学生的意见和建议,了解他们对教学策略的感受,这有助于教师更好地理解学生的需求,从而调整教学方法。教师可以尝试使用不同类型和难度的教材,以适应学生的学术水平和学习兴趣。灵活运用教材还包括选择合适的多媒体资源、案例研究等,以提高学生的学科理解和应用能力。改变课堂组织形式,如小组活动、讨论、实践性任务等,可以激发学生的兴趣和积极性。不同的组织形式适应不同学生的学习风格,提供更多的参与机会。了解每个学生的学习风格和需求,为他们提供个性化的指导,包括额外的辅导、挑战性的任务,或者更具体的反馈。个性化指导有助于确保每个学生都在适合他们的学习环境中取得进步。教师应该愿意尝试新的教学方法和策略。如果某种方法在实践中未能达到预期效果,教师可以主动寻找新的方式,或参考其他教师的经验,以不断创新和改进。总体而言,教学策略的灵活性是适应性教学的基础。通过定期评估、倾听学生反馈、灵活运用教材、变化课堂组织、个性化指导和尝试新的教学方法,教师能够更好地适应学生的需求,提高教学效果。这种灵活性使得教学过程更富有创意和活力。

(四)反馈机制的建立

反馈机制的建立对持续优化教学至关重要。教师可以定期进行评估,包括课堂测验、作业、项目评估等形式。这些评估可以提供学生在不同学科和技能方面的表现情况,为教师提供调整教学方法的线索。收集学生的意见和反馈是极其重要的。可以通过匿名问卷、小组讨论、面对面的交流等方式获取学生的看法。学生反馈不仅帮助教师了解教学的有效性,还能提供改进建议和学生的学习体验。教师可以进行自我观察,或邀请同事进行互相观察,以获取课堂教学的直接反馈。这种方式可以帮助教师发现自身的教学强项和需要改进的方面。利用技术工具,如在线调查和学习管理系统,可以更方便地收集大量学生反馈数据。通过这些工具,教师可以迅速了解学生对课程内容、教学方法的看法,以及是否需要调整。及时的反馈是关键。无论是来自学生还是其他渠道的反馈,都应该及时回应。这有助于学生感受到他们的声音被重视,同时使教师能够在教学过程中及时做出调整。反馈不仅仅局限于成绩，还可以包括对学生参与度、合作能力、创造性思维等方面的评价。多元化的反馈形式有助于全面了解学生的表现，并提供更具体的指导。教师应该培养自我反思的习惯。通过对每堂课的教学效果进行反思，教师可以更好地认识到自己的教学优势和需要改进之处。通过建立多样化的反馈机制，教师能够获得全面的信息，从而更有针对性地进行调整和优化教学方法。这种循环性的反馈过程有助于提高教学效果，确保学生在不断改进的教学环境中取得更好的学习效果。

（五）专业发展与同行合作

专业发展和同行合作对教学方法的优化起到了重要的支持作用。教师可以积极参与各类培训和研讨会，特别是关于教育创新和最新教学方法的培训。这有助于教师获取新知识，了解前沿教育理念，为教学注入新的思维和灵感。创建一个与同行分享经验的平台，可以是定期的教学经验分享会或在线社交平台。通过分享成功的教学案例、挑战和解决方案，教师可以相互启发，从中获取实用的教学策略。教师可以相互邀请，观摩彼此的课堂教学。这样的互访有助于发现不同教学风格和方法的优势，同时提供获取同行反馈的机会。与同事合作制订共同的教学计划，共同设计教学活动和任务。这种协作方式可以集思广益，融合不同教学风格，提供更全面的学习体验。如果可能，教师可以参与学科团队，与同学科的教师共同研究课程设计、教学方法等。学科团队的协作有助于整体提升学科水平，推动教学质量的提高。教学研究小组可以由一组对教学充满热情的教师组成，共同选择研究主题，展开深入的教学研究。通过系统性的研究，小组成员可以深入了解不同教学方法的效果，并分享研究成果。利用在线社交平台或专业教育社区，与全球范围内的教育从业者互动。这样的互联网平台提供了一个广泛的资源库，教师可以从全球范围内获得多元的教学观点和经验。通过专业发展和同行合作，教师可以在教学实践中不断学习，拓展自己的教学视野，从而更好地应对教学挑战，提高教学效果。同行间的合作和分享经验有助于构建一个积极的教学社区，共同推动教育的进步。

第五节 英语教学法与教育技术

一、英语教学法

（一）交际教学法

1. 情境交际

情境交际确实是一个非常关键的原则，因为它使学生能够在实际情境中运用所学语言，促进更深层次的理解和掌握。让我们更深入地探讨情境交际的几个方面：在课堂中模拟真实场景是创造语境的有效方法。这可以通过角色扮演、模拟对话等方式实现。例如，在教学中模拟餐厅场景，让学生扮演服务员和顾客，用英语进行点餐和交流，这样的练习能够让学生更好地适应实际语境。设计能够反映日常生活、工作或学习场景的教学活动，使学生能够在课堂上直接应用所学语言。例如，通过模拟购物场景，学生可以学会用英语询问商品信息、谈论价格等。近年来，虚拟实境技术的发展为创造更真实的语境提供了新的可能性。通过虚拟实境技术，学生可以沉浸在虚拟的语言环境中，与虚拟角色进行交流，从而提高他们在真实情景中的语言应用能力。将语言学习与其他学科结合起来，创造出更多元的语境。例如，结合社会学、地理学等学科内容，让学生用英语进行相关讨论和研究，使语言学习更贴近实际生活。在模拟场景后，进行学生反思和讨论是至关重要的一步。通过让学生分享他们在模拟中的经验、面临的挑战以及如何改进的想法，可以加深他们对语境交际的理解，并促使他们在语言运用中不断改善。通过这些方法，我们可以在教学中更有效地落实情境交际原则，帮助学生更自然、更实际地运用英语。

2. 语言功能

语言功能的关注确保学生学到的不仅是孤立的词汇和语法，更是实际应用中的实用技能。通过在实际场景中演练常见的语言功能，学生可以更直观地理解和运用。例如，在计划活动的情境中，学生可以学会用英语表达自己的计划、询问他人的安排等，从而提高他们在实际生活中的交际能力。角色扮演是一个有力的教学工具，可以让学生在模拟的情境中运用各种语言功能。为学生分配不同的角色，让他们在对话中演练表达建议、提出意见等语言功能，从而培养他们的实际语言运用能力。将语言功能嵌入具体项目中，使学生能够在解决实际问题的过程中运用所学功能。例如，设计一个项目，要求学生用英语策划一个社区活动，这样他们就能够在实际应用中学到如何谈论计划、协商和提出建议。通过引导学生参与实际情境的讨论，鼓励他们在语言中表达观点、建议和计划。这种讨论可以涵盖日常生活、工作、社交等多个方面，使学生更全面地掌握各种语言功能。强调语言功能的语境化教学是确保学生能够在实际生活中运用所学的关键。通过将语言功能与实际情境紧密结合，帮助学生理解在不同语境中使用相应功能的差异。通过这些方法，我们可以更全面地培养学生的语言功能，使他们在实际生活中能够更自如、更灵活地运用英语。

3. 交际策略

交际策略的培养是确保学生在真实交流中更有效地表达自己的关键。培养学生在理解或表达上存在歧义时，能够主动寻求澄清的能力。这可以通过角色扮演、模拟对话等活动进行练习。同时，强调在交流中提问、请求澄清的重要性，使学生在实际情境中更自如地运用这一策略。交际并不仅仅是语言的交流，非语言交际也占有重要地位。学生需要学会运用肢体语言、面部表情等非语言元素来增强交际效果。通过实际练习和观察，培养学生的非语言交际技巧，使他们能够更好地理解和表达意思。在项目式学习或小组合作中，培养学生合作与沟通的策略。这包括有效的团队合作、分享观点、听取他人意见等。通过这样的活动，学生能够更好地理解群体动态，提高协作和沟通效果。学习如何进行语用修正是培养有效交际的重要一环。教师可以在学生交流中及时指出语言使用的不当之处，帮助他们纠正并提高语用水平。这种实时的反馈可以更有效地促使学生在实际交际中改进。强调跨文化交际中的交际策略，使学生在不同文化环境中更为敏感和适应，包括学会尊重不同文化的交际风格、使用礼貌用语等。通过这些方法，教师可以帮助学生建立起更丰富的交际策略，使他们在不同情境中更自信、更灵活地运用英语。

4. 评估方法

在交际教学法下，传统的考试方式可能无法全面评估学生的实际语言运用能力。口语考试是一种直接评估学生口头表达能力的方式。可以设计情景对话、角色扮演等形式，让学生在真实场景中展示他们的交际能力。这样的考试更贴近实际交际，能够更准确地反映学生的语言水平。设计与实际生活相关的项目作业，要求学生在项目中使用英语解决问题、合作完成任务。这样的作业不仅能够评估语言能力，还能够考查学生的团队合作、解决问题的能力，更贴近实际应用。鼓励学生进行交际能力的自评，让他们反思自己在实际交流中的表现，并提出改进的建议。这有助于培养学生对自己语言能力的认识，促使他们主动进行学习和提高。教师通过观察学生在小组讨论、角色扮演等活动中的表现，记录学生的交际策略、语言运用等方面的情况。这样的观察记录能够更全面地了解学生的实际表现。采用多角度的反馈方式，不仅仅是教师的评价，还包括同伴评价、自我评价等。通过多方面的反馈，学生可以更全面地了解自己的语言表达水平，并有针对性地改进。通过这些评估方法，教师可以更好地了解学生在实际交流中的表现，从而更准确地评估他们的语言能力。这样的评估方法也更符合交际教学法的理念，注重实际语言运用。

5. 文化意识

文化意识在交际教学中的融入对学生全面理解和运用语言至关重要。在教学中引入有关英语使用国家或地区的文化背景，帮助学生了解语言使用的历史、传统、社会习俗等。这有助于学生更全面地理解语言的文化背景，从而更好地运用语言。通过引入相关文学作品、电影、音乐等文艺作品，使学生能够更深入地体验和理解语言所承载的文化信息。这有助于拓展学生的文化视野，培养他们对多元文化的敏感性。设计跨文化交际的活动，鼓励学生与来自不同文化背景的同学交流。通过这样的活动，学生可以更深入地了解其他文化，同时也可以提高他们在跨文化交际中的能力。通过比较不同文化中的语言使用方式、礼仪规范等，帮助学生发现文化差异。这种比较有助于学生更好地理解语言背后的文化含义，避免在交际中产生误解。引导学生通过讨论社会问题，了解语言背后的社会文化因素。例如，通过讨论某一社会问题，学生可以了解这个问题在不同文化中的看法和处理方式，拓展他们的文化认知。利用技术手段，如虚拟实境技术或在线文化体验平台，让学生能够在虚拟环境中体验其他文化。这样的体验有助于提高学生的文化敏感性和理解力。通过这些方法，教师可以在教学中深入融入文化元素，帮助学生更全面、更深入地理解语言背后的文化含义。这有助于培养学生更具跨文化意识的语言运用能力。通过深入讨论这些方面，教师能够更全面地理解交际教学法的实质，以及如何在实际教学中应用这些原则。

（二）任务型教学法

任务型教学法注重培养学生在实际情境中运用语言的能力。设计任务的原则包括任务的真实性、明确的目标以及可操作性。这确保了学生在任务中能够直接应用所学的语言知识，并在实际情境中获得体验。任务的种类多样化，包括信息交流任务、问题解决任务和创作任务。信息交流任务鼓励学生收集、整理和分享信息，增强他们的语言表达能力。问题解决任务培养学生解决实际问题的能力，促使他们运用语言进行推理和思考。创作任务则激发学生的创造性思维，让他们用语言创作新的内容。在任务的实施与反馈中，合作与沟通是重要的组成部分。学生通过合作完成任务，可以提高团队协作和沟通的能力。实时反馈帮助学生纠正语言错误，促使他们在任务中不断改进。任务评估不仅关注语言能力，还涵盖学生在团队协作和问题解决方面的表现。任务型教学法对学生综合语言能力的培养效果显著。学生通过实际任务，不仅可以提高语言技能，还可以培养解决问题的能力和更强的交际技能。这种教学方法更贴近实际应用，使学生在语言学习中更具实际意义。

二、英语教育技术

（一）基础教育技术

多媒体教学和在线资源在基础教育中扮演着至关重要的角色。通过多媒体教学，学生能够以生动直观的方式接触知识，这不仅提高了其学习的趣味性，还促进了更深层次的理解。图像、视频等形式的呈现使抽象的概念更具体，让学生更容易理解和记忆。在线资源的运用使学习不再受限于时间和地点。学生可以通过搜索引擎、在线图书馆等平台，随时随地获取所需的信息。这种便捷性提高了学生的学习效率，激发了他们主动探索知识的兴趣。这两种技术的结合为教育提供了更多的可能性。通过在多媒体教学中融入在线资源，学生可以更深入地了解各种主题，从而增加对知识的全面理解，为教师提供了更多的教学手段，能够更灵活地设计和呈现教学内容。总体而言，多媒体教学和在线资源的应用为学生提供了更具吸引力和便利性的学习环境，从而提高了他们的学习兴趣和信息获取效率。这种技术的发展为基础教育注入了新的活力，促使学校和教育机构更好地适应当代学生的学习需求。

（二）互动教学技术

互动教学技术，包括虚拟现实和在线协作工具等，为学生提供了更丰富的学习体验，促进了他们的参与感和合作能力。虚拟现实技术通过模拟真实场景，创造出身临其境的学习环境。学生可以在虚拟环境中进行实际操作和模拟实验，从而提高实践能力。这种沉浸式的学习体验激发了学生的兴趣，增强了他们的参与感。在线协作工具为学生提供了实时协作和交流的平台。通过共享文档、在线白板等工具，学生可以在同一项目上协同工作。这促使学生更积极地参与讨论，分享观点，培养了团队协作和沟通能力。互动教学技术使学习更加个性化，学生可以根据自己的学习风格和兴趣进行学习，提高了学习的积极性和深度。学生通过在线协作工具获得实时反馈，这有助于及时纠正错误，促进学习效果的提高。在线协作工具打破了地理限制，学生可以与世界各地的同学合作，促进了跨文化交流和全球意识的培养。互动教学技术的运用不仅满足了学生对于互动和实践的需求，还培养了他们在数字时代所需的合作和沟通技能。这种技术的发展为教育内容带来了更广阔的可能性，使学习更加生动有趣，更符合当代学生的学习方式。

（三）个性化学习技术

个性化学习技术，尤其是自适应学习系统和人工智能辅助教学，在提供定制化支持、促进更有效学习体验方面发挥着关键作用。这些系统能够根据学生的学习进度、兴趣和能力，自动调整教学路径。每个学生都可以按照自己的速度学习，填补个体差异。系统通过实时监测学生的学习表现，提供即时反馈和建议，帮助学生理解概念，纠正错误，个性化地优化学习过程。基于学生的兴趣和学科偏好，人工智能系统能够推荐符合个体需求的学习资料，拓展学生的知识领域。通过自然语言处理和机器学习技术，智能辅助系统能够回答学生的问题，提供定制的辅导，增强个体学习体验。学生可以按照自己的学习速度和方式进行学习，避免了学习过程中的焦虑感和落后感。系统能够综合评估学生的各方面表现，包括知识理解、技能掌握和学习兴趣，为更全面的学生发展提供支持。个性化学习技术有助于学生更专注于自己的需求和兴趣，提高学习效率，从而更好地实现个体潜力。个性化学习技术通过结合自适应系统和人工智能辅助教学，为学生提供更贴近个体需求的学习经验。这种技术的应用有助于满足学生不同的学习风格和能力水平，从而推动更加个性化和高效的教育体系的发展。

第六节　英语教育中面临的挑战与机遇

一、整体层面面临的挑战与机遇

（一）学生差异与个性化教学

1.挑战

学生的学习速度、兴趣和背景知识的多样性是英语教育面临的一大挑战。在传统教学模式下，教师难以有效地应对这些差异，因为课程通常按照固定的进度和难度进行教授。有些学生可能觉得进展太快，而另一些学生可能感到无足轻重。学习兴趣的不同使得在传统教室中保持学生的专注和积极性变得更加复杂。如果教学内容与学生的实际兴趣不符，他们可能就会失去对学习的兴趣，影响学习效果。此外，学生的背景知识水平差异大，有些学生可能已经具备一定的英语基础，而其他学生可能需要更基础的知识。在同一个教室里满足这些不同需求变得非常具有挑战性，可能导致一部分学生感到失落，另一部分则感到被忽视。因此，差异化需求是英语教育中亟待解决的问题，需要采用更灵活、个性化的教学方法来满足每个学生的独特需求。

2. 机遇

在面对学生学习速度、兴趣和背景知识多样化的挑战时，个性化教学为英语教育带来了机遇。通过个性化教学，教师可以更好地适应不同学生的需求，提供更灵活的教学策略，使得每个学生都能够发挥潜力。分层教学是个性化教学的一种重要手段。通过将学生分成不同层次或小组，教师可以有针对性地调整教学内容和难度，确保每个学生在适合自己水平的情境中学习。这种方式有助于提高学生的学习动机和兴趣，因为他们能够在相对合适的难度下感到挑战，同时能够更好地理解和消化知识。另外，小组合作也是个性化教学中的一项重要策略。通过组建不同兴趣、不同水平的小组，学生可以相互合作，互相学习，从而在合作中获得更丰富的经验。这种合作方式有助于弥补个别学生在某些领域的不足，提高整体学习效果。因此，个性化教学为英语教育提供了实现差异化需求的机会，通过巧妙地运用分层教学和小组合作等策略，教师能够更好地引导学生，促使他们在学习中实现更大的发展。

（二）教育技术与创新教学

1. 挑战

技术的快速发展是英语教育面临的一项挑战。随着科技的不断演进，新的教育工具和平台层出不穷，教师需要不断学习和适应这些新工具。这对一些经验相对较老或技术素养较低的教师来说，可能会产生一定的压力。首先，教师需要花费额外的时间和精力来学习新的教育技术。这可能包括参加培训课程、研读相关文献以及尝试新的工具和应用。对已经承担繁重教学工作的教师来说,这增加了他们的负担,可能导致工作压力增大。其次,技术更新的速度可能使一些教师感到焦虑和不安。担心自己无法跟上技术的发展,或者担心学生对新技术的使用更加熟练,这可能会影响到教师的教学信心。最后,资源的不平衡是一个挑战。一些学校可能无法提供足够的技术支持和培训资源,使得教师在应对技术挑战时感到孤立。因此,技术发展速度快为教师带来了挑战,需要采取综合性的措施来帮助教师更好地适应和利用新的教育技术。

2. 机遇

教育技术的快速发展为英语教育带来了许多机遇。这些技术工具不仅为教学提供了新的方式,还能够创造更具创新性和互动性的学习体验。首先,虚拟现实(VR)等技术为教学带来了全新的可能性。通过虚拟现实技术,学生可以沉浸在虚拟的学习环境中,体验到更加生动的学习场景。这种互动性可以提高学生的兴趣和参与度,使学习更加具体和实际。其次,在线学习平台为学生提供了更加灵活的学习机会。学生可以根据自己的时间和地点选择学习,这种灵活性有助于满足不同学生的学习需求。同时,在线学习平台还提供了丰富的学习资源,包括视频、交互式课程和在线测验,为学生提供多样的学习体验。最后,教育技术的创新可以增添教学多样性。通过使用多媒体、在线互动工具等,教师可以设计更富有创意的教学内容,使学生在学习中更容易理解和吸收知识。总体而言,教育技术为英语教育创造了更为灵活、多样和互动的学习环境,提升了学生的参与度和学习效果。通过善用这些技术工具,教师可以更好地满足学生的学习需求,激发他们对英语学习的兴趣。

(三)资源与班级规模的问题

1. 挑战

学校面临教育资源不足和班级规模过大的问题是英语教育领域面临的一项重要挑战。这些问题可能对教学质量和学生学习体验产生负面影响。首先,教育资源不足可能包括图书馆资料、教学设备、实验室设备等方面的缺乏。这使得教师在教学中难以提供足够的辅助材料和实践机会,影响学生的综合学习体验。缺乏资源可能限制了学生对英语学科更深层次的探索。其次，班级规模过大可能导致个别学生被忽视。在大班级中，教师可能难以关注每个学生的学习进度和个性化需求。这可能使得一些学生感到失落，影响他们的学习积极性和成绩表现。最后，大班级可能加大教师的工作负担，导致教育质量难以得到有效的保障。教师可能难以在有限的时间内有效管理和评估每个学生的学习情况，从而难以提供个性化的指导。因此，解决教育资源不足和班级规模过大的挑战需要综合考虑学校管理、政府支持等多个方面的因素，以确保学生能够在更好的环境中接受英语教育。

2. 机遇

在面对教育资源不足和班级规模过大的挑战时，寻求外部资源支持和采用数字化教育手段可以为英语教育带来一系列机遇，有望改善教学效果。首先，通过寻求外部资源支持，学校可以得到来自社区、企业以及政府等渠道的支持。这可能既包括物质资源，如教育资金、图书馆资源，也包括人力资源，如志愿者教师或专业人士的支持。这样的支持可以弥补学校内部资源的不足，提高学生的学科学习条件。其次，数字化教育手段为学校提供了新的教学途径。通过引入在线教育平台、电子教材和多媒体资源，学校可以更好地满足学生的个性化学习需求。数字化教育不仅能够提供更丰富、多样化的教学内容，还能够促进学生的自主学习和创造性思维。最后，采用数字化教育手段可以帮助解决大班级的管理和评估难题。在线教学平台和教育应用程序可以提供个性化的学习路径和实时的学生表现数据，帮助教师更好地跟踪学生的学习进度，提供有针对性的指导。因此，寻求外部资源支持和采用数字化教育手段为解决教育资源不足和班级规模过大的问题提供了有益的路径，有望提高教学效果，促进学生更全面的发展。

二、具体层面的挑战与机遇

（一）课堂教学与学科内容设计

1. 挑战

在短时间内涵盖广泛的学科内容，确保每个学生都有所收获是英语教育中的一项重要挑战,这涉及教师需要在有限的时间内平衡教学进度和确保学生理解吸收知识的问题。首先,时间紧迫可能导致教师难以深入挖掘每个主题。有时候,教师可能只能匆匆带过某些知识点,而学生未必能够充分理解。这种情况可能影响学生对知识的掌握程度和对学科的整体理解。其次,涵盖广泛的学科内容可能需要更高的教学强度,这对学生来说可能是一种挑战。学生可能感到压力大,难以在短时间内消化吸收大量的信息,从而影响他们的学习效果。最后,学生的学科兴趣和学习方式各不相同。在有限的时间内满足所有学生的学科需求,确保每个学生都能够从教学中得到所需的启发和知识,是一个具有挑战性的任务。因此,如何在有限时间内涵盖广泛学科内容,确保每个学生都有所收获,需要教师采用巧妙的教学策略,如差异化教学、深度学习等,以提高教学效果,促使学生在有限的时间内取得更好的学习成果。

2. 机遇

在面对短时间内涵盖广泛学科内容的挑战时,分层教学策略为英语教育带来了重要的机遇。这种策略允许教师根据学生的水平差异进行有针对性的教学调整,以确保每个学生都能在适宜难度的情境中学习。首先,分层教学可以更好地满足不同学生的学科需求。对一些学生,可能需要更多的挑战,以激发他们的学习兴趣;对另一些学生,可能需要更多的支持和帮助,以确保他们能够理解和消化所学知识。通过分层教学,教师可以灵活调整教学内容和难度,使之更符合学生的实际水平和需求。其次,分层教学有助于提高学生的学习动机。当学生能够在适宜难度的情境中学习时,他们更有可能取得成功,从而增强自信心和学习兴趣。这种积极的学习体验可能会激发学生更深入地投入到学科学习中。最后,分层教学为教师提供了更精细的评估和反馈机会。通过观察学生在不同难度层次上的表现,教师能够更全面地了解学生的学科水平和学习状态,从而更有针对性地提供指导和支持。因此,分层教学策略为应对短时间内广泛学科内容的挑战带来了机遇,使得英语教育更能够满足不同学生的学科需求,提高整体学习效果。

(三) 评估与反馈的问题

1. 挑战

传统的考试评估在英语教育中面临着一系列挑战。首先,这种评估形式可能难以全面反映学生的语言能力。语言是一种综合性的能力,包括听、说、读、写等多个方面,而传统的考试往往只能涵盖其中的一部分。因此,通过单一的笔试或口试难以全面评估学生的语言水平,可能忽略了他们在其他方面的优势或不足。其次,传统的考试评估可能无法捕捉到学生的实际语言运用能力。考试通常在受控的环境中进行,学生可能因为紧张或不同于真实沟通情境而表现出与实际水平不符的情况。这可能导致对学生真实语言能力的误判。最后,考试反馈往往不及时,延迟了学生对自己学业表现的理解。学生只有在考试后等待一段时间才能获得成绩和反馈信息,而这段时间内他们可能已经进入新的学习内容,错过了及时改正和提高的机会。因此,传统的考试评估方式在全面性和及时性上存在不足,需要考虑引入更多元化和实时性的评估手段来更准确地反映学生的语言能力。

2. 机遇

在面对传统考试评估的挑战时,引入多元评估方式和结合技术手段提供及时反馈为英语教育带来了重要的机遇。这种方法有助于更全面地了解学生的学习状态,提供更准确、有针对性的评价。首先,引入多元评估方式,如项目作业和口语表现,能够更全面地考查学生的语言能力。项目作业可以展现学生在实际语境中应用语言的能力,而口语表现则更贴近日常交流,帮助评估学生的口头表达和听力理解能力。这样的多元评估方式更符合语言的实际应用场景,能够更准确地反映学生的真实水平。其次,结合技术手段提供及时反馈可以弥补传统评估的滞后性。通过在线平台、自动化评估工具等技术手段,教师可以更及时地了解学生的表现,并给予实时的反馈。这有助于学生更快速地了解自己的优势和不足,及时调整学习策略,提高学习效果。最后,技术手段可以帮助教师更好地管理和分析评估数据。通过数据分析,教师可以识别学生在语言学习中的常见问题,有针对性地进行教学调整,提高教学效果。因此,引入多元评估方式和结合技术手段提供及时反馈为英语教育提供了更灵活、更全面的评估工具,有助于更好地理解学生的学习状态,提高评估的准确性和实用性。

第三章　翻转课堂在英语教育中的潜力

第一节　翻转课堂与英语教育的契合点

翻转课堂与英语教育的契合点在于其能够更好地满足学生英语学习的需求，提高学生的参与度和实际运用能力。

一、个性化学习

翻转课堂鼓励学生在家学习基础知识，而在课堂上进行更深入、个性化的学习。在英语教育中，学生的语言水平和学习速度差异较大，翻转课堂为教师教学提供了更多空间，以满足不同学生的个性化需求，使每个学生都能够在适合自己学习节奏的情况下深入学习英语。

（一）基础层

在翻转课堂的基础层面，学生在家学习基础知识的灵活性为英语教育带来了一系列机遇和挑战。首先，学生可以根据自身的学习速度和喜好自主选择学习资源，如在线教材和视频课程。这种自主选择的机会使得学生能够以更适合自己的方式学习英语，满足不同学生在语言水平和学习速度上的个性化需求。这种个性化的学习方式有助于激发学生对英语学习的兴趣，提升他们的学习动机。学生有机会选择符合自己兴趣爱好的学习材料，从而更加投入学习过程，增强学习的效果。然而，这种基础层面的翻转课堂也面临一些挑战。一方面，学生需要具备一定的自主学习能力，能够有效地管理自己的学习时间和资源。对一些学生而言，这可能是一个挑战，因为他们可能需要更多的指导和支持来培养其良好的学习习惯。另一方面，家庭环境和技术设备的差异可能导致学生之间的不平等。一些学生可能面临无法顺利访问在线教材或视频课程的问题，从而影响了他们在翻转课堂中的学习体验。总体而言，在基础层面，翻转课堂虽然为英语教育提供了更个性化、灵活的学习机会，但同时需要考虑学生的自主学习能力和资源平等的问题。

（二）深入层

在深入层面，翻转课堂为英语教育提供了更具深度和个性化的学习机会。有了基础知识的铺垫，课堂时间可以更专注深入的讨论和互动。教师可以引导学生探讨更复杂、深刻的语言和文化主题，促使学生更全面地理解英语。学生可以在课堂上进行更多实践活动，将学到的知识应用到实际场景中。这有助于培养学生的实际语言运用能力，使他们更好地理解英语语言和文化的实际运用。由于学生具有不同的理解水平和学科需求，教师可以更灵活地提供个性化的挑战。通过调整教学内容的难度和深度，每个学生都有机会在适宜难度的情境中深入学习。教师可以在课堂上提供实时反馈，帮助学生理解和纠正他们的理解误区。这种及时的反馈机制有助于学生更迅速地调整学习策略，提高学习效果。总体而言，深入层面的翻转课堂为学生提供了更有深度和个性化的学习体验，让他们在更高层次上深入了解和运用英语语言和文化。这种教学模式的成功还取决于教师的教学策略和对学生学习的深入理解程度。

（三）个性化需求的满足

在个性化需求的满足方面，翻转课堂在基础层和深入层都提供了灵活性，以满足不同学生的需求。在基础层，学生可以根据自身的学习速度和喜好自主选择学习资源。这种自主选择的机会使得学生能够以更适合自己的方式学习，满足不同学生在语言水平和学习速度上的个性化需求。学生可以选择适合自己水平的学习资源，如在线教材、视频课程等，提高了学习的自主性。在深入层，教师有机会有针对性地指导和支持学生。根据学生的理解程度和学科需求，教师可以提供更具挑战性的内容，从而满足不同学生的学科兴趣。这种个性化的学习方式有助于激发学生的学习兴趣，使每个学生都能够在适合自己学习能力的情境中深入学习。个性化需求的满足是翻转课堂的一大优势，使得学生在不同层面都能够根据自己的需求和兴趣进行学习，提高了学习的灵活性和效果。

总的来说，翻转课堂为英语教育提供了一个更灵活、个性化的学习模式，通过分层论述，可以更好地理解其在基础层和深入层面临的机会和挑战。

二、提高口语交流能力

英语学习的一个重要目标是提高口语交流能力。翻转课堂的互动性质使得学生在课堂上更多地参与口语练习和实际沟通。学生可以在家通过在线资源学习语法和词汇，而在课堂上则有更多机会运用所学知识，进行实际的对话和讨论，从而提高他们的口语表达能力。

（一）课前自主学习：准备语言基础

在这个阶段，学生在家中进行语法和词汇的自主学习，是为了在课堂上更好地运用所学知识。语言基础的牢固掌握是学习语言的关键，因此注重语音、词汇和基本语法结构的学习至关重要。通过利用在线学习资源和语言学习应用，学生可以量身定制自己的学习计划，根据个体差异有针对性地提升语言技能。这样的个性化学习方式有助于激发学生的学习兴趣，使学习更富有动力。将更多的课堂时间用于实际口语练习，是这个教学模式的一大优势。通过实践，学生可以更深入地理解语言的运用，提高口语表达的流利度和准确性，这使得课堂变得更加生动有趣，学生更积极参与。总体而言，这样的教学模式有助于培养学生的自主学习能力，提高实际语言运用水平，是一种更灵活、更有深度的学习方式。

（二）课堂互动活动：实际口语练习

课堂上的互动活动是提高口语交流能力的关键。教师可以设计各种口语练习，包括小组讨论、角色扮演、即兴演讲等。这些活动可以帮助学生运用所学知识进行实际的口语练习，培养他们的口头表达能力和听力理解能力。这个阶段的课堂设计抓住了提高口语交流能力的要害。通过各种互动活动，学生得以有机会在实际场景中运用所学，真正巩固和提高口语表达能力。小组讨论是一个很好的方式，不仅可以促进同学之间的互动，还能让他们在一个轻松的氛围中进行口语实践。角色扮演则为学生提供了模拟真实情境的机会，更好地锻炼了他们在实际生活中的语言运用能力。即兴演讲是一个很有挑战性和收益丰富的活动，能够培养学生的临场发挥能力，提高他们的口头表达水平。这种活动不仅可以锻炼学生的口语技能，同时可以培养他们在公共场合自信地表达自己的能力。总的来说，通过这些实际口语练习，学生在轻松愉悦的氛围中能更自如地运用语言，提高口头表达和听力理解的能力。

（三）反馈机制：纠正和改进

在口语练习过程中，建立有效的反馈机制至关重要。教师可以及时给予学生口语表达的反馈，指出错误并提供改进建议。同时，通过同学之间的互评和自我评价，促使学生在口语表达中不断提高，形成自我纠正的能力。及时的反馈对学生的语言学习至关重要，能够帮助他们及早发现和纠正错误，提高口语表达的准确性和流利度。教师的指导和建议是关键，因为他们有专业知识，能够为学生提供有效的指导。通过及时指出错误并提供改进建议，学生能够更有针对性地改善口语表达方式，避免形成错误的语言习惯。另外，同学之间的互评和自我评价也是一个很好的方式。这不仅可以培养学生的批判性思维，还可以促使他们主动思考和改进。自我纠正的能力是一个长期受益的技能，对学生语言学习和实际运用都非常有帮助。整个反馈机制既注重个体的成长，又倡导同学之间的互助和合作，形成了一个有利于语言学习的良好环境。

（四）实际场景模拟：仿真语境练习

实际场景模拟确实是一个非常实用的教学方法。通过仿真语境练习，学生能够更好地应对真实生活中的各种口语交流情境，提高他们的实际运用能力。模拟面试是一个很好的实践，因为它不仅有助于提高口语表达能力，还可以培养学生在正式场合中的自信和沟通技巧。商务会话的模拟则能够锻炼学生在商业环境中的语言运用能力，为其将来的职业生涯做好准备。社交场合的模拟练习也很有意义,因为在真实的社交场合中,语言表达往往更加灵活多变。通过模拟社交情境,学生能够逐渐适应各种社交场合,提高他们在实际交流中的应变能力。这样的实践不仅可以加强学生的口语技能,也可以培养他们在各种场合中自信、得体的语言运用能力。

(五)多媒体资源的应用:拓展语言视野

利用多媒体资源,如视频、音频等,拓展学生的语言视野。通过观看地道的英语电影、纪录片,或者听取各种口音的英语广播,可以帮助学生更好地适应不同语音、语调和表达方式,提高他们的口语交流的自然度。多媒体资源的应用是一个非常丰富和生动的教学手段。通过视频和音频的方式,学生可以在课堂之外拓展语言视野,感受到真实语境中的语音、语调和表达方式。观看地道的英语电影和纪录片是一个愉快的学习方式,不仅能够提高学生的听力水平,还可以让他们更好地理解英语在实际生活中的运用。同时,这为学生提供了接触不同语境和文化的机会,促使他们更全面地了解语言的多样性。另外,听取各种口音的英语广播也是一个很有趣的方法,因为在真实生活中,教师经常会面对各种不同的发音和语音风格。通过这样的练习,学生能够更灵活地应对各种口音,提高他们的听力理解和口语表达的适应能力。总体而言,多媒体资源的应用为学生提供了更多元、更贴近实际的语言学习体验。

三、多媒体资源的有效利用

翻转课堂倡导使用多媒体资源,如视频、音频等,来呈现教学内容。在英语教育中,这意味着学生可以通过在线视频、听力材料等方式接触到更真实、生动的语言使用场景。这种多感官的学习方式有助于提高学生对语言的理解和记忆,使学习更加生动有趣。

(一)在线视频资源的选择

选择合适的在线视频资源是提高学生语言学习效果的一大关键。生动有趣、贴近实际生活的视频不仅能够吸引学生的注意力,还能够让他们在轻松的氛围中更好地理解和吸收语言知识。英语电影片段是一个非常生动的选择，因为它们通常涵盖了真实的语言使用情境，同时通过视觉和听觉的结合，帮助学生更好地理解语言。这为学生提供了接触不同口音、语速和表达方式的机会，促进了听力水平的提高。纪录片则可以通过引入真实场景和文化背景，使学生更全面地了解语言的应用和语境。这样的资源既可以拓展学生的视野，也可以让他们在学习中感受到语言的实用性。另外，英语演讲视频也是一个很好的选择，因为它们不仅展示了高水平的口语表达，还能够激发学生对英语学习的兴趣。学生通过模仿和学习演讲者的表达方式，有助于提高他们的口语表达水平。

（二）音频资源的利用

音频资源的利用在提高学生听力理解能力方面发挥着重要作用。英语广播、有声书和英语歌曲等资源不仅能够让学生聆听地道的语音和语调，还能够通过各种听觉元素激发他们对语言的兴趣。英语广播是一个很好的选择，因为它常常涵盖了各种语境，从新闻到访谈再到故事，能够帮助学生适应不同的语言表达方式和专业术语。广播节目的多样性有助于扩展学生的词汇量和主题理解能力。有声书则可以通过生动的故事情节和语音表达，帮助学生更好地理解英语中的情感色彩和表达方式。这种亲近自然的学习方式使得语言更具有情感共鸣，增强了学生对语言的亲近感。英语歌曲是一个愉快的学习方式，通过音乐的旋律和歌词，学生能够轻松地学习新的单词和短语，同时可以提高他们对语音的敏感性。这种学习方式不仅增加了乐趣，还能够激发学生的学习动力。教师设计相关听力练习是一个很好的引导方式，能够帮助学生集中注意力，理解关键信息，逐渐适应不同的口音和语速。总体而言，音频资源的巧妙利用可以为学生提供更为生动、实用的听力学习体验。

（三）互动式多媒体学习平台

互动式多媒体学习平台的引入确实能够为学生提供更为丰富和灵活的学习体验。在线课程和语言学习应用程序等工具通过交互式学习方式，不仅可以激发学生的学习兴趣，还能够更好地适应不同学生的学习需求。在线课程的互动性使得学生不再是接收信息，而是能够积极参与到学习过程中。这种主动性的学习方式可以提高学生的学习动力,促使他们更深入地理解和掌握知识。语言学习应用程序则可以根据学生的学习进度和水平提供个性化的学习支持。通过记录学生的学习数据,应用程序能够针对性地提供练习、反馈和建议,帮助学生更有效地提高语言技能。另外,这样的学习平台还有助于培养学生的自主学习能力。学生可以根据自己的学习进度和兴趣选择课程内容,自主安排学习时间,提高学习的自由度和灵活性。总体而言,互动式多媒体学习平台的引入不仅可以提升学习的效果,还可以为学生提供更多元、更具互动性的学习方式。

(四)学生创作与表达:多媒体项目

学生创作与表达的多媒体项目不仅能够提高他们的语言运用能力,还培养了一系列与之相关的重要技能。制作英语演讲视频是一个很好的方式,因为学生可以通过这个过程提高他们的口语表达能力,同时通过视觉和声音的结合,使得他们的表达更加生动有趣。设计英语广播节目是一个很有创意的项目。这种形式既能够提高学生的口语表达水平,同时可以锻炼他们在语音传播方面的技能。此外,团队合作在这样的项目中显得尤为重要,学生需要共同努力以创造一个有趣和富有内容的广播节目。录制英语播客则是一个更加个人化的表达方式。通过播客,学生可以选择自己感兴趣的话题,以更自由的方式展现他们的语言表达和思维深度。这对培养学生的创造性思维和自我表达能力非常有益。这些多媒体项目既可以丰富学生的语言学习体验,又促使他们在语言表达的过程中培养了更广泛的技能。

(五)虚拟实境(VR)和增强现实(AR)技术

虚拟实境(VR)和增强现实(AR)技术的运用确实能够为学生创造更为身临其境的语言学习体验,这是一种非常创新和引人入胜的方法。通过虚拟实境,学生可以仿佛置身于真实的语言使用情境中。这不仅提高了学生的情感投入,也使他们更容易适应各种语境和语言表达方式。例如,模拟英语国家的街道场景、商务会议、旅游景点等,使学生在虚拟环境中进行语言互动,更好地培养他们的语境感知和实际应用能力。增强现实技术则可以在真实环境中叠加虚拟信息,使学生在日常生活中更直接地与英语言互动。通过 AR 应用，学生可以扫描标签或者图书封面，获取相关的英语学习资讯，使语言学习贴近他们的日常经验。另外，这样的技术应用还能够激发学生的学习兴趣，增加学习的趣味性。学生在虚拟实境和增强现实中的互动体验会让他们对学习更感兴奋，更加主动地投入语言学习中去。总体而言，虚拟实境和增强现实技术的融入为语言学习提供了一种全新的维度，使学生更深度地沉浸在语言环境中。

（六）实时在线互动

实时在线互动平台的运用确实是一个促进学生口语交流的绝佳方式。视频会议工具等工具为学生提供了一个即时、真实的语言交流环境，具有很多积极的影响。首先，实时在线互动可以提高学生的口语表达能力。在实时对话中，学生不仅需要迅速理解和回应对方的言论，还需要流利地表达自己的想法。这种即时性的练习有助于培养学生在实际语境中的口语应对能力。其次，学生通过与教师、同学之间的实时互动，能够更好地理解和掌握语言使用的背后文化和社交规范。这种跨文化的交流有助于学生更全面地了解语言的实际运用，提高他们的语境感知和跨文化交际能力。最后，实时在线互动有助于打破地域限制，使学生能够与世界各地的英语学习者进行交流。这样的国际化互动体验有助于学生更广泛地接触不同口音、表达方式和文化，从而提高他们的英语听说能力。总体而言，实时在线互动为学生提供了一个更贴近实际语境的学习机会，促使他们更主动、更自信地运用所学的语言知识。通过充分利用多媒体资源，教师可以创造更具吸引力和实用性的英语教学环境，使学生在多样化的语言输入中更好地掌握和运用英语。

四、提升学生自主学习能力

翻转课堂要求学生在课前自主学习，培养了学生的自主学习能力。在英语学习中，这意味着学生需要自己查找资料、阅读材料，提高自己的学习效率。这种主动参与的学习方式有助于培养学生的学习兴趣和长期学习动力。

（一）课前学习资源的提供

提供丰富多样的课前学习资源是非常关键的，这样的做法能够激发学生的学习兴趣，提前引导学生对学习内容的理解和思考。首先，在线教材是一个非常实用的资源。通过提供在线教材，学生可以灵活地获取学习资料，不受时间和地点的限制。这种方式有助于学生更方便地预习课程内容，提前了解知识点，从而在课堂上更深入地参与讨论和互动。其次，学习视频是一个很好的资源选择。通过视频，学生可以通过听觉和视觉的方式更生动地理解学习内容。这种形式的学习方式既具有趣味性，又有助于提高学生的学习效果。最后，参考文献的提供可以引导学生深入拓展学习，包括推荐一些经典著作、学术论文或者相关案例，可以帮助学生更全面地理解和应用所学的知识。总体而言，提供多样化的课前学习资源有助于满足不同学生的学习需求，激发学生对学科的兴趣。

（二）学习方法和技能的培养

培养学生学习方法和技能是非常重要的，这有助于提高他们的学习效率和自主学习能力。首先，课前指导可以包括学习策略的教授。教师可以分享一些行之有效的学习方法，如制订学习计划、合理安排学习时间、使用记忆技巧等。这样的指导可以帮助学生建立系统化的学习方式，提高他们的学习效果。其次，教授阅读技巧是非常关键的一部分。学生通过掌握良好的阅读技巧，能够更迅速地理解文章内容，提高阅读理解水平。这对语言学习尤其重要，因为阅读是提高词汇量和理解语言结构的有效途径。最后，教师可以引导学生培养批判性思维和问题解决能力。通过课前的学习方法指导，学生能够更深入地思考学习内容，主动提出问题，并通过有效的方法解决问题。这有助于培养学生更高层次的认知能力。总体而言，培养学生学习方法和技能是为他们提供更有效学习路径的关键。通过这样的培养，学生可以更好地应对各类学科学习情况，提高自主学习的能力。

（三）个性化学习计划的制订

个性化学习计划的制订确实是非常重要的，因为每个学生都有自己独特的学习方式和目标。教师将在这个过程中的指导和建议发挥至关重要的作用。首先,了解学生的学习风格是个性化学习计划制订的基础。不同的学生可能更适应于不同的学习方式,有的可能通过阅读更容易理解,有的可能更喜欢通过听觉和口语交流来学习。了解学生的学习偏好,有助于教师提供更贴近学生需求的建议。其次,明确学生的学习目标和兴趣点。每个学生学习的目的可能不同,有的可能更注重提高口语表达能力,有的可能更关注提高阅读理解水平。制订个性化学习计划时,需要根据学生的兴趣点和目标,合理安排学习内容和任务。教师在这个过程中的角色是引导者和支持者。通过与学生的沟通,了解他们的学习需求,为他们提供合适的学习资源和方法。最后,教师可以就学习计划的制订提供建议,帮助学生更好地平衡学科学习和个人生活。总体而言,个性化学习计划的制订使得学生能够更自主地掌握学习的主动权,更有针对性地达成自己的学习目标。

(四)自主学习任务的设计

设计自主学习任务是培养学生自主学习能力的一种重要手段。这种任务的设置有助于激发学生的学习主动性,提高他们对学科的兴趣和理解。首先,阅读文章是一个非常有效的自主学习任务。通过给学生提供相关的文章或文献,让他们在课前独立进行阅读,能够培养他们获取信息和理解文章主旨的能力。这种任务有助于提高学生的阅读理解水平,同时可以拓展他们对于学科知识的广度。其次,观看视频是一个很好的自主学习任务。学生通过观看相关的视频素材,不仅能够通过听觉和视觉更直观地理解学科内容,还能够培养他们从多媒体资源中获取信息的能力。再次,解决问题是自主学习任务中的另一个重要环节。提出一些开放性的问题,让学生在课前通过独立思考或者小组合作的方式找到解决方案,有助于培养他们的批判性思维和问题解决能力。教师在设计自主学习任务时,可以结合学科特点和学生水平,设置不同难度和形式的任务,以满足学生的学习需求。最后,及时的反馈机制是确保学生能够有效完成任务的关键,有助于他们及时纠正错误,改进学习方法。

(五)反馈和评估机制的建立

建立有效的反馈和评估机制对学生的自主学习至关重要。提供及时的反馈,让学生在完成任务后尽早了解他们的表现。这可以通过在线讨论、即时评分系统等方式实现。根据学生的个体差异提供个性化的反馈。了解每个学生的学习风格和需求,为其提供有针对性的建议,帮助他们更好地理解和消化知识。在任务开始时明确学习目标和评估标准,使学生清楚知道他们将被如何评估,这有助于学生在学习过程中保持专注,并提高他们的学业表现。使用多种形式的评估,如项目作业、在线测验、小组讨论等,以确保学生在不同层面和角度上得到全面的反馈。鼓励学生建立学习日志,记录他们的学习过程、困难和收获。通过定期查看学习日志,教师可以更深入地了解学生的学习状态,并提供更有针对性的支持。通过同学之间的互相评价,促使学生学会从多个角度看待问题,提高他们的批判性思维和合作能力。反馈不仅要及时,还要具体而具体。提供详细的评论和建议,帮助学生理解他们的错误,并提供改进的方向。建立学生和教师之间的沟通渠道,让学生在需要时能够主动寻求帮助和反馈,这可以通过在线平台、虚拟办公室小时等方式实现。不仅在任务完成后进行评估,还要定期进行整体性的学习评估,这有助于了解学生的整体学习进展,并及时调整教学策略。通过建立这样的反馈和评估机制,可以更好地支持学生的自主学习,促进他们的学术发展和自我认知。

(六)学习社区的建立

建立学习社区是培养学生自主学习能力的关键环节。利用在线学习平台或社交媒体创建专属的学习社区。学生可以在这里分享学习资源、讨论问题、互相答疑,促进学科交流和合作。定期组织实体的学科讨论会、学习分享会或小组学习活动,让学生能够面对面交流学习心得,建立紧密的学习社区。引入导师制度,由学长学姐或教师担任导师,指导学生制定学习计划、解答问题,并分享个人学习经验。将学生分成小组,每个小组负责一个学科或主题的学习。小组内成员共同解决问题、讨论学科知识,形成相互学习和支持的小团体。鼓励学生分享学习资源,如笔记、参考书目、学术文章等，这有助于丰富学习材料，提升学科的深度和广度。设立在线问题解答论坛，让学生能够提出问题并得到及时的答复，这不仅促进学科交流，还能够帮助解决学习难题。组织学科相关的学术活动，如讲座、研讨会、实地考察等。学生可以通过参与这些活动，深化对学科的理解并扩大学科视野。建立学生之间和学生与教师之间的学习反馈机制，促进学科学习的互动和改进。鼓励学生分享学习中的成功经验，激发学习动力，这可以通过写博客、发布学科心得等形式进行。通过以上措施，学习社区可以成为一个充满合作和分享氛围的空间，为学生提供更多学科学习的机会和资源，提升他们的自主学习能力。

五、实际运用语言技能

翻转课堂强调在课堂上运用知识，培养学生的实际问题解决能力。在英语教育中，这意味着学生在课堂上将所学知识运用于实际情境中，进行实际的语言运用，如模拟对话、角色扮演等。这种实际运用有助于巩固学生的语言技能，使学习更贴近实际应用场景。

（一）模拟对话与情境演练

模拟对话和情境演练是一种非常有效的教学方法，尤其对语言学习而言。通过在真实生活情境中进行角色扮演，学生可以更好地运用所学的语言知识，提高实际交流的能力。这种教学方法有助于培养学生的沟通技能、自信心和团队合作精神。在购物场景中的模拟对话，可以让学生学会如何询问价格、谈判、描述商品等，同时提高他们在商务场合中的语言运用能力。在旅行情境中，学生可以扮演游客或导游，锻炼他们在旅行中的实际语言运用和交流技能。在工作场景的模拟对话中，学生可以扮演职场中的不同角色，学会正式的商务用语和团队协作。此外，模拟对话和情境演练也可以激发学生的兴趣，使语言学习更加生动有趣。学生通过身临其境的体验，更容易记忆和理解语言表达方式，同时更容易发现和纠正自己在语言运用上的问题。

（二）角色扮演活动

引入角色扮演活动是一种非常互动和实用的教学方法。这种活动不仅能够锻炼学生的语言表达能力，还可以培养他们在真实情景中运用语言的能力。通过角色扮演，学生能够更深入地理解语言的实际运用，提高在各种场景下的沟通技能。在扮演商店店员、顾客或旅客等角色时，学生需要运用特定的用语和表达方式，这有助于他们在实际生活中更自如地处理类似的情境。例如，扮演商店店员的学生可以学到如何礼貌地接待顾客、介绍商品等技能；扮演顾客的学生则能学到如何提问、购物时的表达方式等。另外，这样的角色扮演活动还可以培养学生的团队合作和协调能力，因为他们需要相互配合，共同完成特定情境下的对话和交流。同时，这种活动为学生提供了一个放松的环境，让他们更愿意参与到语言学习中去。

（三）实际情境写作

实际情境写作是提高学生语言表达能力的重要方式之一。这种写作形式使学生在实际生活场景中运用所学的语法和词汇，可以培养他们在书面交流中的技能。具体而言，书写邮件、填写表格、起草简报等活动有助于学生在不同情境下灵活运用语言。学生通过模拟书写邮件，可以锻炼正式和非正式书信的写作风格。这种实践不仅可以提高他们的邮件沟通技能，还可以培养用于不同受众和目的的书信表达能力。在填写表格的过程中，学生需要清晰准确地表达信息，这可以锻炼他们的文字规范性和条理性，同时帮助他们熟悉和运用特定领域的词汇。起草简报要求学生对特定主题进行整理和总结，可以培养他们的文字组织和逻辑思维能力。这有助于提高学生在专业和学术领域的写作水平。这些实际情境写作的活动不仅促使学生主动参与学习，还使他们更好地理解并应用所学的语言知识。另外，这种写作形式也为学生提供了实用的技能，使他们在未来的职业发展和日常生活中能够更自信地运用语言。

（四）小组讨论与合作项目

小组讨论和合作项目是培养学生综合语言能力和团队协作精神的极好

方式。这种活动不仅可以促进学生之间的互动，还可以培养他们在协作环境中有效沟通和合作的技能。通过小组讨论，学生有机会分享各自的看法和观点，从而扩展了他们的语言表达能力，这鼓励他们听取他人的意见，学会辩论和交流。合作项目要求学生共同解决问题或完成任务，这不仅考验了他们的语言运用能力，还锻炼了团队合作和协调的技能。在这个过程中，学生可能需要分工合作、共同制订计划，并用语言清晰地传达自己的观点。这样的活动不仅在语言层面提高了学生的表达和沟通能力，还培养了团队协作、领导和解决问题的综合技能。此外，通过小组合作，学生还可能接触到不同文化和思维方式，促使他们更全面地理解语言的多样性。

（五）实地考察与采访任务

实地考察和采访任务是一种将语言学习与实际场景结合起来的有力方式。这种活动不仅为学生提供了真实的语言运用机会，还让他们亲身体验英语在不同领域的实际运用。通过企业参观，学生可以了解工作场所的语言使用情境，包括与同事的交流、专业术语的运用等，为学生提供了在职场中运用英语的实际经验。学生通过与专业人士的采访，不仅可以了解专业领域的用语和表达方式，还能够提升采访和提问的技能，这对学生未来可能从事的领域有着积极的影响。通过这样的实地考察和采访任务，学生不仅提高了语言表达能力，还培养了观察力、沟通技能和批判性思维。此外，这种实践性的学习方式更容易激发学生对学习的兴趣，使学习过程更加生动有趣。

（六）口语演讲和辩论

口语演讲和辩论是培养学生口头表达和逻辑思维能力的重要方式。这类活动不仅可以锻炼学生的口头表达流利度，还可以提高他们在公共场合运用英语的自信心。学生通过准备和进行口语演讲，能够展示他们对特定主题的理解和观点，这可以提高他们在表达个人观点时的能力，并让他们学会在一定时间内清晰、有条理地陈述想法。参与辩论活动要求学生从不同角度思考问题，使他们培养辩证思维和逻辑思维能力。通过与同学的辩论，学生能够学到有效沟通和辩论的技巧，同时提高对语言运用的灵活性。

另外，这些活动还帮助学生克服在面对公共场合时的紧张感，增强应对突发状况的能力。在演讲和辩论的过程中，学生可能需要随机回答问题或对反驳提出有效的反击，这促使他们更好地适应实际语境中的交流需求。

总的来说，翻转课堂为英语教育提供了更灵活、个性化的教学模式，强调学生在实际运用中学习，有助于培养学生的综合语言能力。

第二节 翻转课堂对英语学习的影响

一、个性化学习路径的制定

翻转课堂为学生提供了个性化学习的机会。通过在家学习基础知识，学生可以在课堂上更集中地讨论和解决问题。这种个性化的学习路径有助于满足不同学生的学习需求和节奏。

（一）在家学习基础知识

在家学习基础知识是翻转课堂中的重要一环。这种学习方式为学生提供了灵活性和个性化的学习体验。通过在线资源和教科书，学生可以在自己的舒适环境中按照个人的学习节奏和偏好进行知识吸收。在家学习允许学生选择一个最适合他们学习的环境，包括安静的房间、图书馆或任何他们感到专注和舒适的地方，这有助于创造一个更有利于学习的氛围。学生可以根据自己的学习速度和风格来制订学习计划。一些学生可能更擅长通过阅读教科书学习，而另一些可能更喜欢依赖在线教育平台或多媒体资源，这种个性化的学习路径有助于满足不同学生的需求。学生在家学习时需要更强调自主学习的能力。他们需要管理自己的学习时间、设定目标，并寻找适合自己学习风格的方法。这种自主学习的环境有助于培养学生的自我管理和学习动力。

（二）灵活的学习进度

灵活的学习进度是翻转课堂的一项重要特征，它有助于满足学生个性化学习的需求。这种自主安排学习进度的方式为学生提供了更大的掌控权，使他们能够更好地管理自己的学业生活。学生可以根据自己的理解速度和学习风格来安排学习进度。有些学生可能更快地理解某个概念，而另一些可能需要更多的时间。这样的个性化学习路径有助于确保每个学生都能在自己的节奏下学习。学生可能有其他学科的学业任务，也可能有其他活动和责任。灵活的学习进度使他们能够更好地调整学习时间，以适应不同学科和生活方面的需求。学生可以按照自己的时间表来安排学习，这有助于提高学习效率，能够在个体感觉最为专注和活跃的时候进行学习，通常会带来更好的学习成果。这种灵活性不仅有助于学生更好地管理自己的学业，还可以培养他们的自我规划和时间管理能力。

（三）自主选择学习资源

自主选择学习资源是培养学生学习兴趣和满足个性化学习需求的关键一环。这种权利使学生能够根据自己的学习风格和偏好来选择最适合他们的学习材料。多样化的学习资源，包括在线教程、视频、电子书等，使学生有更多的选择。每个学生都可以根据自己的学科需求和学习偏好挑选最适合自己的材料。学生可以自主决定使用哪种学习资源，从而建立个性化的学习路径。这种自主选择的过程有助于激发学生对学习的兴趣，并提高他们的主动参与程度。不同学科可能需要不同类型的学习资源。例如，在学习语言时，学生可能更倾向使用语音和听力材料，而在学习理论科目时，他们可能更喜欢阅读教科书。这种自主选择的权利使学生更好地适应不同学科的学习要求。通过这种方式，学生不仅能够根据自己的兴趣和学科需求进行学习，还可以培养他们在信息选择和利用方面的能力。

（四）个性化的评估方式

个性化的评估方式确实能更好地满足学生的差异化需求。不同学生在自己的学习过程中有着不同的节奏、风格和强项，因此采用个性化的评估方式可以更准确地了解每个学生的学术水平和技能。学生可以在个人学习进度达到一定程度时选择参与在线测验，这种方式可以根据学生的学习速度来安排，确保学生在准备就绪后进行评估。通过小组项目，学生可以在协作中展示他们的团队合作和沟通能力。这种评估方式能够考查学生在团队中扮演的角色以及解决问题的能力。提供多样化的书面作业选择，以满足学生在不同学科和技能方面的个性化需求。某些学生可能更擅长撰写文章，而其他人可能更倾向进行实证研究。学生可以选择通过项目展示的方式来呈现他们的学术成果。这有助于培养学生的表达能力和自信心。对善于表达和交流的学生，口头考试是一种有效的评估方式，这种方式有助于培养学生的口头表达和逻辑思维能力。通过为学生提供不同形式的评估方式，教育机构能够更好地满足学生的个性化学习需求，激发他们的学习兴趣，并更全面地了解他们的学业水平和潜力。

（五）定制化的学习计划

每位学生可以制订自己的定制化学习计划，这可能涉及每周学习目标的设定、制订学习计划的时间表，以及个人目标的设立。这种定制化的学习计划有助于提高学生对学习过程的掌控力和主动性。通过提供这些个性化学习路径的机会，翻转课堂能够更好地满足学生的个体差异，使每个学生都能在自己的学习旅程中取得更好的成果。

二、互动式学习和实践机会

翻转课堂强调互动性质，使学生在课堂上更多地参与口语练习和实际沟通。学生可以在课堂上运用所学知识，进行实际的对话和讨论，从而提高他们的口语表达能力。

（一）课堂互动的设计

在设计互动式学习的课堂，首要任务是注重课堂的整体规划。通过巧妙安排各种活动，让学生在课堂中成为积极参与者。小组讨论是个不错的选择，能够培养学生合作和团队精神，同时激发出更多的思考和观点。角色扮演则是一把打开通往实际运用的大门，学生在扮演中能够更深刻地理解理论知识。至于问题解答，既是检验学生掌握程度的好方式，也能锻炼他们在面对挑战时的应变能力。设计多样化的互动环节是为了迎合不同学生的学习风格和兴趣。每个学生都是独一无二的，有的喜欢思考问题，有的喜欢与他人交流，而有的可能更倾向实践。通过混合使用这些互动方式，可以更全面地激发学生的兴趣和参与欲望，让他们在丰富多彩的课堂氛围中获得更多的效果。这就像是给学生提供了一张多样的菜单，让他们可以按照自己的口味来选择。

（二）口语练习的实施

翻转课堂的口语练习确实是个聪明的设计。通过在课前准备知识，学生在课堂上可以更集中地展示他们的理解，并进行口语交流。这样的实践机会不仅帮助他们更好地应用语言，还能够在与同学的互动中提高口语表达水平，这种方法把课堂从传统的灌输式教学转变为更注重学生主动参与和实际运用的模式。学生在准备阶段通过学习材料构建知识框架，而在课堂上，他们不再是被动接收者，而是知识的创造者和分享者。通过与同学进行口语交流，他们不仅可以巩固自己的理解，还能够从其他同学的不同观点中获得启发，促使更深层次的思考。这样的学习方式不仅可以培养口语表达能力，还可以促进学生之间的合作与共享。在这个过程中，学生不仅仅是在学习知识，更是在培养团队合作和沟通技能。

（三）小组合作和协作

小组合作和协作是培养学生综合能力的好手段。通过小组项目和共同解决问题，学生不仅能分享自己的意见，还能从其他成员那里获取新的观点和见解。这样的互动方式既可以促进团队协作精神，也可以提高口语表达和沟通能力。在小组中，学生有机会学会倾听、协商、合作，这对他们未来的职业发展和社交能力都是非常有益的。此外，共同解决问题也能够培养学生的团队创新意识，从而激发他们在面对挑战时寻找创造性解决方案的能力。

（四）角色扮演和情景模拟

角色扮演和情景模拟是一个非常生动而实用的学习方式。通过在模拟的情境中运用所学语言，学生可以更深刻地理解和应用知识，同时提高实际交流能力。这种实践将学生置身于真实场景，让他们不仅仅是学习语言，更是在模拟中体验和运用语言。扮演不同的角色，就像演员在舞台上表演一样，他们需要理解角色的身份、情感和背景，从而更自然地进行对话，这不仅可以锻炼他们的语言表达能力，还可以培养情感共鸣和人际沟通的技能。在翻转课堂中，这样的角色扮演和情景模拟更能够让学生在课前做好准备，更有针对性地投入模拟中。这也有点像是在创造一个小小的舞台剧，每个学生都是剧中的主角，通过角色扮演，他们不仅学到了语言，还锻炼了表达和解决问题的能力。

（五）实际案例分析和讨论

实际案例分析和讨论是一种非常实用和有效的学习方式。通过真实案例的讨论，学生能够将抽象的知识运用到具体的情境中，从而更好地理解和掌握所学内容。这种学习方式不仅可以提升口语表达能力，还可以培养学生解决实际问题的能力。在案例分析中，学生需要运用他们的知识和逻辑思维来分析问题，提出解决方案。这不仅可以锻炼他们的批判性思维，还可以培养在复杂环境中思考和应对问题的能力。另外，实际案例的引入也使学习更加贴近实际生活，使学生在解决问题的过程中能够更好地理解知识的实际应用价值。通过案例的深度讨论，学生还能从其他同学的观点中获得不同的思考角度，促进彼此之间的交流和信息共享。

（六）即时反馈与改进机会

即时反馈是互动式学习中不可或缺的一环。无论是来自教师还是同学的反馈，都能够及时指导学生的口语表达，帮助他们发现潜在问题，并提出改进的机会。

教师的反馈可以提供专业的指导，帮助学生更准确地理解和运用语言知识。同时，同学之间的反馈是非常有价值的，因为他们更能理解彼此的学习过程，提出更为贴切和实际的建议。这种学习循环，不仅促进了学生在口语表达上的成长，还加强了学生之间的合作和学习社群的建设。另外，及时反馈也能够激发学生的学习动力，让他们更加专注于自己的进步。知道自己在哪里出了差错，同时可以得到及时的纠正和建议，这样学生会更有信心去面对挑战，更愿意持续努力。

（七）多样化的学习资源

多样化的学习资源能够为互动式学习增色不少。通过丰富的学习资源，如多媒体、实地考察等，学生可以更全面地了解语言使用的多样性，从而提高他们的口语表达能力。多媒体资源能够给学生提供丰富的感官体验，如通过视频、音频等方式展现真实的语言环境和场景。这种沉浸式的学习方式有助于学生更好地理解语言的实际运用，同时激发他们的学习兴趣。实地考察则是将学习搬到真实场景中，学生可以在实际情境中运用所学语言，增加了学习的实践性和体验感。此外，学习资源的多样性还可以满足不同学生的学习需求和兴趣。有的学生可能更喜欢通过观看视频来学习，而有的可能更倾向亲身体验。提供多样的资源选择，就像是在为学生打开一扇窗，让他们可以从不同的视角去感知语言的美妙之处。

（八）实际应用项目

实际应用项目是互动式学习的巅峰之作。通过项目驱动学习，学生不仅能够运用所学语言解决实际问题，还能在实践中深入理解和巩固知识。这种实践机会将语言学习与实际应用紧密结合，可以为学生提供一个更深入、更全面的学习体验。参与实际项目，学生需要运用他们的语言能力、团队协作能力，甚至可能需要涉及跨学科的知识。这不仅锻炼了他们的综合能力，还培养了解决实际问题的实际应用能力。同时，实际应用项目能够激发学生的学习兴趣。因为项目通常与真实生活中的问题紧密相关，学生能够看到自己的努力直接产生实际成果，这种成就感会成为持续学习的动力。

通过以上方式，互动式学习和实践机会不仅使学生更活跃地参与课堂，还可以培养他们在实际情境中运用语言的能力，从而提高口语表达水平。

三、多媒体资源的有效利用

翻转课堂倡导使用多媒体资源，如视频、音频等，来呈现教学内容。这种多感官的学习方式有助于提高学生对语言的理解和记忆，使学习更加生动有趣。

（一）创造引人入胜的学习体验

通过利用生动的视频内容展示语言使用场景，学生不仅能够看到语言在实际生活中的运用，还能更容易地理解和模仿。这种情境化的学习方式有助于让学生更深入地融入语境中，提高他们的学习兴趣和主动参与度。结合音频资源展示各种口音和语速是个很好的点子。因为现实中，我们可能会面对来自各个国家、各个地区的人们，他们的语音特点各异。通过让学生聆听不同口音的语言，有助于他们适应多样化的语言环境，提高听力理解能力。创造互动性的学习体验更是关键。通过在线互动平台或多媒体学习应用，学生可以参与各种语言练习和游戏，这既巩固了所学知识，也让学习变得更加有趣。这种互动性的设计能够使学生更积极地参与到学习中，形成更深层次的学习体验。另外，在实施这些方法时，也可以考虑一些社交化学习的元素，如学生之间的合作学习、共享学习资源，从而构建一个更为丰富和有趣的学习社区。

（二）个性化学习路径

个性化学习路径是个非常贴心的设计。提供多样化的自主学习资源，让学生按照自己的学习节奏和兴趣深入学习，这样能够更好地满足不同学生的学习需求。在线视频教程和语音材料为学生提供了更灵活的学习选择，他们可以选择感兴趣的主题或难度适中的内容进行学习，这种自主性有助于激发学生的学习主动性，让他们更愿意投入学习中。建立个性化的学习计划更是考虑到了每位学生的独特性。根据学生的水平和学习需求，为他们制定适合自己的学习路径，这样每个学生都能够在适合自己的水平上稳步前进。结合多媒体资源，既使学习更加生动有趣，也更符合个体差异。这种个性化学习路径的设计，既能够满足高水平学生的深度需求，也能够支持一些学习速度较慢的学生,让每个学生都能够在自己的学习速度和兴趣领域内得到最大的发展。这样的设计无疑为学生提供了更加个性化和灵活的学习体验。

(三)实际语言运用

这种实际语言运用的方法非常有深度和实用性。通过利用视频和音频资源进行实际场景的角色扮演和模拟对话,学生能够在更贴近实际语境的环境中学会运用所学知识,提高实际语言交流能力。这样的练习不仅可以让学生更好地理解语言在真实生活中的应用,还可以锻炼他们的语言表达和沟通能力。使用多媒体资源呈现实际语言使用的案例,再让学生进行分析和讨论,这对培养学生解决实际语境中问题的能力非常关键。这种案例分析不仅促使学生在理论知识的基础上做出实际运用,还可以培养他们在复杂环境中思考和应对问题的能力。另外,这种学习方式也强调了语言的实际应用,让学生不仅仅是学习语法和词汇,更是在模拟实际情境中进行语言实践。这对提升学生的语言素养和实际运用能力非常有帮助。

(四)反馈与评估

这样设计反馈与评估确实很有前瞻性。通过基于多媒体资源的作业和测验,学生可以在巩固所学内容的同时,通过实际操作加深对知识的理解。这样的作业和测验不仅可以检测学生对语言知识的掌握程度,还可以促使他们在口语表达和听力理解方面不断进步。及时的反馈是学生进步的关键。通过多媒体方式,可以更直观地呈现学生的学习状态。教师可以给予具体的建议,指导学生在语言学习的不同方面做出改进。这种个性化的反馈有助于学生更有针对性地调整学习策略,更快地提高自己的语言水平。鼓励学生通过多媒体方式展示学习成果是个很有创意的点子。通过制作短视频、录音等形式,学生不仅能够展示他们的语言表达能力,还可以锻炼其创造力。这是一种很好的提高学生自信心和展示能力的途径。通过充分利用多媒体资源,可以创造更具吸引力和互动性的学习环境,有效提高学生的口语交流能力。

四、提高学生自主学习能力

通过让学生在课前自主学习,翻转课堂可以培养学生查找资料、阅读材料的能力。这种主动参与的学习方式有助于培养学生的学习兴趣和长期学习动力。

(一)课前自主学习

在课前自主学习的过程中,学生得到了更多的学习自主权。翻转课堂的设计通过让学生查找资料、阅读相关材料,不仅是为了传递知识,更是在培养学生独立获取信息的能力。这种主动参与的学习方式赋予学生更大的责任和自主权,让他们在学习中扮演更为主动的角色。学生通过查找资料,不仅仅是获取知识,更是在培养对信息的辨别和筛选能力。他们需要从海量信息中找到与课题相关且可信的内容,这样的经历不仅可以锻炼学生的信息获取技能,也可以提高他们的信息素养。这种学习方式同时培养学生的学习动手能力,他们不再是被动地接受知识,而是需要亲自动手,深入研究和理解所学内容。这样的参与度让学生更容易理解和记忆知识,因为他们在学习过程中亲身经历了知识的获取和运用。总的来说,课前自主学习为学生提供了更广泛的学习体验,不仅学到了知识,更培养了他们在信息时代更为重要的自主学习和信息获取能力。

(二)独立思考和解决问题

独立思考和解决问题的培养是翻转课堂中的一项重要任务。通过让学生在自主学习的基础上进行独立思考,课堂不再只是知识的传递,更是关注学生如何理解和应用所学的知识。翻转课堂要求学生对所学知识进行深入思考,而不是仅仅接受表面的信息,这可以培养学生的批判性思维,使他们能够更全面地理解问题,提出有深度的问题,并对信息进行分析和评估。在独立思考的过程中,学生经常面临各种问题和挑战。这可以锻炼他们解决问题的能力,包括问题的分析、提出解决方案以及评估解决方案的能力,这种能力对他们未来的职业和学术发展都至关重要。独立思考的过程促使学生逐渐形成自主学习的意识。他们明白学习不仅仅是为了应付考试，更是为了能够了解世界、解决问题。这样的自主学习意识将对他们未来的学习生涯产生深远的影响。总体而言，独立思考和解决问题能力的培养是培养学生创新能力、批判性思维和自主学习能力的有效途径。这不仅使他们更好地理解所学知识，也为他们未来的学业和职业发展打下坚实基础。

（三）个性化学习计划

个性化学习计划在翻转课堂中是一项非常重要的举措。通过分层设计，学生可以根据自己的水平和兴趣制订学习计划，这种个性化的教学方法有着多重优势：不同学生有不同的学习水平，个性化学习计划能够满足每位学生的学习需求。高水平学生可以有更深入的学习，而对一些学科较难的内容，可以提供更多的支持和辅导。个性化学习计划允许学生更多地参与自己感兴趣的主题。这样的设计能够激发学生的学习兴趣，让他们更愿意深入学习，从而提高学习的积极性和主动性。学生在适合自己水平的情境下学习，更容易理解和掌握知识。这不仅可以提高学习效果，也可以帮助学生在更深层次上理解和运用所学的内容。个性化学习计划实现了差异化教学，让每位学生都能够在适合自己的学习环境中成长，这有助于避免学生对学科的畏难情绪，培养更积极的学习态度。总体而言，个性化学习计划使教育更贴近学生的需求，促进了个体差异的发展，为学生提供了更有针对性和有效性的学习体验。

（四）激发学习兴趣

激发学习兴趣是培养学生积极主动学习的关键。通过翻转课堂，给予学生选择自己感兴趣的学习内容的机会，产生了以下积极影响：学生在能够选择感兴趣的学习内容时，更愿意投入时间和精力。这种主动参与的学习过程让学生更积极地思考、探索，从而形成更深刻的学习体验。通过激发学生的学习兴趣，培养了他们的长期学习动力。因为学生对自己感兴趣的主题更容易保持好奇心和探索欲望，这种兴趣驱动的学习能够持续激发学生的学习动力。学生每个人的兴趣点都不同，个性化的学习内容满足了不同学生的需求。这样的个性化学习体验不仅使学生更容易理解和接受知识，还增加了学习的趣味性。通过选择感兴趣的学科内容，学生更有可能培养对某个领域的浓厚兴趣。这有助于他们更深入地学习相关知识，为未来的职业方向或专业发展奠定基础。总体而言，激发学习兴趣是一种有效的教学策略，它不仅使学生在学习中更为投入，还培养了他们长期学习的兴趣和动力。这对构建积极向上的学习氛围和培养学生终身学习的态度都具有重要意义。

（五）互动合作

互动合作是翻转课堂中的一项重要实践，它不仅可以促进学科知识的交流，还可以培养学生的团队协作和沟通能力。通过互动合作，学生可以分享彼此在自主学习过程中获得的知识。这种分享不仅可以帮助解决问题和理解难点，还可以拓展学生对学科知识的广度和深度。互动合作培养了学生的团队合作能力。在团队中，学生需要共同协作完成任务，这可以锻炼他们的领导力、沟通协调和团队意识，是其未来工作和学习中不可或缺的能力。互动合作过程中，学生需要有效地沟通和交流。这有助于培养他们良好的沟通技巧，包括倾听能力、表达清晰的观点以及有效解决分歧的能力。通过与同学互动合作，学生在解决问题或讨论观点时会产生思维碰撞，激发新的见解和思考方式，这样的碰撞可以促进学生思维水平的提高。未来的工作和学习中，团队合作和良好的沟通协作能力是至关重要的。通过在学校阶段培养这些能力，学生更容易适应未来的社会环境。总体而言，互动合作是培养学生综合素养的有效途径。通过与同学共同学习、分享和合作，学生既能更好地理解知识，又能培养团队协作和沟通能力，为其未来的发展打下坚实基础。通过以上方式，翻转课堂不仅仅是一种教学方法，更是一种培养学生自主学习能力的教育理念。

五、实际运用语言技能

翻转课堂强调在课堂上实际运用语言技能。学生通过模拟对话、角色扮演等方式，将所学语言运用于实际情境中，巩固语言技能，使学习更贴近实际运用场景。

实际运用语言技能是语言学习中的一项关键环节。通过翻转课堂的设计，强调在课堂上实际运用语言技能，为学生提供了更贴近实际运用场景的学习体验。

（一）模拟对话

学生通过模拟对话的方式，可以在虚拟的情境中运用所学语言。这种实践有助于他们更自信地表达观点，提高口语表达能力，并培养在实际交流中的应对能力。

（二）角色扮演

通过角色扮演，学生可以在模拟的情境中扮演不同角色，运用所学语言进行真实场景的对话。这样的活动使学生更好地适应实际语境，提高实际交流能力，同时培养跨文化交流的技能。

（三）贴近实际应用场景

翻转课堂的特点是将实际应用置于重要位置。学生在课堂上通过实际运用语言技能，更容易将学到的知识应用到日常生活和工作中。这样的学习方式使语言学习更有实用性，更贴近学生的实际需求。

（四）巩固语言技能

实际运用语言技能有助于巩固学生的语言技能。通过在课堂上的实际练习，学生能够更深入地理解语法规则、词汇用法，从而提高他们的语言水平。

（五）培养自信心

在实际运用语言技能的过程中，学生可以逐渐培养自信心。成功运用所学语言，成功应对实际交流场景，都会增强学生对自己语言能力的信心，激发他们更积极地参与学习。

总体而言，实际运用语言技能是翻转课堂中一项非常有益的实践。通过在课堂上创造实际应用场景，学生更容易将所学语言技能转化为实际应用，从而更好地掌握和运用所学知识。

第三节　翻转课堂与不同英语教学法的整合

整合翻转课堂和不同英语教学法是提高教学效果的一种创新性做法。以下是一些可能的整合方式。

一、沉浸式教学法

沉浸式教学法与翻转课堂的结合可以创造一种更加身临其境的学习体验，提高学生对英语语境的感知和理解。在课前，通过提供多媒体资源，如真实的英语视频、音频，学生可以接触到地道的语言环境。这可以包括日常对话、新闻报道、电影片段等，让学生沉浸在真实的语境中。利用虚拟实境（VR）技术或在线模拟环境，学生可以在虚拟的英语环境中体验真实情境。这可以是虚拟的英语角、商务会话场景等，提供更加沉浸感的学习体验。在课堂上，注重实际语境的模拟和角色扮演是沉浸式教学法的重要组成部分。学生可以扮演不同的角色，参与真实情境的对话，从而更好地理解和运用英语。利用在线平台或语言交流活动，鼓励学生与母语为英语的人士进行真实的交流。这可以通过语音或视频聊天、在线社交平台等方式实现，为学生提供真实的语言互动机会。将学生带入真实的英语文化环境中，进行实地考察。这可以是参观英语国家的文化场所、参与文化活动等，让学生更全面地感知语言与文化的关系。通过以上方式，沉浸式教学法与翻转课堂相结合，可以使学生更深度地融入英语学习中，提高他们的语感和语境理解能力，培养出更具实际语言运用能力的学生。

二、交际法

翻转课堂的互动特性与交际法契合。学生在课前通过自主学习获取语言知识，然后在课堂上通过小组讨论、角色扮演等方式进行实际语言运用，强调语言的交际功能。将交际法与翻转课堂相结合，可以更好地培养学生的实际语言运用能力和交际技能。学生在课前通过自主学习获取语言知识，可以通过多媒体资源、在线教材等途径学习基础知识。这使得课堂时间可以更多地用于实际交际和运用语言。在课堂上，安排小组讨论是培养学生交际能力的有效方式。通过给定话题，学生在小组中进行讨论，共享观点，提高表达和倾听的能力。强调实际语境的角色扮演是交际法的重要组成部分。学生可以在课堂上扮演不同的角色，模拟真实生活中的对话场景，从而更好地理解和应用所学语言。创造不同情境，如购物、旅行、工作等，让学生在这些情境中进行实际语言运用。这种模拟可以通过角色扮演、实地考察等方式实现。利用线上或线下的实际交流活动，如与母语为英语的人士进行面对面或在线的对话，促使学生在真实的语境中运用所学语言。在课堂上进行口语练习，并提供即时反馈。这有助于学生改进发音、语调等语言细节，提高他们的口语表达水平。通过这些方式，学生在翻转课堂的框架下更能够实际运用语言，注重语言的交际功能。这有助于培养学生的口语表达能力、倾听能力，以及在真实情景中应对不同交际需求的能力。

三、任务型教学法

任务型教学法与翻转课堂的结合可以使学生更加积极主动地参与学习，培养他们实际应用语言的能力。在课前，学生可以根据个人水平和兴趣选择不同的任务，如查找相关资料、准备小组讨论材料等。这种个性化任务设计激发了学生的主动性和学习兴趣。学生可以在小组中协作完成任务，这有助于培养团队合作和沟通协作的能力。小组任务可以包括共同解决问题、准备演示等，使学生在协作中提高语言运用水平。在课堂上，学生执行准备好的任务，如进行小组讨论、角色扮演，或者展示他们在课前准备的内容。这使得课堂时间更加注重实际语言运用。创造真实的语境，模拟实际场景，如商务谈判、旅行交流等，让学生在任务中更好地运用所学语言，培养实际交流的能力。在任务执行后，进行及时的反馈。这不仅包括语言层面的纠正，还可以包括任务完成的效果评估，促使学生进一步改进和提高。通过整合任务型教学法和翻转课堂，学生在自主学习和实际任务执行中能够更全面地发展语言技能，培养解决实际问题的能力，提高语言运用的实际效果。

四、多元智能理论

整合多元智能理论和翻转课堂，可以更好地满足学生不同的学习风格和智能类型。利用多媒体资源，如图像、视频，以及虚拟实境技术，呈现生动、直观的学习内容。学生可以通过观看和观察来更好地理解和记忆语言知识。强调口语练习和语言运用，如通过角色扮演、小组讨论等方式，激发学生的语言智能。此外，还提供多样的书面材料和阅读任务，满足语言智能的需求。利用解决问题的活动，例如谜题、逻辑思考任务，培养学生的逻辑数学智能。任务型的设计可以激发学生分析和解决问题的能力。引入动手实践和角色扮演，让学生通过身体的参与更好地理解和运用语言，包括模拟实际场景的角色扮演或者动手操作的语言任务。通过小组讨论、合作任务等社交性的活动，培养学生的人际智能。学生在小组中共同合作，分享想法，提高彼此的语言交流能力。引导学生反思和自我评价，使其更好地了解自己的学习需求和进步，通过学生自主制订学习计划、参与学习日志等方式实现。通过整合多元智能理论，翻转课堂可以更全面地考虑学生的个体差异，为他们提供更贴近其智能类型的学习体验，促进全方位的语言发展。

五、自主学习法

将自主学习法与翻转课堂相结合，可以加强学生的学习主动性和自主能动性。在翻转课堂中，提供多样化的学习资源，包括在线教材、视频、音频、阅读材料等。这样的资源使学生能够根据自己的学习偏好和进度进行自主选择和学习。引导学生设定明确的学习目标，帮助他们理清学习方向。学生可以根据自身需求和目标选择适合的学习内容，提高学习的针对性。鼓励学生制订个性化的学习计划，根据自己的时间安排和学习节奏进行规划，这可以培养学生良好的学习习惯和时间管理能力。学生可以在翻转课堂的框架下自主控制学习进度。他们可以根据自己的理解程度和掌握情况选择加速学习或深入拓展，提高学习的个性化程度。学生可以在学习过程中进行自主评价和反思，了解自己的学习效果，发现问题并主动进行改进，这可以培养学生对学习过程的自我管理能力。通过小组讨论、合作项目等方式，促进学生之间的互动合作。这样的合作既强调了学生的自主性，又培养了团队协作和沟通能力。通过整合自主学习法，翻转课堂可以更好地激发学生的学习兴趣，提高他们的学习自觉性和自主性，使学习更具有个性化和深度。

整合这些教学法和翻转课堂的特点，可以使英语教学更加灵活多样，满足学生个性化的学习需求，同时提高他们的语言实际运用能力。

第四节　翻转课堂在提高英语课堂互动中的作用

在提高英语课堂互动方面，翻转课堂发挥了重要作用。以下是翻转课堂在促进英语课堂互动的几个方面的作用。

一、自主学习促进互动

自主学习在提高英语课堂互动中发挥着关键作用。以下是一些具体的方式，翻转课堂如何通过自主学习促进互动。学生可以根据自己的兴趣和水平选择学习内容，制定个性化学习路径。这种差异化的学习方式使得每个学生都能在课堂上更有自信地参与互动。翻转课堂提供了多样的学习资源，如在线视频、阅读材料等。学生可以根据自己的学习风格选择适合自己的资源，激发学习兴趣。学生可以根据自己的学习节奏和时间安排，制订学习计划。这种自主规划的过程培养了学生的自我管理和时间管理能力。在自主学习的过程中，学生会遇到问题和疑惑。这时，他们可以通过提问、研究等方式主动探究解决问题，促进了学生与教师和同学之间的积极互动。学生在学习过程中可以对自己的理解和表达进行自主评价和反思，这种自我评价有助于发现问题，提高学生对学习的参与度。学生通过自主学习积累了知识，可以更积极地参与讨论和分享。他们有更多的话语权，推动了课堂的互动氛围。通过将自主学习融入翻转课堂，不仅提高了学生的学习主动性，也促进了课堂的互动。学生在自主学习的过程中更有动力表达自己的看法，与教师和同学进行更深入的互动。

二、多样化互动方式

多样化的互动方式是翻转课堂的一大特点，可以激发学生的兴趣并提高他们的语言表达和交流能力。学生分成小组，围绕特定主题展开讨论。这种方式鼓励学生分享观点，提高他们团队合作和沟通的能力。学生在模拟的情境中扮演不同角色，进行对话和交流。这种实践性的互动方式使学生更好地适应实际语境，提高实际交流能力。学生通过分析实际案例，运用所学知识解决问题。这样的互动方式既可以提升学生口语表达能力，也可以培养其解决实际问题的能力。在课堂上提出即时问题，让学生迅速思考并回答。这种方式促使学生迅速应对语言难题，提高他们的反应速度和语言应用能力。学生参与小组项目，共同解决问题或完成任务。这种合作方式可以培养团队协作和协同学习的精神，同时可以提高学生的口语表达水平。安排学生完成实际性的任务，如制作口语演讲、设计语言游戏等。这种任务型的互动方式使学生在实际应用中更好地运用所学语言。利用在线平台进行互动，如论坛、博客、在线讨论。学生可以在虚拟环境中展开互动，分享观点和经验。通过这些多样化的互动方式，学生在翻转课堂中不仅仅是被动地接收信息，更是积极参与和运用所学知识。这种互动不仅可以提高语言表达能力，也可以培养学生解决问题和合作的能力。

三、个性化学习导向互动

首先，强调问卷设计的科学性，包括问题的选择、问题表达的清晰性、选项的多样性等方面。科学合理的问卷设计是确保调查结果有效性的前提。在设计民意调查时，需要覆盖各个方面的问题，以确保获得全面的反馈。可以考虑包括经济发展、环境保护、社会公平等多个方面的问题，使调查结果更具代表性。其次，民意调查可以通过多种方式进行，包括在线平台、电话调查、实地访谈等。在这一层次的论述中，可以分析不同调查方式的优劣势，选择最适合规划背景的方式。开展民意调查后，获得的大量数据需要经过科学的分析。在这一层次可以深入探讨如何分析调查结果，如何将结果应用到规划中,以实现社会参与的实际效果。最后,民意调查的结果需要具有一定的代表性和可信度。这里可以进一步讨论如何确保样本的代表性,如何防范调查中可能出现的误差和偏差。通过深入分析和讨论这些方面,可以使开展民意调查的过程更为系统和有深度,确保获得的数据对规划决策有实质性的指导作用。

四、实践机会增进互动

翻转课堂强调实践和应用,学生在课堂上有更多的机会实际运用所学知识。例如,通过角色扮演、情景模拟等活动,学生在实际场景中练习语言,促进了实际语言运用的互动。强调实践活动的多样性,包括角色扮演、情景模拟等不同形式。分析不同形式的实践活动对学生语言能力的具体促进作用。在实践机会中,着重讨论如何更好地模拟实际语言使用场景。可以涉及模拟商务对话、日常社交场景等,使学生能够更好地适应真实语境。通过实践机会,学生在课堂上的主动参与度可以得到提高。分析学生在实际活动中的表现,讨论如何激发学生的兴趣和参与动力。深入分析教学方法,强调在实践机会中如何引导学生之间的互动。可以包括小组合作、对等互助等方法,使学生在互动中相互学习。实践机会不仅是为提高学生的语言技能,还应当与课堂知识相结合。强调如何在实践中巩固和应用课堂学到的语法、词汇等知识。通过对这些方面的深入分析,可以使实践机会的设计更具有系统性和实际指导意义,为学生提供更丰富的语言学习体验。

五、即时反馈提高互动效果

强调反馈的及时性对学生的学习效果的积极影响。分析及时反馈如何帮助学生立刻纠正错误、改进表达,提高学习效率。讨论如何实现个性化的反馈,根据每个学生的表现和需求提供有针对性的建议,包括教师对学生个体的直接反馈,以及同学之间的互动反馈。除了指出错误,还应包括鼓励性的反馈,激发学生的学习兴趣和积极性。分析如何在反馈中融入正面的鼓励和肯定。探讨使用什么样的工具和平台来进行即时反馈,可以包括在线学习平台、教师提供的个性化反馈工具等。强调学生参与反馈的重要性，讨论如何培养学生自我评价和同伴评价的能力，促进学生之间的互动。通过深入讨论这些方面，可以使即时反馈更加系统和有针对性，对提高学生的口语表达能力和互动效果将起到更积极的作用。

六、多媒体资源丰富互动内容

翻转课堂使用多媒体资源来呈现学习内容，如视频、音频等。这样的多感官学习方式不仅可以提高学生对语言的理解和记忆，同时可以为互动提供更多元化的内容。深入分析使用的多媒体资源的类型，包括视频、音频、图像等。讨论不同类型的资源对学生不同语言技能的培养和互动的影响。讨论多媒体资源在设计时需要考虑的原则，包括清晰简洁、吸引注意力、符合学习目标等。强调设计优质多媒体内容的重要性。分析学生如何参与多媒体资源的学习过程，包括观看视频后的讨论、听力练习、对图像进行描述等。讨论这些参与方式如何促进学生的互动。将多媒体资源与个性化学习路径相结合，讨论如何根据学生的需求和水平提供不同难度和类型的多媒体资源，使学习更具个性化。讨论如何构建一个有效的互动平台，使学生能够在学习过程中共享观点、互相评论，并与教师进行及时的互动。通过深入讨论上述方面，可以使多媒体资源在提供学习内容的同时，更好地促进学生之间的互动，丰富互动内容，提高学习效果。

七、实际应用项目激发互动内容

翻转课堂强调实际应用，通过项目驱动学习，学生参与实际项目，运用所学语言解决实际问题。这种实践机会将语言学习与实际应用紧密结合，激发了学生的学习兴趣，促进了课堂的互动。在讨论实际应用项目激发互动的层次上，可以深入探讨以下几个方面：分析实际应用项目如何设计，以促进学生的语言技能发展。讨论项目中是否有口语、写作、听力等多方面的综合性要求，以及如何整合这些语言技能。探讨项目是否鼓励学生进行团队协作。分析团队协作如何促进学生之间的互动，提高他们的合作能力和沟通技巧。讨论学生在项目中面对的实际问题，以及他们如何运用所学语言解决这些问题。强调实际问题解决过程中的语言互动对语言能力提升的积极影响。分析项目中的反馈与改进机制,包括教师和同学对学生项目的评价反馈。讨论这些机制如何促使学生进行深入学习和互动。强调学生将项目成果展示和分享的重要性。讨论学生如何通过展示向同学展示他们的工作,并与同学分享经验和观点,促进课堂的更多互动。通过深入分析上述方面,可以更全面地理解实际应用项目如何在翻转课堂中激发学生的互动,使语言学习更贴近实际应用场景。

总的来说,翻转课堂通过强调自主学习、实践机会和多样化的互动方式,有效提高了英语课堂的互动水平,使学生更积极参与、更主动表达,促进学生语言能力的全面提升。

第五节 学生角色转变与学习动机

一、学生角色的定义与变化

在翻转课堂中,学生的角色定义发生了显著的变化,与传统课堂相比,其身份认同和期望有了明显的不同。在传统课堂中,学生通常被视为被动的知识接收者。他们的主要任务是聆听教师的讲解,接受预定的教学内容,然后在课后完成相关的作业。翻转课堂强调学生的主动参与。学生在课前通过自主学习准备知识,成为更主动的学习者。他们开始负责自己的学习过程,制订学习计划和目标。学生有机会深入研究和探究课题,不仅获取知识,还能发展独立思考和解决问题的能力。他们成为知识的创造者和发现者,而不仅仅是被动的接收者。翻转课堂中,学生更容易成为学习社区的一部分,通过合作和互动共同构建知识。他们的学习角色拓展为社区的建设者和共享者。学生在翻转课堂中培养了自主学习的能力,能够独立管理学习时间和方法。他们不再完全依赖教师,而是更加自我驱动。学生有机会将所学知识运用到实际情境中,成为实践者,提高了学习的实用性和应用性。他们变为实际问题的解决者和知识的运用者。翻转课堂鼓励学生对自己的学习过程进行反思和评估,培养了他们的元认知能力。学生的角色演变为自我监控和评估者。在翻转课堂中,学生不再是被动地接收知识的对象,而是更加主动、独立和多元化的学习者。他们通过实践、合作和反思,扮演着更加丰富和有趣的学习角色,使学习更具深度和广度。这种变化有助于培养学生更全面的能力,使其更好地适应未来的学习和工作环境。

二、自主学习与责任意识

在翻转课堂中,自主学习和责任意识是学生培养的关键方面,对学生的学业发展和个人成长都具有深远的影响。翻转课堂提供了更多样的学习资源和方式,激发了学生的学习兴趣。通过多媒体资源、实际应用项目等形式,学生更容易找到与自己兴趣相关的学科内容,从而主动参与学习。学生在翻转课堂中需要在课前制订学习计划,安排时间进行自主学习。这培养了他们的时间管理和学习计划制订的能力,使学习更有目标性和系统性。翻转课堂鼓励学生利用各种资源进行学习,包括在线资料、图书、视频等。学生需要学会整合这些资源,进行独立学习,培养他们独立获取信息和解决问题的能力。翻转课堂注重实际应用,学生通过实际项目的参与,将理论知识应用到实际中。这种实践性学习激发了学生的主动性,使他们更愿意参与到实际问题的解决中。学生在翻转课堂中不仅要完成课前准备,还需要在课后对所学进行总结和评估。这种对学习成果的自我评估培养了学生对个人学业的责任感。翻转课堂强调学生之间的合作和互动,学生需要与同学共同学习、讨论,共同完成项目。这促使学生对团队合作负责,培养了团队协作的责任感。学生在翻转课堂中被鼓励设定个人学习目标,明确自己想要达到的水平,这培养了学生对自己学业发展方向的负责意识,使其更注重个人成长。学生在完成学习任务后需要进行自我反思,评估学习过程中的优势和不足,并提出改进的方案。这种反思和改进的过程促使学生对自己的学习负起更多的责任。

总体而言,翻转课堂通过强调学生的主动性和参与性,可以培养他们的自主学习能力和责任意识。这种学习模式有助于学生更好地适应未来复杂多变的社会环境,培养学生持续学习的态度和习惯。

三、学习动机的来源

　　学生学习动机的来源是多方面的，而在翻转课堂中，有一些特定的因素可以激发和增强学生的学习兴趣和动机。翻转课堂通常强调实际运用，通过项目驱动学习。学生参与实际项目，将所学知识运用到实际场景中，这种实践性学习激发了学生的学习兴趣。实际项目的有趣性和挑战性可以成为学生学习的强大动力。翻转课堂提供了更多的互动机会，包括学生与学生之间的合作、学生与教师之间的讨论等。这种互动使学习更具社交性，学生可以分享观点、解决问题，增进对学科的理解，从而增强学习的动机。翻转课堂为学生提供了个性化学习的机会，他们可以根据自己的兴趣和学习风格选择学习路径。这种个性化的学习方式满足了不同学生的需求，使学习更具针对性，从而提高其学习动机。翻转课堂倡导使用多媒体资源，如视频、音频等，呈现教学内容更生动有趣。这样的多感官学习方式有助于提高学生对语言的理解和记忆，从而增强了学习的动机。翻转课堂强调学生在课堂上运用知识，培养实际问题解决能力。学生参与决策、解决问题的过程中，感受到学习的实际价值，从而增强了学习的动机。在翻转课堂中，学生和教师之间的即时反馈对提高学生的学习动机至关重要。这种及时的反馈可以指导学生的口语表达，帮助他们发现和改进问题，形成持续改进的学习循环。翻转课堂强调学生的自主学习，当学生在课前准备和课后总结中取得进步时，他们会感受到个人成就感，从而激发学习的动机。综合来看，翻转课堂通过提供实际应用、互动机会、个性化学习等方面的元素，为学生创造了更丰富、有趣的学习环境，从而激发了他们更强烈的学习兴趣和动机。

四、成就感与学习满意度

　　在翻转课堂中，学生的成就感和学习满意度是直接受到课程设计和学习体验影响的关键因素。翻转课堂注重学生的自主学习，学生在课前独立准备和学习后能够看到自己的进步。这种个人成就感来自他们主动获取知识、解决问题的经历。学生通过实际应用、参与项目等方式取得的成就感，能够积极影响他们的学习动机。翻转课堂通常包含实际应用项目,学生在项目中运用所学知识解决实际问题,取得项目成果。这种实际的应用带来的成就感让学生感受到学习的实际价值,增强了他们对学习的满意度。学生在翻转课堂中有更多的互动机会,与教师和同学之间进行讨论、合作。这种互动可以带来共同的学习成果,促进团队合作和学习社区的形成,进而提高学生的学习满意度。翻转课堂中的即时反馈有助于学生及时了解自己的学习状态,知道哪些地方需要改进。这种个性化的指导和反馈有助于提高学生的学业成就感,从而提高他们对课堂的满意度。翻转课堂为学生提供了个性化学习的机会,根据自己的兴趣和学习风格选择学习路径。个性化学习的体验使学生更容易取得个人学习目标,增强了他们对课程的满意度。通过翻转课堂,学生可能更深入地了解和发展对特定学科的兴趣。对学科的浓厚兴趣可以使学生更专注于学习,提高他们的学习满意度。总体而言,翻转课堂通过提供实际应用、互动机会、即时反馈等元素,为学生创造了更有成就感和满意度的学习环境。这些正面的学习体验能够激发学生更强烈的学习动机,增加他们对翻转课堂的满意度。

五、师生关系的变化

在翻转课堂中,师生关系发生了显著的变化,这种变化主要表现在师生互动模式和教师角色上。传统课堂中,教师通常是知识的主要提供者,而学生是被动接受者,而在翻转课堂中,学生通过在家自主学习基础知识,课堂上更多地参与讨论、解决问题。这种转变使得师生之间的互动更加平等和开放。学生在学习过程中提出问题、分享想法,教师则成为引导和促进学生深度思考的导师。师生关系的这种变化对学生的学习动机产生了积极的影响。学生在更亲密的师生互动中感受到更多的支持和激励,教师的引导和关注激发了他们的学习兴趣。学生在课堂上的主动参与和与教师的互动促使他们更深度地理解知识,增强了学习动机。翻转课堂中,教师的角色从传统的知识传授者转变为学习的设计者和指导者。教师需要更加关注学生的个体差异,设计能够激发学生学习兴趣的教学活动。与此同时,教师需要更加灵活地应对学生的问题,提供及时的反馈和引导。这种角色的变化要求教师具备更多的教学创新和个性化教学的能力。师生关系的平等和互动促使学习氛围得到改善。学生更愿意表达自己的观点、提出问题，而不再担心被批评。这种积极的学习氛围有助于学生更深度地参与课堂，建立起积极的学习态度。总体而言，翻转课堂中师生关系的变化不仅促进了学生的学习动机，还提升了学习氛围，培养了学生更积极主动的学习态度，这对学生的学业成就和综合素养的提升都具有积极的影响。

通过深入研究以上方面，可以更全面地了解学生在翻转课堂中的角色转变和学习动机的复杂性，为设计和实施更有效的翻转课堂提供依据。

第四章 英语课程教学法的创新

第一节 现代教育技术与英语教学

一、教育技术的定义与发展

教育技术是指在教学和学习过程中应用科学和技术手段,通过各种先进的工具、媒体和方法,促进教育目标的实现。这一领域的发展经历了多个阶段,反映了社会科技水平的不断提高和教育理念的演进。教育技术的萌芽可以追溯到使用幻灯片、录音机等最早的多媒体工具。这些工具为教学提供了一定的视听辅助,丰富了教育手段。随着电脑技术的普及,教育技术进入了多媒体时代。教育软件、电子白板、数字化教材等工具的应用逐渐增多,学生可以通过电脑获取更丰富的学习资源。互联网的普及带来了教育技术的全面变革。在线学习平台、远程教育等形式崭露头角,学生可以随时随地获取教育资源,打破了时间和空间的限制。进入21世纪,人工智能、虚拟现实等前沿技术的崛起为教育技术的发展注入了新的活力。个性化学习系统、智能导师等技术正在逐渐改变传统的教育方式。当前,教育技术呈现深度融合的趋势,将多媒体、网络、人工智能等技术有机结合,形成更为完整和高效的教育生态系统,这一发展历程体现了教育技术在适应社会需求和科技进步的过程中不断演进的特点。随着技术的不断创新,教育技术将继续在教育领域发挥重要作用,为学生提供更丰富、个性化的学习体验。

二、现代教育技术在英语教学中的应用

探讨各种教育技术在英语教学中的实际应用。包括但不限于在线学习平台、电子教材、多媒体资源、虚拟实境教学等。这一部分可以分别介绍各种技术的特点,以及它们如何提升英语学习的效果。

(一)在线学习平台

在线学习平台在英语教学中发挥着重要作用。首先,它打破了传统教室的时间和地域限制,学生可以根据自己的时间表随时随地进行学习,这种自由度为那些有工作或其他时间限制的学生提供了更好的学习机会。其次,在线学习平台通过互动性质促进了学生之间和学生与教师之间的交流。通过在线讨论、群组活动等形式,学生能够分享彼此的学习经验、互相帮助解决问题,从而形成学习社区,增强学习氛围。此外,在线学习平台还提供了多种学习资源,包括教学视频、在线练习、电子教材等。这些资源通过多样化的形式呈现语言知识,使学生能够以更生动的方式学习英语,提高学习的趣味性和吸引力。总体而言,在线学习平台为英语学习者提供了更加便捷和丰富的学习体验,为个性化学习和互动式教学提供了有力支持。

(二)电子教材

电子教材的引入为英语教学带来了许多优势。首先,电子教材以数字化形式存在,学生可以通过电脑、平板或其他数字设备随时随地访问学习资料。这种便捷性有助于适应学生的学习习惯和节奏,提供更加个性化的学习体验。其次,电子教材的多媒体元素丰富了学习资源。通过音频和视频,学生可以更直观地接触英语语言的真实应用场景,提高听力理解能力。交互式练习则增加了学生的参与度,让他们在实践中巩固所学知识。此外,电子教材还具有更新和定制的灵活性。教师可以根据学生的水平和需求定制学习资源,随时更新教材内容以适应语言教学的发展和变化。总体而言,电子教材为英语学习提供了更灵活、生动和个性化的学习方式,促进了学生在语言技能上的全面发展。

(三)多媒体资源

多媒体资源在英语教学中的应用丰富了学习体验,为学生提供了更生动、直观的学习材料。首先,通过多媒体资源,学生可以接触到真实的语言环境和地道的语音表达。音频和视频的运用使学生能够听到不同口音和语速的英语,提高了他们的听力理解能力,同时增强了对语言文化的认识。其次,多媒体资源有助于提高学生的学习兴趣。丰富多彩的图像、生动的视频场景能够激发学生的好奇心和学习动力,使学习过程更具吸引力。这对培养学生对英语的积极态度和长期学习动力至关重要。另外,多媒体资源的互动性质也是其优势之一。学生可以通过多媒体平台参与互动练习,如语音录制、视频评论等,提高他们的口语表达能力,同时促进了学生之间的合作和交流。总体而言,多媒体资源在英语教学中的应用为学生提供了更加生动、有趣的学习体验,促使他们更主动地参与到语言学习中。

(四)虚拟实境教学

虚拟实境教学在英语学习中的应用带来了身临其境的学习体验,为学生提供了更加直观、沉浸式的语言学习环境。首先,虚拟实境技术使学生可以置身于虚拟场景中,仿佛身临其境。这种身临其境的体验可以模拟不同语境下的真实对话、文化体验,使学生更加深刻地理解和体验语言的使用方式。其次,虚拟实境教学强调互动性质。学生可以在虚拟环境中进行模拟对话、角色扮演等活动,与虚拟场景中的角色进行互动。这种互动不仅提高了学生的口语表达能力,还培养了他们在真实语境中运用语言的信心。另外,虚拟实境教学也有助于打破时空限制。学生可以通过虚拟实境技术访问远在他乡的文化场景,拓展了他们对不同文化的认知,促进了跨文化交流和理解。总体而言,虚拟实境教学为英语学习提供了一种全新的学习方式,通过模拟真实场景,激发学生的学习兴趣,提高了他们的语感和语言应用能力。

这些现代教育技术的应用不仅使英语教学更加灵活和创新,同时提供了更丰富的学习资源和方式。教师和学生可以通过这些技术更好地实现个性化教学，满足不同学生的学习需求，促进英语学习的全面发展。

三、个性化学习与教育技术

在探讨个性化学习与教育技术的主题下，我们可以深入了解现代教育技术如何为学生提供更加个性化的学习体验，以满足他们的独特需求和潜力。

（一）智能化学习系统

智能化学习系统是现代教育技术的重要组成部分，其核心在于利用数据分析、机器学习等先进技术，深入了解学生的学习特点，为其提供个性化的学习支持和建议。首先，智能化学习系统通过收集大量学生的学习数据，包括学科成绩、作业表现、在线学习活动等，建立学生的学习档案。这些数据形成了学生的学习轨迹，系统可以根据这些信息了解学生的学科水平、学习进度以及对不同知识点的掌握情况。其次，系统采用机器学习算法，通过对学生数据的分析，识别出学生的学习偏好和弱势环节。这些算法能够发现学生在哪些领域表现较好，哪些方面存在困难，从而为个性化学习路径的制定提供依据。通过这些智能分析，系统能够生成个性化的学习计划。例如，对于某一知识点，系统可以根据学生的掌握程度调整教学材料的难度，提供更详细或更简化的解释，确保学生在适宜的难度下学习。最后，智能化学习系统能为教师提供及时的反馈和建议。教师可以通过系统了解学生整体的学习情况，发现普遍存在的问题，从而调整教学策略，更好地满足学生的需求。综合来看，智能化学习系统通过深度数据分析和机器学习，为学生提供了更加个性化、有针对性的学习体验，提高了学习效果和学生的学习动机。

（二）学生水平的评估与定制

学生水平的评估与定制是教育技术在促进个性化学习方面的重要策略。这一过程通过定期对学生进行学术水平的评估，系统可以更全面地了解每个学生的学习状况，为其提供个性化的学习支持。首先，学生水平的评估可以包括多种形式的测评，如定期考试、作业表现、项目评估等。这些评估方式涵盖了学生在各个方面的学术表现，从而形成了一个全面的学生档案。基于学生的评估结果，系统可以分析学生在不同学科、不同知识点上的表现，找出他们的强项和薄弱点。通过这一分析，系统可以为每个学生建立个性化的学习档案，明确其学术水平和学科兴趣。然后，系统根据学生的评估结果，制订个性化的学习计划。对那些在某一知识点上掌握得较好的学生，系统可以提供更深入、拓展性的学习内容，以满足他们的学科兴趣和求知欲。对在某些知识点上掌握得较差的学生，系统可以调整教学策略，提供更详细、易理解的教材和解释，帮助其更好地理解和掌握知识。这一定制化的学习计划可以涵盖课程内容的难度、学习进度的安排、教材的选择等方面，确保学生在适宜的学习环境中进行个性化学习。这不仅有助于提高学生的学术水平，还能激发其学习兴趣，提高学习动机。总体而言，通过学生水平的定期评估与定制，教育技术可以更好地满足学生个性化学习的需求，为其提供更有针对性的教育支持。

（三）个性化学科选择与进阶

个性化学科选择与进阶是教育技术在教育领域中的一项关键应用。教育技术可以通过分析学生的学科兴趣、学科表现等数据，为他们提供个性化的学科选择建议。这有助于激发学生的学科兴趣，提高学科学习的积极性。基于学生的学科表现和潜力，教育技术可以进行个性化的评估，并提供进阶建议。这种个性化的推荐系统有助于引导学生朝着更具挑战性的学科方向发展，促使他们不断提升。教育技术可以根据学生的学习进展，自动调整学习路径和难度。这确保了学生在学科学习中能够获得适度的挑战，不会感到过于轻松或过于困难。系统可以提供实时反馈，帮助学生了解自己在不同学科上的表现，并根据反馈调整个性化的学科建议。这种实时性有助于及时调整学科学习策略。教育技术可以为学生提供多元化的学科选择，包括一些创新性和交叉学科，这有助于培养学生的综合能力和跨学科思维。个性化学科选择与进阶不仅提高了学生的学术水平，还有助于培养他们的兴趣和自主学习能力。这是现代教育技术为教育带来的积极变革之一。

(四)多样化的学习资源与活动

多样化的学习资源与活动在个性化学习中扮演着关键角色。教育技术可以根据学生的兴趣和学科需求,推荐多媒体学习资源,如在线视频、交互式模拟等。这种多样化的资源形式有助于满足学生不同的学习风格和喜好。个性化学习不仅限于课堂学科,还包括实践性活动。教育技术可以推荐符合学生兴趣的实践项目、实地考察等,促使学生将理论知识应用于实际情境,提高他们的实际能力。创建在线学习社区,让学生能够参与到有趣的学科讨论、项目合作中。这样的社区可以是一个多样化的学习空间,激发学生的合作和创造力。教育技术可以设计个性化的学习任务和挑战,根据学生的水平和兴趣设定目标。这有助于激发学生的学习动机,使他们更有目标感地参与学科学习。推荐适合学生兴趣的文化体验活动,如参观博物馆、参与语言交流活动等。这样的活动能够丰富学生的文化视野,提高他们的跨文化交际能力。通过提供多样化的学习资源和活动,教育技术可以满足学生个性化学习的需求,使他们在学科学习中更全面、更深入地发展。

(五)实时反馈与调整

实时反馈与调整是个性化学习中至关重要的一环。教育技术可以实时监测学生在各个学科的学习进度,了解他们的掌握情况。通过数据分析,系统可以生成学习进度报告,为学生和教师提供清晰的了解,从而更好地规划学习路径。教育技术可以对学生的学习表现进行实时评估。这包括对作业、测验、项目等的及时评分,帮助学生了解自己的优势和需要改进的方面。同时,教师可以根据评估结果提供有针对性的建议和支持。基于学生的实时表现和反馈,教育技术可以自动调整学习策略。例如,为学生推荐更适合他们水平的学习资源,调整难度适应他们的学习进度,以提高学习效果。教育技术可以生成个性化的学习建议,帮助学生改进学习方法,强化薄弱点。这种定制的建议有助于学生更有针对性地改善学业表现。教育技术通过收集学生反馈和学习数据,支持教师对教学策略进行优化。这有助于教师更好地理解学生的需求,提高教学的针对性和效果。通过实时反馈和调整，个性化学习得以更加灵活和贴近学生需求。学生和教师可以更积极地参与学习过程，形成良性的学习循环。

（六）个性化学习路径面临的挑战与解决方案

在探讨个性化学习路径时，确实存在一些挑战需要面临。个性化学习路径需要收集和分析学生的个人数据，这引发了数据隐私被泄露的担忧。解决方案包括采用先进的加密技术确保数据安全，明确告知学生数据的使用目的，并遵守相关的隐私法规。实现个性化学习路径需要强大的技术支持，包括大数据分析、人工智能等。解决方案包括不断提升教育技术的技术水平，确保系统的可扩展性和稳定性，以应对大规模用户的需求。对什么是真正的个性化学习不但存在不同的理解，而且实现起来可能会面临挑战。解决方案包括明确个性化学习的定义，建立共同的标准，并通过教师培训确保个性化学习的有效实施。不同学生的学科水平、学科兴趣可能差异很大，而学校和教育机构的资源有限。解决方案包括更加灵活的资源配置，针对不同需求提供差异化的支持，以确保资源的平衡使用。有些学生可能对个性化学习路径缺乏兴趣，或者不够主动参与。解决方案包括通过增加互动性、提供有趣的学习内容、鼓励学生自主学习等方式激发学生的兴趣和参与度。通过对这些挑战的认知并采取相应的解决方案，可以更好地推动个性化学习路径的发展和应用。

（七）教育技术在特殊教育领域的应用

特殊教育领域对教育技术的应用确实有很大的潜力，以下是一些可能的应用方向：利用教育技术，特殊教育领域可以为每个学生制订个性化的学习计划，根据其独特的学习风格和需求提供定制的学习资源。对有语言障碍或沟通障碍的学生，教育技术可以提供各种辅助沟通工具，包括语音识别、图像和符号通信等，以帮助他们更好地表达自己。利用虚拟现实技术，特殊教育可以提供虚拟现实治疗，帮助学生处理感觉问题、社交焦虑等，提高他们的生活质量。针对特殊教育学生在某些学科上可能面临的挑战，教育技术可以提供各种学科支持工具，包括数字化的数学工具、学科辅导软件等。特殊教育学生通常需要更多的自主学习机会，教育技术可以为他们提供在线学习平台，让他们在更舒适的环境中进行学习。另外，教育技术也可以用于培训特殊教育领域的教师，提供有关最新研究、最佳实践和个性化支持策略的培训课程。通过这些应用，教育技术有望为特殊教育领域的学生提供更为全面和有效的支持，促进其学习和发展。

（八）未来发展趋势与创新

展望未来，个性化学习与教育技术的发展趋势确实令人兴奋。以下是一些可能的创新方向和发展趋势：随着人工智能技术的不断发展，将更多的智能化和自适应元素整合到教育技术中，以更准确地理解学生的需求，并提供更为智能化的学习建议。虚拟现实技术将进一步整合到教育领域，提供更为身临其境的学习体验。学生可以通过虚拟现实与文学、历史等学科进行互动，促进更深层次的理解。教育技术将更强调跨学科学习，为学生提供跨学科的学习机会，培养综合性的思维和解决问题的能力。区块链技术可以用于建立透明、不可篡改的学历认证系统，为学生提供更安全、可靠的学历背书。教育技术将更加注重社交学习，通过在线平台促进学生之间的互动和合作，模拟现实社交环境。随着个性化学习需要大量学生数据，数据隐私保护将成为关键问题。未来的发展应该强调建立更为健全的数据隐私保护机制，确保学生数据的安全。这些发展趋势将为学生提供更为丰富、灵活和个性化的学习体验，提高整体学习效果。同时，教育机构和教育从业者需要密切关注这些趋势，以更好地应对未来教育的挑战和机遇。通过深入讨论这些方面，我们可以更全面地理解个性化学习与教育技术的关系，以及它们对教育体系的深远影响。

四、在线协作与英语教学

在线协作在英语教学中的应用是一个充满潜力的领域，教育技术可以极大地促进学生与学生、师生之间的互动和协作。

（一）远程团队项目

在运用远程团队项目时，教育技术的运用在其中扮演着至关重要的角色。首先，它为学生提供了在不同地理位置协作完成英语项目的机会。通过在线协作平台、视频会议和共享文档工具，学生可以跨越地域限制，共同参与项目的各个阶段。这种远程协作有助于培养学生的团队合作能力。他们需要学会有效地与远程团队成员沟通、协调工作，并解决可能出现的问题。这为他们未来在职场中与不同地区、不同文化背景的团队合作打下坚实基础。沟通技能是远程团队项目中不可或缺的一部分。由于缺乏面对面交流机会，学生必须更加注重书面和在线沟通的准确性和清晰度。这包括书写规范的电子邮件、有效利用聊天工具以及参与在线会议等方面。这对他们未来的职业发展至关重要，因为很多工作都依赖远程协作和在线沟通。另外，远程团队项目还为学生提供了跨文化交流的机会。通过与来自不同地区的同学合作，他们能够更好地理解不同文化的差异，培养尊重和包容的态度。这对生活在日益全球化的世界中的学生来说，是一项重要的技能。总的来说，教育技术通过支持远程团队项目，为学生提供了一个全新的学习体验。这种体验不仅培养了他们的团队合作能力和沟通技能，还为他们打开了跨文化交流的大门，为其未来的职业发展和学术生涯奠定了坚实的基础。

（二）虚拟班级的社交学习

在虚拟班级中，在线协作工具和社交学习平台发挥着关键作用，为学生提供了更广泛的社交学习机会。学生可以通过这些平台分享观点、展开讨论、共同解决问题，从而推动英语学习的深入。社交学习通过在线协作工具的使用变得更加灵活。学生能够随时随地连接，分享他们的想法和经验。这种实时性的互动促进了语言的实践，提高了口语表达的能力。讨论语言问题是社交学习中的一个重要方面。学生可以在虚拟班级中提出语言疑问，与同学共同探讨，获得即时的语言帮助。这样的互助氛围不仅有助于纠正错误，还促进了语言技能的提升。通过在线平台，学生能够共同解决各种难题。这不仅包括语言问题，还可能涉及学科知识。通过协作解决问题，学生培养了团队合作和创新思维的能力，同时可以提高其对英语学科的理解。多媒体资源在虚拟班级的社交学习中起到了重要作用。学生可以共享丰富的学习资源，如视频、音频、图片等，丰富了学习的内容，提高了学习的趣味性和深度。虚拟班级是一个建立社区感的地方。学生之间通过在线平台建立了联系，形成了一个紧密的学习社区。这种社交环境不仅有助于友谊的建立，还创造了一个积极的学习氛围。教师在虚拟班级中扮演重要的角色，通过在线平台提供反馈和指导，引导学生的学习方向。这样的教学模式强调了学生自主学习的重要性，同时为他们提供了必要的支持。综合而言，虚拟班级的社交学习通过在线协作工具和社交学习平台的有机结合，为学生创造了一个互动、合作和丰富多彩的学习环境，从而促进了英语学习的全面发展。

（三）在线协作工具的应用

在线协作工具在教育领域的应用为学生提供了丰富而高效的学习体验。以下是关于在线协作工具应用的一些观点：Google Docs 等工具允许学生实时协作编辑文档。学生可以共同撰写报告、项目、论文等，即便身处不同地点，也能同步查看和修改文档。利用在线白板，学生可以进行实时的协作性思维导图、草图绘制等活动。这有助于团队成员共同构建思路，激发创意，并在协作中解决问题。专门的协作编辑平台，如 Microsoft Teams 或 Slack，支持项目管理、任务分配和实时沟通。学生可以在这些平台上共同制作项目、分工协作，并及时获取反馈。在线协作工具实现了实时协作，学生能够迅速获得同伴和教师的反馈这有助于快速纠正错误、改进工作，并提高学习效率。学生不再受制于地理位置，可以轻松与来自世界各地的同学协作。这种全球协作培养了跨文化交流的技能，拓宽了学生的国际视野。在线协作强调实时沟通和任务分工，培养了学生的团队协作技能。学生学会了协调工作、理解他人观点，并共同推动项目的进展。这些工具提供了文档版本控制、历史记录等功能，方便学生在追踪项目的发展过程同时，教师能够更好地了解学生的参与程度和贡献。总体而言，教育技术中的在线协作工具为学生提供了更为灵活、高效的学习方式。通过实时协作和即时反馈，学生能够更好地合作学习，提高团队协作技能，并在全球范围内进行有意义的协作。

（四）语言交流平台

语言交流平台在教育中的运用为学生提供了更自由、实时的英语口语交流环境。以下是关于语言交流平台的一些综合观点：通过语音聊天室，学生可以随时进行实时的口语练习。这种实践有助于提高他们的语感、语音语调，并培养流利的口语表达能力。在线论坛提供了书面交流的机会，学生可以更深入地讨论话题，分享观点。通过书面交流，他们不仅可以提高写作技能，还可以增进对语言表达的深度理解。语言交流平台为学生提供了自主学习的机会，他们可以根据自己的时间表和兴趣参与交流。这种灵活性促使学生更积极地参与口语练习，加强学习的主动性。通过语言交流平台，学生能够与来自不同文化背景的人进行交流。这种跨文化的交流经验帮助学生更好地理解不同文化的语境和交际方式。在口语练习中，学生可以获得即时的反馈，了解自己的发音、用词是否准确。这种即时反馈有助于纠正错误、改进口语技能，提高语言沟通的效果。语言交流平台有助于建立一个语言学习社区，学生可以在这个社区中共同学习、互相支持。学生可以分享学习心得、推荐资源，从而共同提升语言水平。通过频繁的口语练习，学生逐渐建立起自信心，不再害怕用英语进行交流。这对提高学生在英语环境中的适应能力和自信度至关重要。总体来说，语言交流平台为学生提供了一个开放、自主、实时的语言学习环境。通过这些平台，学生可以更全面地提升英语交流技能，增强语感，更自信地应对语言沟通挑战。

（五）实时反馈与指导

在线协作平台的引入不仅极大地促进了学生之间的协作，同时为教师提供了实时监控和指导的途径。教师可以通过在线协作平台实时监控学生在项目中的协作过程。这使得教师能够观察学生如何合作、分工以及解决问题，从而更全面地了解学生的学术表现和团队合作能力。在线协作平台允许教师在学生进行协作的过程中提供即时反馈。这种反馈不仅有助于纠正错误，也能及时引导学生朝着正确的方向发展，促进学生的学习进步。教师可以定向指导学生在协作中的语言运用。通过指导学生选择更准确、地道的表达方式，教师能够提高学生的语言水平，帮助他们更好地理解和运用英语知识。教师可以在实时监控中发现学生的合作技能和团队协作中存在的问题。通过提供针对性的建议和鼓励，教师能够培养学生的协作技能，帮助他们更好地融入团队。在协作平台上，教师可以了解到每个学生的参与度和贡献。这有助于识别潜在的问题、鼓励积极参与的学生，并通过个性化的指导提升每个学生的学术表现。实时反馈和指导有助于教师更好地了解每个学生的学习需求。教师可以根据学生的实际表现提供个性化的建议，促进他们在学术和语言方面的个体发展。通过在线协作平台的实时反馈和指导，教师能够更灵活地支持学生的学习，不仅关注团队协作的过程，还关注个体学生的学术和语言发展，从而更好地推动学生英语学习的全面提升。

（六）跨文化教育体验

在线协作为学生提供了与来自不同文化背景的同学合作的机会，这种跨文化的教育体验对英语学习的综合发展有着积极的影响。通过与不同文化背景的同学合作，学生能够更深入地认知不同文化的差异。这种意识有助于他们更好地理解英语的使用背景，提高其对语言的敏感性和理解力。在跨文化协作中，学生需要倾听、尊重并适应不同文化的交际方式。这培养了他们的跨文化交际能力，提高了在多元文化环境中与他人有效沟通的能力。通过与来自世界各地的同学合作，学生能够拓宽自己的视野，了解不同国家和地区的风土人情，这对他们的国际化意识和全球视野的培养起到了积极作用。在跨文化协作中，学生可能面对不同口音、表达方式的语言挑战。共同解决这些问题帮助他们更好地适应多样化的语言环境，提高语言的灵活运用能力。通过在线协作，学生需要共同合作完成任务，这促进了团队合作的能力。同时，文化差异的融合使得学生在团队中学会尊重和包容，提高了团队合作的效率。与来自不同文化背景的同学合作，学生更容易置身于实际语境中，这种实践有助于他们更灵活地运用英语，适应不同场景下的语言表达需求。跨文化的教育体验使得学生在英语学习中不仅仅关注语言本身，还关注语言的实际使用场景和文化语境。这对培养学生的国际视野、拓展交际技能以及促进跨文化理解都具有重要的意义。

（七）项目驱动的英语教学

项目驱动的英语教学是一种注重实践和实际应用的教育方法，通过在线协作可以更好地实现这一目标。以下是关于项目驱动英语教学的综合观点：学生参与在线协作项目，能够获得更真实的项目体验。这种体验使得学生在实际应用中学习语言，培养了他们在实际场景中使用英语的能力。在项目中，学生需要协作解决各种问题，这不仅包括语言问题，还有关于项目本身的挑战，这培养了学生的团队合作和问题解决的能力，是一种更综合性的学习体验。在协作项目中，学生需要运用英语进行各种实际的沟通和交流。这种实践中的语言运用有助于提高学生的口语、写作和听力等多方面的语言能力。项目驱动的英语教学可以涵盖多个学科领域，使学生在语言学习的同时获得跨学科的知识。这有助于培养学生的多元思维和综合素养。在线协作项目提供了更丰富的语境，使学生更好地理解语言的使用场景。学生能够在实际项目中感受和理解英语的语境，提高了他们的语感和语境理解能力。项目驱动的教学允许学生选择符合自己兴趣的项目，实现个性化学习。学生对项目的投入度更高，更容易保持学习的积极性。通过参与真实项目，学生培养了终身学习的意识，将学到的知识和技能应用到其未来的职业发展中。这种实际经验对学生未来的职业生涯有着深远的影响。通过项目驱动的英语教学，学生不仅仅是学习语言知识，更是在实际项目中培养其解决问题的能力、团队合作技能以及终身学习的意识。这样的教学方法更贴近学生的需求，使得英语学习更具实际意义。

（八）自主学习与协作技能的培养

在线协作在培养学生自主学习和协作技能方面发挥了关键作用，对他们未来的学习和职业生涯具有重要意义。在线协作赋予学生更多的自主选择权，他们可以自主决定学习的方式、时间和内容。这种自主学习的环境激发了学生的学习主动性，培养了他们独立思考和解决问题的能力。在协作项目中，学生需要频繁沟通、协商和共同决策。这培养了他们在协作环境中有效沟通的技能，提高了团队合作的效率。协作项目中，学生面对各种问题，需要共同寻找解决方案。这培养了他们解决问题的能力，从而更好地应对其未来学习和职业中的挑战。学生在在线协作中学会了如何在团队中发挥自己的优势，理解和尊重团队成员的不同观点和能力。这种团队合作技能对其未来在职场中的协作和领导能力的培养至关重要。在线协作教会学生如何有效地使用各种协作工具,包括聊天平台、在线文档编辑等。这为他们提供了未来在工作中协作的技术基础,培养了数字时代的工作技能。在协作环境中,学生可能会与来自不同文化背景的同学合作。这有助于学生学习和适应多元文化,提高其在国际化环境中的工作和生活能力。自主学习和在线协作培养了学生的持续学习意识,使他们习惯于不断地学习和适应新知识。这是应对未来社会变革和职业领域快速发展的重要素养。通过在线协作,学生不仅仅是在学习英语,更是在培养一系列对未来成功至关重要的自主学习和协作技能。这种培养不仅促进了语言能力的提高,也为学生全面发展打下了坚实的基础。

通过将在线协作与英语教学相结合,教育技术不仅提高了学生的英语水平,还培养了他们在数字时代需要的团队合作和创造力。

五、教育技术对英语教学模式的影响

现代教育技术在英语教学领域的引入对传统教学模式产生了深远的影响,其中包括翻转课堂、在线直播授课等新模式。

(一)翻转课堂模式

翻转课堂通过在家学习课程内容,课堂时间用于讨论和实践,提高了学生的学习动机。学生可以在个人节奏下学习,更多参与实际运用英语的活动,激发了学习兴趣。教师转变为引导者和支持者的角色。他们更注重指导学生解决问题、深化理解,而非简单地传授知识。教师需要更加关注学生的个体差异,提供个性化的指导。

(二)在线直播授课模式

在线直播授课模式通过实时互动和多媒体资源,使学生更容易保持专注。学生可以随时提问,获得及时反馈,增加了学习的积极性。教师成为虚拟课堂中的主持人,需要善于运用多媒体工具、激发学生兴趣。与学生的互动更加直接,需要具备在线教学技能,灵活运用不同教学资源。

(三)个性化学习平台

个性化学习平台允许学生根据自己的兴趣和水平进行学习,提高了学习的自主性。通过个性化的学习路径和内容,学生更有动力参与学习。教师需要更多关注学生的学习进展,提供个性化的指导。他们可以利用学习分析工具更好地了解学生的需求,调整教学策略,发挥更多的辅导和引导作用。

(四)虚拟实境和增强现实

虚拟实境和增强现实为学生提供沉浸式的学习体验,增加了趣味性和参与感。学生通过亲身体验英语语境,更容易产生学习兴趣。教师需要善于整合虚拟实境和增强现实技术,设计相关的学习场景。他们需要引导学生在这些环境中学习,确保学习的质量和深度。

(五)社交媒体和在线协作工具

社交媒体和在线协作工具促进了学生之间的互动和合作。学生通过分享、讨论,建立了学习社区,提高了学习的社交性和趣味性。教师成为学生社交学习的引导者,需要监督和鼓励学生在线协作。另外,教师也可以通过社交媒体了解学生的反馈,更好地调整教学策略。

总体而言,教育技术的发展为英语教学带来了更灵活、个性化的模式,影响了学生学习动机和教师的角色。教育者需要不断适应和采纳这些新模式,以更好地满足学生的需求,促进英语学习的全面提升。

第二节 互动式教学与学生参与

一、教学设计

在教学设计层面,确保一个有利于互动和学生参与的学习环境需要考虑以下几个关键因素：教学设计的第一步是明确学习目标。明确的学习目标有助于指导课程内容和活动的设计，使学生能够理解预期的学习成果。学习目标也应该与培养学生的批判性思维、解决问题能力等相关联。设计清晰的课程结构有助于学生更好地理解学科内容。合理的课程结构可以包括引入、知识点讲解、互动环节、实践活动等。确保每个环节都有明确的目的，使学生在整个课程中保持参与度。引入问题解决任务是互动式教学的一部分。设计具有挑战性的问题，激发学生思考，鼓励他们在解决问题的过程中运用所学知识。这种任务能够培养学生的问题解决和分析能力。不同的教学方法适用于不同的学科和学习目标。例如，小组讨论、角色扮演、实验室活动等都是促进互动的有效方法。教师应根据课程内容和学生特点选择合适的教学方法，并灵活运用它们。另外，教学设计还包括选择和创建创造性的学习资源，如多媒体演示、案例研究、模拟游戏等。这些资源能够激发学生的兴趣，使学习更生动有趣。考虑到学生的多样性，教学设计应鼓励不同方式的参与，包括口头表达、书面表达、图形表示等。这样可以满足不同学生的学习风格和需求。教学设计不仅关注知识传递，还应注重激发学生的兴趣和好奇心。通过引入引人入胜的实例、引导学生提出问题等方式，使学生更主动地参与到课程中。通过综合考虑这些因素，教师可以设计出一个既能够传授知识又能够激发学生主动学习动机的教学计划。

二、教学方法

在互动式教学中，教学方法的选择对激发学生思考和参与至关重要。小组讨论是一种促进学生合作和交流的有效方法。通过将学生分成小组，可以创造出一个相对轻松的氛围，鼓励他们分享观点、互相学习。教师可以提供引导性问题，激发深入的讨论，同时培养学生团队协作的能力。通过角色扮演，学生能够在模拟场景中运用所学知识。这种方法有助于提高学生的实际应用能力和解决问题的技能。角色扮演也可以增加学习的趣味性，使学生更容易投入学习中。案例分析是一种将理论知识应用到实际情境的方法。通过分析真实或虚构的案例，学生能够理解理论与实践之间的联系。这有助于培养学生的分析和判断能力，使他们能够面对复杂的问题时做出明智的决策。引入问题解决任务能够激发学生主动思考和动手解决问题的能力。这种方法强调实际应用，培养学生的创新思维。教师可以设定开放性的问题，鼓励学生通过合作和研究找到解决方案。反向教学是一种颠覆传统教学方式的方法，其中学生在课堂上参与问题解决、讨论，而在课堂外学习相关概念。这种方法倡导学生在课堂上成为知识的创造者，而不仅仅是接受者，从而提高学生的主动参与度。游戏化学习通过引入游戏元素，如竞争、奖励机制，激发学生的积极性。这种方法可以增加学习的趣味性，同时培养学生的团队协作和问题解决能力。结合多媒体资源，如视频、动画等，可以使教学更具吸引力。多媒体互动能够满足学生对视觉和听觉的感知，提高信息的传递效果，使学习更加生动。在选择教学方法时，教师需要考虑学科特点、学生的学习风格以及课程目标。灵活运用不同的教学方法，可以更好地满足学生的多样化学习需求，提高他们的学习效果。

三、技术应用

在技术应用层面，如何充分利用现代技术来支持互动式教学是至关重要的。利用在线讨论平台，教师可以创建虚拟的学习社区，使学生能够在课后或课堂之外进行深入的讨论。这种互动方式不受时间和地点的限制，有助于培养学生的批判性思维，同时增进同学之间的交流。对科学、工程等实验性学科，虚拟实验室是一种重要的技术应用。它可以使学生在虚拟环境中进行实验操作，观察实验结果，从而弥补传统教室实验受到的时间和资源限制。利用多媒体资源，如视频、动画、图表等，可以生动地呈现抽象的概念，提高学生对知识的理解。多媒体的应用使得教学内容更具吸引力，有助于激发学生的学习兴趣。利用在线评估工具，教师可以实时了解学生的学习进度和理解程度。这为个性化的学习提供了支持，教师可以根据学生的反馈进行及时调整教学策略，满足不同学生的需求。利用人工智能技术，可以开发智能辅助学习系统，根据学生的学习风格和水平提供个性化的学习建议。这种系统可以在课堂内外为学生提供定制化的学习体验。VR 和 AR 技术可以提供沉浸式的学习体验。学生可以通过虚拟现实体验历史事件、探索科学现象，或通过增强现实在实际场景中学习。这种技术应用可以激发学生的好奇心，提高他们的学习动机。利用在线协作工具，学生可以远程协作完成项目和任务。这种方式不仅培养了学生的团队协作能力,也使他们学会有效地利用技术来解决实际问题。通过技术应用,教学可以更贴近学生的生活方式,提供更多元化、灵活化的学习体验,同时为教师提供更多的教学工具和资源。这不仅提高了教学效果,也促进了教育的创新和发展。

四、学生参与的层次

学生参与的层次可以分为不同深度和类型,涵盖认知、情感和行为等方面:这一层次的参与主要表现在学生对课程内容的表面接触,包括出席课堂、完成作业和考试等。学生在这个层次上被动地接收信息,参与程度较低。在认知层次上,学生更深入地参与到学习过程中。这包括主动提出问题、参与课堂讨论、进行个人或小组研究等。学生在这个层次上更积极地思考和分析知识,展现出对学科的理解。学生的情感参与涉及他们对学科的兴趣、热情和情感投入。这可能表现为对某一主题的热爱、对问题的关注,以及在学习中体验到的乐趣。情感层次的参与有助于形成积极的学习态度。更深层次的学生参与包括批判性思考和创造性的贡献。学生不仅仅可以理解和接收知识,还能够对知识进行评估、比较和创新性地应用。这种参与形式培养了学生的分析和解决问题的能力。学生在实践性参与中将理论知识转化为实际行动。这可以通过参与实践项目、实习、实地考察等方式实现。实践性参与有助于学生将所学知识应用于实际情境,提高他们的实际操作能力。在这一层次上,学生不仅是课堂的参与者,还是自主学习的主体。他们能够制订学习计划、追求自己感兴趣的领域,并在学习过程中发挥领导力。自主学习培养了学生的独立性和自我管理能力。通过引导学生逐步从表面层次向更深层次发展参与,教育可以更全面地促进学生的学习。教师在设计课程和教学活动时,可以考虑如何引导学生在不同层次上参与,以达到更全面的教育目标。

五、评估和反馈

评估和反馈在互动式教学中扮演着关键的角色,它们不仅仅是评定学生学习成果的工具,还是引导学生更深入参与学习的手段。评估学生的参与应该是多维度的,涵盖知识掌握、参与度、团队协作等方面。不仅仅关注单一的学科知识,还应考查学生在解决问题、与他人合作、批判性思考等方面的表现。形成性评价强调在学习过程中提供及时的反馈,以帮助学生纠正错误和改进学习方法。通过课堂测验、小组项目评估等形式,教师可以迅速了解学生的学习进展,为他们提供及时的指导。鼓励同学之间的互相评价,也可以促进合作学习和团队协作。通过同行评价,学生可以从不同的角度看待问题,并从他人的反馈中获得新的见解,提高他们的综合能力。学生参与互动式教学的过程中,应鼓励他们进行自我评价,并设定个人学习目标。通过反思自己的学习过程,学生可以更好地了解自己的学习风格和需求,有针对性地调整学习策略。利用技术工具,如在线投票系统、即时问答平台等,可以在课堂上实时收集学生的反馈。这种及时的反馈有助于教师调整教学方法,满足学生的学习需求。针对每个学生的不同需求,提供个性化的反馈,包括对个人表现的具体评价、提供额外资源或挑战性任务等。个性化反馈有助于激发学生的学习动力。在学期末或学习周期结束时,进行综合性的总结和回顾。这既可以是学生自己对学习过程的回顾,也可以是教师对整体教学效果的评估。通过定期总结,学生和教师可以共同发现改进的空间。通过综合利用这些评估和反馈的手段,教师可以更全面地了解学生的学习情况,同时学生能够更有针对性地调整学习策略,实现更深层次的学习参与。

  这些层次相互交织,共同构建了一个促进互动和学生参与的教学体系。有了这个层次性的理解,教师可以更有针对性地改进教学实践,提升学习效果。

第三节 个性化学习与英语教育

一、了解学生的学习风格和需求

了解学生的学习风格和需求对个性化学习至关重要。在英语教育中，这涉及以下几个方面：

不同的学生可能有不同的语言习得方式。一些学生可能倾向通过听力和口语来学习，而另一些可能更偏好阅读和写作。了解学生的习得偏好有助于教师为其提供更贴合其个体差异的学习资源和活动。学生在掌握英语知识和技能的速度上有所不同。一些学生可能需要更多的时间来消化新的语法规则，而另一些可能能够更快地掌握。个性化学习考虑到学生的学习节奏，使教学更具灵活性。

学生对不同主题和内容可能有不同的兴趣。个性化学习可以根据学生的兴趣设置课程内容，使学习更加吸引人。例如，如果学生对音乐感兴趣，可以引入与音乐相关的英语学习素材。了解学生的学科偏好和应用背景有助于将英语教育融入他们的实际生活和职业发展中。例如，工程专业的学生可能更关注与工程领域相关的英语表达和沟通。每个学生学习英语的动机和目标都可能不同。有些学生可能学习英语是为了在国际上更好地交流，而另一些可能是为了学术或职业需求。了解学生的学习动机和目标有助于制订个性化的学习计划。不同的学生对反馈的接受方式也有所不同。有些学生可能更喜欢直接的、具体的反馈，而另一些可能更喜欢间接的、鼓励性的反馈。了解学生对反馈的喜好有助于提供更有效的指导。通过深入了解学生的个体差异，教师可以更有针对性地设计教学活动和提供学习资源，从而提高学生的学习效果和满意度。这种关注学生个性的教学方式能够使英语学习更为贴近学生的实际需求和兴趣。

二、创造灵活的学习路径

创造灵活的学习路径是个性化学习的核心。在英语教育中,这涉及以下关键方面:学生在英语水平上有很大的差异,因此个性化学习需要根据学生的实际水平设计学习路径。对初学者来说,可能需要强调基础词汇和语法的学习;对高级学生来说,则可以注重语言的细致运用和深层次的语境理解。了解学生的兴趣爱好,将英语学习与他们关心的主题和领域结合起来。这可以通过引入相关主题的文章、视频、音频等素材,激发学生的学习兴趣。例如,如果学生对体育感兴趣,可以以体育为主题展开英语学习。考虑学生的学科偏好,将英语学习与其他学科整合。这有助于提高学生对英语在实际应用中的认知。例如,结合英语写作和历史学科,让学生通过写作了解并表达对历史事件的看法。利用不同的教学媒体,包括音频、视频、图像等,满足学生的多感官学习需求。一些学生通过听力更容易理解,而另一些可能通过视觉更好地掌握知识。为学生提供多元化的学习资源,创造更加丰富的学习体验。设计涵盖不同学科的学习活动,让学生在实际问题解决中运用英语。例如,组织小组讨论、实地考察、模拟项目等,使学生在语言运用中获得更多的实践经验。为每个学生设计个性化的学习任务和项目,根据他们的学科偏好和职业兴趣,这可以包括独立研究、创作项目、实际应用等,使学生在实践中提高语言能力。允许学生按照自己的学习速度前进。一些学生可能需要更多的时间来深入理解,而另一些可能会更快地掌握知识。提供自主学习的机会,让学生能够根据自己的进度学习。通过创造灵活的学习路径,教师可以更好地适应学生的个体差异,激发学生的学习热情,提高他们的学习效果。这种个性化的学习方式有助于培养学生更深层次的理解和运用英语的能力。

三、利用技术支持

利用技术支持是提升个性化学习效果的关键因素。在英语教育中,技术可以为学生提供更灵活、有趣且个性化的学习体验。以下是技术支持方面的几个重要方面:利用在线学习平台,教师可以创建虚拟学习环境,提供各种学习资源，包括文本、音频、视频等。这些平台通常具有个性化学习功能，能够根据学生的学习进度和表现调整教学内容，提供定制的学习路径。语言学习应用程序为学生提供了随时随地学习的机会。这些应用程序通常结合了游戏化元素，通过互动和反馈激发学生的学习兴趣。一些应用程序还能根据学生的学习历程调整难度，提供个性化的练习和挑战。利用多媒体资源，如视频、音频、图像等，生动地呈现英语学习内容。这有助于满足不同学生的多样化学习风格，提高学生对抽象概念的理解。教师可以选择适合学生水平和兴趣的多媒体资源，增强学习效果。利用在线协作工具，学生可以远程合作完成项目和任务。这种方式不仅促进了学生之间的合作，也为个性化学习提供了更多灵活的学习机会。学生可以通过协作平台分享资源、互相提供反馈，共同创造知识。对英语学习来说，虚拟实验室和沉浸式体验是创新的教学方式。通过虚拟实验室，学生可以在虚拟环境中进行实践操作，提高他们在真实情景中应用英语的能力。沉浸式体验则通过虚拟现实（VR）或增强现实（AR）技术提供更丰富的学习体验。利用人工智能技术，开发智能辅助学习系统。这些系统可以根据学生的学习风格、弱点和优势提供个性化的学习建议。通过智能辅助学习系统，学生可以更有针对性地进行学习，填补知识和技能的差距。利用在线评估工具，教师可以实时了解学生的学习进度和理解程度。这有助于及时调整教学策略，为学生提供个性化的支持和反馈。通过技术支持，英语教育可以更好地适应学生的个性差异，提供更丰富、有趣和有效的学习体验。这种个性化学习方式能够更好地满足学生的学习需求，提高他们的学习动机和成就感。

四、引导自主学习

引导学生成为自主学习者是个性化学习的核心目标。在英语教育中，教师可以通过以下方式培养学生的自主学习能力：鼓励学生参与制定明确的学习目标，这有助于激发他们的学习动力。学生可以根据自己的需求和兴趣设定短期和长期的学习目标，如提高听力技能、扩展词汇量等。引导学生制订个性化的学习计划，根据他们的学习目标和时间安排，包括每周的学习任务、阅读计划、语法练习等。学生参与计划的制订，提高了他们对学习过程的主动性。教师可以向学生推荐各种学习资源和工具，包括在线课程、教学视频、语言学习应用等。为学生提供多样化的学习资源，使他们能够根据自己的兴趣和学习风格选择适合的内容。鼓励学生进行自主阅读和研究，探索他们感兴趣的主题，这可以通过推荐相关书籍、文章，或者提供学术期刊和在线资源来实现。自主阅读培养了学生对知识的主动追求和深度理解。鼓励学生参与自主学习项目，如创作英语文章、制作学习日记、参与语言角等。这样的项目可以让学生在实践中运用所学知识，增强他们的语言表达和交流能力。在学生进行自主学习的过程中，教师可以定期提供反馈和指导，这有助于学生了解自己的学习进展，发现潜在问题，并得到及时的纠正和建议。教导学生养成学习反思的习惯，让他们在学习过程中思考和总结。这包括对学习任务的评估、对学习策略的反思，以及对目标的调整。学生通过反思，能够更有针对性地优化学习方法。通过引导学生成为自主学习者，教师能够激发学生的学习主动性和责任感，使其在英语学习中取得更为长久和深刻的成果。这种培养自主学习能力的方法为学生未来的终身学习奠定了基础。

五、多元化的评估方式

多元化的评估方式对了解学生的真实水平和能力起到了至关重要的作用。在英语教育中，采用不同形式的评估可以更全面地了解学生的语言能力和综合素养。通过口语演讲评估学生的口语表达能力，可以包括个人演讲、小组讨论，甚至是模拟真实场景的口语表达。口语演讲评估不仅考查了学生的语言运用能力，还能够观察其表达清晰度、语调和流利度。让学生提交写作集锦，其中包括他们在一段时间内完成的不同类型的写作作品，包括议论文、记叙文、评论等。写作集锦评估能够展示学生的文体多样性、语法运用和创造性表达。设计项目作业，要求学生在一个主题或课程范围内展开研究和实践。这种形式的评估不仅考查学生的学科知识，还要求他们运用英语进行有效的沟通。项目作业可以是团队合作的，进一步培养学生的合作和沟通能力。引入实际应用任务，让学生在真实场景中运用英语，包括模拟商务会议、社区活动中的英语交流等。实际应用任务评估能够检验学生在实际生活中运用英语的能力。鼓励学生进行同行评价，让他们相互检查和提供反馈，这有助于培养学生的批判性思维和团队合作能力。另外，同行评价也可以从不同的角度为教师提供更全面的评估信息。将英语学习与其他学科整合，设计跨学科的评估任务。这有助于评估学生在应用英语知识解决实际问题时的能力，同时促使他们将英语学习与其他学科知识结合起来。鼓励学生进行自我评价，并设定个人学习目标。学生可以通过反思自己的学习过程，评估自己的优势和不足，并设定下一阶段的学习目标。通过采用多元化的评估方式，教师可以更全面地了解学生的整体表现，同时激发学生的学习兴趣和动力。这种综合性评估有助于培养学生的多方面能力，超越纯粹的语法和词汇掌握。

六、个性化反馈

个性化反馈是个性化学习中确保学生进步的重要环节。在英语教育中，个性化反馈可以通过以下方式实现：为每个学生提供定制化的反馈，根据其个体差异和学习目标。反馈内容可以涵盖语法错误、发音改进、词汇扩展等方面，确保学生能够有针对性地改进。提供具体而详细的建议，指导学生如何改进。例如，不仅指出一处错误，还解释为什么是错误，给予相应的例子，并提供改正的方法。这样的反馈有助于学生更深刻地理解并避免相似错误。强调每个学生的个性化进步，鼓励他们在语言运用中展现个性。通过肯定学生在表达中的独特之处，激发他们的自信心，促使他们更愿意参与学习。将反馈与学生设定的学习目标联系起来，确保反馈有助于实现这些目标。这有助于学生明确自己的学习方向，使反馈更具导向性和实际意义。利用多种反馈方式，包括书面评论、口头反馈、电子反馈等。不同形式的反馈能够满足不同学生的接受方式，提高反馈的效果。鼓励学生与教师进行反馈交流，提供他们对教学方法和反馈方式的看法。建立开放的反馈沟通机制，使学生感到他们的声音被听到，并有机会参与课程的改进。定期进行学生表现的评估，提供反馈，并与学生一同讨论他们的学习进展。周期性的反馈有助于保持学生的学习动力，使其保持对学习的关注。引导学生进行自我评价，让他们主动参与评估过程。学生通过自我评价可以更好地认识自己的强项和待提高的方面，有助于制订下一步的学习计划。通过个性化反馈，教师可以更有针对性地引导学生的学习，促使他们在语言学习中不断进步。这种个性化的关怀和指导有助于建立积极的学习氛围，提高学生的学习效果。

七、融入文化元素

融入文化元素是使英语学习内容更为丰富和生动的一种方式。在个性化学习中，可以根据学生的兴趣和背景，注入更多文化元素，使学习体验更具深度和趣味。选择来自英语国家的文学作品，如小说、诗歌、短篇故事等，让学生通过阅读深入了解英语国家的文学传统。这不仅帮助提高语言水平，还能拓展学生的文化视野。在教学中介绍英语国家的历史和社会文化背景，让学生更好地理解语言的发展和使用背后的文化脉络。可以通过讨论历史事件、社会风貌等方式，使语言学习更加贴近实际应用。利用英语国家的电影和音乐作为学习材料，通过观影和聆听提高学生的听力技能。同时这也是一种了解文化、俚语和口语表达的有趣方式。组织文化交流活动，如与英语为母语的学生进行语言交流，了解彼此的文化差异，这可以通过在线平台、合作项目或学术交流等方式实现。利用语言游戏和角色扮演活动，让学生在模拟情境中运用语言，这可以包括模拟英语国家的日常交流、商务场景等，让学生在真实的语境中体验文化表达。介绍英语国家的当地习俗和节庆，让学生了解不同文化的庆祝方式和传统活动，这可以通过视频、图片、故事等形式呈现，增加学习的趣味性。利用虚拟技术进行文化之旅，让学生通过虚拟实境或在线资源亲临英语国家的文化场景。这种虚拟体验可以激发学生的好奇心，使学习更加生动。通过融入文化元素，不仅可以提高学生的语言水平，还能够培养他们对英语国家文化的兴趣和理解。这种个性化学习方式有助于使学习更具深度、灵活性和趣味性。

通过将个性化学习原则融入英语教育，可以更好地满足学生的差异化需求，提高他们的学习动机和成就感。这种方法能够使英语教学更具包容性，使每个学生都能够在其独特的学习路径上取得成功。

第四节　任务型教学法与语言技能发展

任务型教学法是一种强调学生在真实任务中运用语言的教学方法。它不仅关注语言的形式，更注重语言的功能和运用能力。

一、语言技能的整合

在任务型教学法中，语言技能的整合是一项至关重要的原则。任务型教学旨在培养学生在真实语境中综合运用语言的能力，包括听、说、读、写各个方面。通过完成真实的任务，学生能够在不同语境中提高他们的交际能力。首先，听力技能。在任务型教学中扮演着关键的角色。学生通过模拟真实对话、听取指令并执行任务等活动，提高他们从口语中提取信息的能力。这样的实践使学生更有信心在实际生活中理解和回应口头信息。其次，口语表达是任务型教学中不可或缺的一部分。通过合作性口语任务，如小组讨论、角色扮演，学生能够积极表达观点、协商解决问题，从而提高口头表达的流利性和准确性。任务驱动的口语练习使学生能够在实际情境中更自如地运用语言。其次，阅读理解是整合语言技能的重要组成部分。任务型教学中的阅读任务通常要求学生解决问题、获取信息，通过这些任务，学生能够培养更深层次的阅读理解能力。阅读任务的设计使学生能够将阅读技能应用于实际问题的解决中。最后，书面表达。在任务型教学中同样得到强调。任务导向的写作活动使学生能够通过解决问题、提出建议等任务，更好地理解并运用书面语言。反馈和修正机会则为学生提供了改进书写技能的机会，促使他们更有效地表达想法。总体而言，任务型教学法通过综合性的语言运用培养学生在不同语境中的交际能力。这种整合语言技能的方法更符合实际语言运用的需求，使学生能够更自信、更灵活地运用所学语言。

二、真实语境的模拟

任务型教学的一个核心特点是在学习中模拟真实语境。这种模拟真实场景的做法有助于学生更好地理解和运用所学的语言知识。首先,通过在任务中模拟真实场景,学生被置于实际语言使用的环境中。这样的环境提供了一个更贴近日常生活或实际工作的学习体验。例如,一个模拟购物对话的任务可以让学生在虚拟的购物场景中练习交际和应对各种购物情境。其次,真实语境的模拟有助于提高学生的语言运用能力。在任务中,学生不仅需要理解语言的表面意义,还需要理解语境中的信息,考虑适当的回应和表达方式。这样的综合性练习促使学生更灵活地运用语言,而不仅仅是记忆单词和语法规则。再次,任务型教学中真实语境的模拟可以激发学生的学习兴趣。通过将学习置于实际情境中,学生更容易产生对学习的兴趣和动机。例如,通过模拟一个旅游规划的任务,学生可以感受到实际旅行中所需的语言技能,从而更积极地投入学习。最后,真实语境的模拟有助于培养学生的跨文化交际能力。任务可能设计成涉及不同文化背景、社交场合或专业领域的情境,使学生能够更好地适应多元化的交际环境,提高他们的文化敏感性。总体而言,通过任务型教学中真实语境的模拟,学生能够在更贴近实际生活和工作的环境中学习和运用语言。这种学习方式有助于提高学生的实际交际能力,培养他们在不同语境下适应和应用语言的能力。

三、沟通能力的提升

任务型教学的设计强调学生在交际中的主动参与,这对提升沟通能力起到了关键作用。首先,通过合作性的任务,学生被鼓励在小组或伙伴关系中交流和合作。在任务型教学中,学生需要不断表达自己的观点、分享想法,并与他人合作解决问题。这种协作方式激发了学生的主动性,促使他们更自如地运用语言进行交流。其次,任务型教学的任务通常设计为需要学生共同讨论、协商解决问题的形式。通过这些讨论性的任务,学生在表达自己的观点的同时,需要倾听和理解他人的意见。这有助于提高学生的听力理解能力，培养他们倾听和理解他人观点的技能。再次，在任务型教学中，学生在完成任务的过程中需要进行口头表达，这提高了他们的口头表达能力。通过解决问题、讨论话题，学生能够更流利地表达自己的观点，提高口头表达的准确性和自信心。最后，任务型教学注重真实场景的模拟，这使得学生在任务完成中更贴近实际生活，提高了他们在实际交际中的沟通能力。例如，模拟商务谈判的任务可以让学生在虚拟的商业场景中练习专业用语和商务沟通技能。总体而言，任务型教学通过注重学生之间的交流和合作，使学生在实际任务中不断提升口头表达和听力理解的能力。这种强调实际应用的教学方式有助于培养学生更为全面的沟通技能，使他们能够更成功地在各种语境中进行有效的交流。

四、个性化学习的支持

在任务型教学法中，注重学生的个性化学习是为了更好地满足每位学生的需求和兴趣。首先，任务型教学法允许学生在任务中展现个性。任务的设计通常允许学生选择与其兴趣和经验相关的主题或情境。例如，在模拟旅行规划的任务中，学生可以选择感兴趣的目的地，使任务更贴合他们的兴趣领域。其次，任务型教学法鼓励学生根据自己的兴趣和风格完成任务。这意味着学生可以在任务中发挥自己的创造性，选择适合自己的方法和策略。这种个性化的学习方式使学生更有主动性，更愿意投入到学习活动中。再次，个性化学习支持有助于激发学生的学习兴趣。当学生能够选择与自己兴趣相关的任务时，他们更有可能对学习感兴趣。这种兴趣驱动的学习方式能够提高学生的学习动机，使他们更愿意投入时间和精力。最后，个性化学习支持也有助于适应学生的学习风格。不同的学生有不同的学习偏好和方法。任务型教学法允许学生以适应自己学习风格的方式完成任务，使他们更容易理解和吸收知识。总体而言，个性化学习的支持是任务型教学法的一个重要特点，它通过允许学生在任务中展现个性，选择兴趣相关的主题，提高学生的学习动机和兴趣。这种注重学生个性的教学方式有助于创造更积极、更有成效的学习环境。

五、反馈和修正机会

在任务型教学中，反馈和修正机会是一个重要环节，有助于学生在语言学习过程中不断提高。首先，任务型教学的任务通常设计成具体的、实际的情境，学生在完成任务后会接受针对性的反馈。这种反馈不仅关注学生对任务完成的情况，还关注他们在语言运用中可能存在的错误或不足之处。例如，在完成一项角色扮演任务后，学生可能会收到有关发音、用词或语法的反馈。其次，反馈和修正机会鼓励学生自主地关注语言的准确性。通过及时的反馈，学生能够识别并理解他们的语言错误，从而更有针对性地进行修正。这促使学生在下次使用相似语言结构时能够更加准确地运用。再次，任务型教学的反馈机制有助于个性化的语言学习。不同学生可能在不同的方面出现语言上的困难，而个性化的反馈能够帮助他们针对性地进行语言修正。这种个性化的反馈有助于学生更全面地改善他们的语言技能。最后，反馈和修正机会使学生养成自我监控和自我修正的习惯。通过在语言使用中不断接受反馈，学生逐渐发展起对自己语言表达的敏感性，主动纠正错误，提高自己的语言水平。总体而言，任务型教学中的反馈和修正机会是一个有力的工具，有助于学生在语言学习中持续改进。通过及时的反馈，学生能够更深入地理解语言，纠正错误，并在实际语境中更准确地运用所学。

六、问题解决和创意表达

在任务型教学中，问题解决和创意表达是学生在任务完成过程中的关键能力。首先，任务型教学的设计通常注重学生解决实际问题的能力。任务可能设计成需要学生分析问题、提出解决方案或进行决策的形式。通过解决问题的任务，学生被鼓励运用所学的语言知识，理清思路，进行逻辑思考，提高他们的思辨能力。其次，任务型教学注重激发学生的创造性表达。任务可能要求学生发表独立见解、提出创意方案或进行创造性的口头表达。例如，在模拟辩论的任务中，学生需要以有力的论据支持自己的观点，这种创造性的表达能力对提高学生的口头表达水平非常关键。再次，问题解决和创意表达的任务有助于提高学生的写作能力。通过书面表达任务,学生被鼓励以清晰、逻辑的方式表达自己的观点。这有助于培养学生在书面表达中思辨、创新的能力。最后,任务型教学中问题解决和创意表达的任务促使学生在实际语境中应用语言知识。这种实际应用有助于学生更深入地理解和掌握所学的语言,提高他们在真实情景中的语言运用能力。总体而言,问题解决和创意表达是任务型教学中的核心元素,通过这样的任务,学生在语言学习中不仅提高了解决问题的能力,还培养了创造性表达的技能。这种注重实际应用的教学方式有助于培养学生更全面的语言能力。

七、自主学习的培养

在任务型教学中,培养学生的自主学习能力是一个重要目标。以下是关于自主学习培养的更详细说明:首先,任务型教学通过任务的设计激发学生的主动性。在任务中,学生需要自主查找相关信息、分析问题,并独立或合作解决任务。这种主动参与的过程培养了学生独立思考和学习的能力。其次,通过任务完成的过程,学生被鼓励在实际情境中应用所学的语言知识。这种实际应用不仅提高了语言运用的效果,还促使学生主动寻找适当的语言资源,培养了他们在实际问题中独立学习的意识。再次,任务型教学注重学生的合作和分享。学生在任务中可以合作完成,互相协助,分享资源和经验。这种合作不仅培养了团队合作精神,也激发了学生通过互动学习的自主性。最后,任务型教学鼓励学生设定学习目标和计划。在任务中,学生需要设定完成任务的目标,并制订实际可行的学习计划。这种自主的学习规划有助于培养学生对自己学习过程的管理能力。总体而言,任务型教学通过强调实际任务的完成,培养学生的自主学习能力。学生在任务中需要主动思考、主动学习,这有助于形成他们自主学习的习惯和态度。这种自主学习的培养方式有助于学生更全面地掌握语言知识,并在实际生活中更有效地运用所学。

八、文化元素的融入

文化元素的融入是任务型教学中一个重要的方面,它有助于丰富学生的语言学习体验,提高他们的跨文化交际能力。首先,任务型教学通过任务设计可以将文化元素巧妙地融入语言学习中。任务可以设计成涉及目标语言国家的文学、历史、传统习俗等方面,使学生在完成任务的过程中了解和体验目标文化。其次,文化元素的融入有助于激发学生对学习的兴趣。通过接触和了解目标文化,学生能够更深入地理解语言的使用背后的文化背景,从而增加学习的吸引力和动力。再次,文化元素的融入培养了学生的跨文化交际能力。在任务中,学生可能需要模拟某种文化情境、参与跨文化对话,这有助于提高他们在不同文化环境中的交际适应能力。最后,文化元素的融入有助于拓展学生的视野。通过了解不同文化的差异,学生能够培养开放的思维,增加对多元文化的理解,从而更好地适应全球化的社会。总体而言,文化元素的融入为任务型教学提供了更加丰富和多元的学习体验。这种融合文化的教学方式不仅提高了学生的语言水平,还培养了他们更全面的跨文化交际能力,使他们在语境更广泛的社会中更为成功地运用所学语言。

通过任务型教学法,语言技能的发展变得更加全面、实际,并且更具有个性化。学生在完成任务的过程中,不仅学到了语言知识,还培养了解决问题、合作和创造性表达的能力。

第五节 跨文化教育与跨学科整合

一、跨文化教育

(一)理解跨文化教育的基本概念

跨文化教育是一种教育理念和实践,旨在促使学生更好地理解、尊重和适应不同文化背景的人。在这一理念中,文化差异被视为一种丰富多彩的资源,而非障碍。跨文化教育的基本概念可以简洁概括如下:文化差异是指在价值观、信仰、习俗、语言等方面存在的不同,这种差异在不同的文化群体之间表现得尤为显著。跨文化教育的目标包括培养学生的文化敏感性，使其能够更好地理解和尊重他人的文化；提高学生的跨文化沟通能力，使他们能够在不同文化环境中有效地交流；促使学生具备跨文化适应力，使其能够适应多元文化的社会。跨文化教育的意义在于培养具有国际视野的公民，能够在全球范围内更好地参与、合作和创新。通过跨文化教育，学生不仅仅是学习语言和知识，更是培养一种开放、包容和尊重多元文化的态度。总的来说，理解跨文化教育的基本概念是构建一个促进文化多样性、提高跨文化交流能力的教育体系的第一步。这一理念的贯彻旨在为学生提供更全面的教育，使他们在日后的生活和工作中更好地适应多元文化的社会。

（二）文化差异的影响

文化差异在教育领域中扮演着重要而复杂的角色。首先，学生的学习风格可能受到其文化背景的深刻影响。在一些文化中，强调集体合作和群体活动，而在另一些文化中，则更注重个体独立和竞争。这导致了学生对学习任务的态度和方法的差异。教育者需要敏感地理解并尊重这些差异，采用多元化的教学方法，以迎合不同学生的学业需求。其次，跨文化沟通是一个重要的挑战。语言、表达方式、非语言交流等方面的差异可能导致信息的误解和沟通的障碍。教育者需要具备跨文化沟通的能力，培养学生的文化敏感性，以促进有效的学术交流。在教学中，采用清晰明了的语言，注重肢体语言和非语言元素的传达，有助于跨文化沟通的顺畅进行。再次，解决这些挑战的方法之一是鼓励文化交流和多元化的学习环境。通过引入多元化的教材、文化交流活动和国际合作项目，学生可以更好地理解和尊重不同的文化背景。最后，培养学生的批判性思维和跨文化解决问题的能力是至关重要的。这有助于他们更好地适应全球化社会，并在复杂的文化环境中取得成功。总的来说，文化差异对教育有着深远的影响，教育者需要以开放的心态和灵活的教学方法来迎接这一挑战，创造一个促进学生全面发展的多元文化教育环境。

(三)跨文化教学策略

跨文化教学策略的制定是为了创造一个包容、理解和尊重多元文化的学习环境。首先,多元文化教育方法是关键之一。这包括使用丰富多彩的教材,反映不同文化背景的文学、历史、艺术等,以便学生能够更深入地了解和欣赏不同文化的贡献和独特之处。这种方法有助于打破文化隔阂,促使学生从多元角度思考问题。其次,在课堂中促进跨文化交流的技巧是至关重要的。使用小组活动和合作项目,让学生在团队中共同努力,借此机会理解彼此的文化差异,并学会协调合作。教育者应当鼓励学生分享自己的文化经验,以促进开放而富有启发性的对话。再次,教育者在课堂上的语言使用和表达方式也应当考虑到文化的差异,以确保信息传递的准确性和学生的理解。为了促使学生欣赏和尊重多元文化,教育者可以引导学生通过实地考察、文化体验活动等方式,亲身感受不同文化的魅力。通过文化展览、讲座和座谈会等活动,拓宽学生的视野,培养他们对多元文化的兴趣和好奇心。最后,鼓励学生主动参与国际交流项目,提供一个实际应用跨文化技能的机会,从而培养他们的国际视野和全球意识。总体而言,跨文化教学策略的目标是培养学生的文化敏感性、跨文化沟通能力和对多元文化的尊重。通过巧妙的教学设计和方法,教育者可以帮助学生更好地适应全球化的社会,培养他们成为具有国际竞争力的综合发展的人才。

(四)实际案例和最佳实践

在项目启动前,进行充分的前期准备工作,包括详细了解参与学生的文化背景、风俗习惯等。为学生提供有关目标国家文化的培训,以降低文化冲突和误解的发生。配备文化导师,他们可以是当地教师或经验丰富的学生,负责引导国际学生了解当地文化、社会规范和学术体系,这有助于加速学生的融入和适应过程。设计项目任务时,鼓励跨文化的团队合作。通过小组项目和共同目标,促使学生跨越文化差异,共同协作解决问题。定期组织学生和教师的反馈会议,了解项目进展中出现的问题,并及时调整项目方案,这有助于不断改进项目设计,提高效果。安排各种社交和文化交流活动,如文化夜、语言角、到当地旅行等。这样的活动能够促进学生之间的友谊，加深对不同文化的理解。在项目结束后，进行全面的评估和总结。收集学生和教师的反馈，分析项目的成功因素和挑战，为将来的跨文化项目提供有益的经验教训。通过精心设计和灵活调整，国际交流项目可以成功地促进跨文化理解和学术合作。另外，这些最佳实践也可应用于其他跨文化教育场景，帮助教育者更好地迎接跨文化教学的挑战。

二、跨学科整合

（一）跨学科整合的定义和背景

跨学科整合是一种将不同学科领域的知识、理论、方法和技能有机结合，以解决复杂问题、探索新领域或创造创新解决方案的方法。这种整合不仅仅是简单地将多个学科并列地应用于一个问题，而是通过深度的协作和交互，创造性地将多学科融合在一起，形成一种新的综合性理解和方法。跨学科整合的背景源自对复杂问题的认识和对传统学科划分的挑战。现实生活中的挑战往往是跨越多个领域的，传统学科的分隔可能限制了对问题的全面理解和解决。因此，为了更好地应对复杂性，跨学科整合成为一种重要的方法。例如，环境问题、全球健康挑战、可持续发展等问题需要跨越自然科学、社会科学、人文学科等多个领域的知识和方法来综合解决。跨学科整合能够帮助学生获得更全面、综合的问题理解。通过融合多个学科的视角，学生能够更好地理解问题的复杂性和多样性。跨学科合作培养学生的创新能力。将不同领域的知识相互融合，有助于培养学生解决实际问题的创造性思维和方法。很多现实生活中的问题不能被单一学科解决。通过跨学科整合，学生能够更好地将知识应用于实际问题，提高解决问题的实际能力。跨学科整合通常需要团队合作，培养学生团队协作和沟通的能力，这在现代职场中非常重要。总体而言，跨学科整合是应对当今复杂性和全球性挑战的一种响应，也是培养学生综合素质和应对未来挑战的有效途径。在教育中推崇这种整合方法有助于培养更具综合能力的学生，使其能够更好地适应不断变化的社会和职业环境。

（二）学科之间的关联性

不同学科之间存在着密切的关联性，而将这些学科的知识和技能整合起来可以为学生提供更为全面与丰富的学习体验。在物理学或工程学领域，数学是一种关键的工具。学生可以通过运用数学模型解决科学问题，如使用微积分来描述物理现象。实验室活动可以结合数学技能，通过数据分析和统计来支持科学实验的结论。小说、诗歌和戏剧作品可以帮助学生更深入地理解历史时期的文化、社会和政治背景。同时，历史文献的阅读可以为文学作品提供更丰富的背景和理解。生物化学是生物学和化学的交叉领域，涉及生命体系中的分子和化学过程。学生可以通过研究细胞代谢、蛋白质合成等主题，将生物学和化学知识融合在一起。几何学在艺术中有广泛应用，尤其是在建筑、绘画和设计领域。学生可以通过学习几何原理来理解艺术作品中的对称性、比例和空间感。在研究社会问题时，经济学的原理可以提供关于资源分配、生产和消费的重要背景。社会学和经济学的整合有助于深入分析社会结构和行为的经济影响。自然语言处理是语言学和计算机科学的交叉点，涉及计算机系统理解和处理人类语言。学生可以通过学习语言学原理和计算机编程技能，参与开发智能语音识别系统或自然语言处理应用。通过跨学科整合，学生能够建立更为综合的思维模式，将不同学科的知识融合在一起，培养更广泛的技能和理解力，这有助于他们更好地应对复杂的现实问题和在未来的职业中更具竞争力。

（三）跨学科项目设计

设计跨学科项目是一项挑战性而富有创造性的任务。首先，要明确项目的目标，确定一个激发学生兴趣的主题。其次，仔细分析不同学科之间的共同点和关系，找到它们的交叉点，以确定跨学科融合点。促进跨学科团队合作，确保项目设计吸引不同学科背景的学生，并鼓励他们分享专业知识。明确每个学科的学生在项目中的具体贡献，确保全面性和深度性。再次，在项目中整合评估方法，考虑使用多种方式来全面评估学生的学业成果，如项目报告、展示和小组讨论。将项目设计与实际世界问题相关联，使学生能够更好地理解知识的实际应用。最后，提供必要的资源支持，确保学生能够获得图书馆资源、实验室设备等。设计有效的反馈机制，以便学生在项目中获得及时的指导和建议。考虑跨文化和跨语言因素，以促进跨文化理解和有效沟通。通过这些方法，设计的跨学科项目可以更好地促进学生的全面发展，培养他们在多学科环境中的创造性思维和解决问题的能力。这样的学习体验将为学生提供更为综合的知识和技能，使他们更好地应对未来的挑战。

（四）应对挑战与解决方案

学科之间的不一致和差异是跨学科整合面临的首要挑战之一。各学科有各自的术语、方法和理论框架，可能导致沟通障碍和学科融合的困难。制定共同的术语和规则，确保在项目中使用的语言对所有参与者都是清晰的。通过跨学科培训，帮助学生和教师了解其他学科的基本概念和方法。鼓励跨学科团队合作，让不同学科的成员相互学习和分享专业知识。教学资源的整合是另一个关键挑战，跨学科项目可能需要整合来自多个学科领域的资源。这些资源可能分散在不同的部门或学院中，难以协调和整合。建立专门的跨学科教学资源中心，集中存储和管理各学科的教学材料。鼓励学科之间的合作，共同编写教材、设计实验室活动等，以降低资源整合的难度。利用数字技术，将教学资源进行数字化，创建在线教学库，提高资源的可访问性。由于涉及多个学科，跨学科项目的评估和考核可能变得更为复杂。设计一个全面而公平的评估体系是一项具有挑战性的任务。整合评估标准，确保评估涵盖各个学科的核心概念和技能。采用多元化的评估方法，包括项目报告、展示、小组讨论等，以全面评价学生的学业成果。鼓励同行评价，使学生能够从不同学科的角度获得反馈，提高评估的客观性。通过这些解决方案，学生可以更好地应对跨学科整合面临的挑战，为其提供更为综合和深刻的学习体验。这有助于培养学生更全面的能力，使其能够更好地应对未来的挑战。

第六节 教师角色与英语课程创新

一、启发者与激励者

在英语课程创新中,教师需要充当启发者和激励者的角色。通过设计富有启发性的教学活动和课程内容,引发学生的兴趣和好奇心。使用真实世界的语境和趣味性的学习资源,激发学生对英语学习的主动参与。借助创造性的方法,如角色扮演、游戏和互动讨论,提高学生的学习动力和积极性。

二、导向者与指导者

作为导向者和指导者,教师应该设定明确的学习目标,并为学生提供清晰的学习路径。通过渐进式的任务设计,帮助学生逐步掌握英语基础知识和语言技能。个性化的辅导和反馈是关键,确保学生在学习过程中得到及时的指导。通过引导学生参与实际语境中的交流,培养他们实际运用英语的能力。

三、创新者与实践者

教师在英语课程创新中扮演着创新者和实践者的角色,需要不断探索新的教学方法和技术。整合新颖的教材、在线资源和教学工具,使学生体验多元化的学习环境。鼓励学生利用技术手段,如在线学习平台、语言应用等,提升他们的英语水平。通过实践中不断调整和改进教学方法,确保课程的创新和实效。

四、合作者与沟通者

合作者和沟通者的角色需要教师积极与同事、学生以及家长保持有效沟通。通过举办家长会议、学生讨论会等活动,建立紧密的师生及家庭联系。在学科团队中分享创新经验,促进共同的专业成长。与其他学科领域的教师协作,创建跨学科项目,丰富英语课程的内涵。

五、评估者与反馈者

评估者和反馈者的任务是确保学生的学业成果得到充分评估,并提供有针对性的反馈。制定多元化的评估方式,包括项目评估、口语表达、写作等,全面了解学生的语言能力。及时提供具体而建设性的反馈,帮助学生了解自己的优势和改进空间,促进其形成个体化的学习路径。

六、适应者与关心者

在英语课程创新中,教师需要充当适应者和关心者的角色。考虑学生的个性差异,通过个别辅导满足他们的学习需求。建立学生支持系统,关注学生的心理健康,提供必要的情感支持。通过培养积极参与和鼓励自信心,激发学生的学习潜力。

只有通过扮演这些多样化的角色,教师才能够更好地适应变化中的教育环境,为学生提供更为丰富、有深度的英语学习体验。

第五章 翻转课堂与英语教育的实践

第一节 翻转课堂的课程设计与规划

一、制定明确的学习目标

制定明确的整体学习目标,包括英语基础知识、语言技能和综合能力的培养,以确保学生在课程结束时具备全面的英语能力。在整体目标的基础上,将其分解为具体的学习单元和课堂活动的目标。例如,在学习单元一中,学生需要掌握基础语法和词汇知识;在学习单元二中,培养其批判性思维和问题解决能力等。使用具体的动词描述学习目标,如"分析""解决""提高",以确保学生能够清晰理解预期的学习结果,确保学习目标之间有层次关系,每个学习单元的目标都能够达成,形成一个渐进的学习路径。与学生共享学习目标,让他们清楚知道课程的期望和目标,鼓励他们积极参与学习过程。这样的学习目标设计有助于建立清晰的课程导向,使学生在学习过程中明确方向,同时为教师提供有效的指导,确保教学活动与学习目标相一致。

二、选择合适的学习资源

确保选择的学习资源能够有效地支持每个学习目标的达成。例如,对基础语法和词汇知识的学习目标,可以选择适用于初学者的在线视频和交互式数字教材。提供多样化的学习资源,以满足不同学生的学习风格和偏好。有的学生可能喜欢通过阅读文本学习,有的学生则更喜欢观看视频或参与互动模拟。选择高质量的学习资源,确保内容准确、清晰,并能够有效地传达所需的知识和技能,这可以通过评估资源的来源、制作者背景等来实现。整合具有互动性的学习资源,如在线模拟实验、虚拟实景等,以增强学生的参与感和深度理解,确保选用的学习资源能够与翻转课堂所使用的技术平台相兼容,以便学生能够方便地访问和利用这些资源。考虑到学生的不同水平和兴趣,提供一些可选择的学习资源,使学生能够根据自己的需求进行个性化学习。整合一些实践性的学习资源,如案例研究、项目实践等,帮助学生将理论知识应用到实际场景中,促进深层次学习。确保学习资源的时效性,特别是对不断更新的领域,选择最新、最有权威性的资源。通过综合考虑这些因素,可以有效地选择适用翻转课堂的学习资源,以支持学生在预习阶段获得必要的知识和理解。

三、设计预习任务和活动

确保每个预习任务与特定的学习目标直接相关。例如,对学习目标中的基础语法知识,预习任务可以是阅读相关教材或观看语法解说视频。提供多种形式的预习活动,以满足不同学生的学习风格,包括阅读文本、观看视频、参与在线讨论、解决问题等,使学生有更多选择和参与的机会。创造引人入胜的预习活动,激发学生的学习兴趣。例如,设计有趣的教学视频、引入生动的案例或故事,使学生在预习阶段就能对学习内容产生浓厚兴趣。将预习任务与实际应用结合,让学生在预习阶段就能看到所学知识在实际情境中的应用,这可以通过案例分析、模拟活动等方式实现。设计即时的反馈机制,帮助学生检验他们的理解水平,包括在线测验、小组讨论等形式,确保学生在课堂前能够及时纠正理解偏差。预习任务应与课堂互动计划相关联,为课堂上的讨论和深度学习做好准备。确保预习任务是课堂互动的基础,而不是孤立的学习活动。提供个性化的支持,确保每个学生都能够根据自己的需求和水平完成预习任务,这可以通过提供额外的资源、辅导材料或与同伴协作的机会来实现。通过设计具体、相关、多样化的预习任务和活动,可以有效激发学生的学习兴趣,提高他们在预习阶段的主动参与度,为课堂的深度互动打下坚实基础。

四、制订课堂互动计划

确定整体课堂结构,包括引入、主体互动环节和总结。确保每个环节都与学习目标和预习任务相关。设计启发性的问题和活动,引导学生思考和讨论,包括开放性问题、案例分析、小组活动等,以激发学生的批判性思维和合作能力。制订学生参与计划,鼓励每位学生积极参与讨论。可以通过点名、小组报告、即时反馈等方式确保全体学生都能参与到课堂互动中。为每个互动环节细化教学策略,包括提问技巧、小组讨论引导、案例分析步骤等,确保教学策略与学习目标相一致,能够促进深层次的学习。整合适当的课堂技术工具,如在线投票系统、互动白板等,以增强互动效果,确保这些工具能够顺利融入课堂互动计划中。考虑到学生在预习阶段的理解情况,准备实时调整互动计划。这可以通过即时反馈、观察学生的参与度等方式实现,以确保教学与学生的实际情况契合。确保每个互动环节都与预习任务直接关联,让学生能够充分运用预习阶段获得的知识,加深对课程内容的理解。通过设计开放性的问题和活动,鼓励学生进行探索性学习,培养自主学习和问题解决能力。通过精心制订的课堂互动计划,可以确保课堂时间得以最大程度利用,促进学生深度思考和合作学习,达到更好的教学效果。

五、提供支持和反馈机制

建立完善的学生支持体系,包括在线平台、课外辅导资源等。确保学生能够方便地获取对学习内容的额外解释和帮助。提供丰富的在线平台和资源,包括教学视频、数字教材、在线问答平台等。这些资源能够帮助学生在预习阶段更好地理解学习内容,解决可能遇到的困难。设立助教服务,由专业助教或同学担任,为学生提供个性化的学科辅导和解答疑惑。助教可以通过在线聊天、讨论板等形式与学生进行交流。建立在线讨论平台,鼓励学生在预习阶段提出问题、分享观点,并促进同学之间的合作,这有助于建立学习社区,增加学生的互动和学习氛围。在课堂内外设计即时反馈机制,通过在线测验、问答环节等方式收集学生的理解情况。及时纠正学生的理解偏差，确保学习过程中的准确性。提供个性化的反馈，根据每个学生的表现和需求进行定制，包括针对性的建议、指导，以及对个体学生学习进展的详细评价。根据反馈机制收集到的信息，实时调整教学策略，有助于教师更好地理解学生的需求，使课堂互动更加贴近学生实际情况。帮助学生建立自我评价的能力，提供自评工具和指导，使学生能够更主动地了解自己的学习状态，进而采取有效的学习策略。通过建立全面的支持和反馈机制，可以更好地满足学生个性化的学习需求，提高学习效果，同时增强学生对学习的主动性和参与度。

六、整合评估策略

制订整体的综合评估计划，涵盖学生在知识、技能和情感等方面的发展。确保评估能够全面反映学生的学业表现，与整体学习目标一致。嵌入各种形式的评估，包括但不限于小组讨论、项目作业、个人报告、在线测验等。采用不同形式的评估有助于综合考查学生的不同能力，确保评估策略与学习目标紧密对齐，每个评估项目都能够直接测量一个或多个学习目标。这有助于确保评估的有效性和准确性。设计项目作业和实践性评估，要求学生将所学知识应用到实际情境中，有助于培养学生的实际问题解决能力和综合运用知识的能力。引入小组讨论和合作项目，并设计相应的小组合作评估。通过观察学生在小组中的贡献和协作能力，全面评估他们的团队合作技能。提供定期的反馈，包括中期评估和课程结束时的总结性反馈。这有助于学生了解自己的学业表现，同时为教师及时调整教学策略提供依据。采用个性化评价方法，考虑到学生的不同学科背景和水平。确保评估能够客观地反映每位学生的个体差异，为个性化学习提供支持。引入反思性评估，要求学生对自己的学习过程和成果进行反思，这有助于培养学生的自我监控和学习动机。通过整合多样化的评估策略，可以更全面地了解学生的学业表现，促进学生的全面发展，同时为教师提供调整教学的有力依据。

七、持续优化课程设计

建立有效的反馈机制,包括学生的课程反馈和同行教师的专业建议。通过定期收集和分析反馈信息,了解学生的学习体验和课程效果。鼓励学生积极参与课程反馈,可以通过问卷调查、小组讨论等形式收集他们的看法。学生的参与有助于深入了解课程对他们的影响。提倡教师进行反思,通过观察学生的学习表现、分析评估结果,总结每堂课的教学经验。教师的反思是优化课程设计中的关键一环。根据反馈和反思结果,及时调整课程设计中的预习任务、互动计划和评估策略,确保每一次的调整都能够迅速体现在下一堂课的实施中。采用小步优化的原则,逐步进行改进,避免一次性做出大幅度的调整,有助于更好地掌握每次调整对课程的实际影响。在课程设计中加入实验性元素,鼓励尝试新的教学方法和工具。通过实验性的设计,收集更多数据,为未来的优化提供更多依据。参与同行教师的专业交流,分享经验和教学方法。借鉴其他教师的成功经验,同时从他们的挑战和解决方案中学到宝贵的教训。设立定期的课程评估时机,进行全面的课程评估。从整体层面审视课程设计的效果,检视是否符合教学目标和学生需求。通过制定反馈机制、教师反思和小步优化的策略,可以不断提升翻转课堂的质量,使其逐步适应学生的需求和教学实践的变化。

第二节 教育技术工具与资源的选择

一、学科特定工具

在翻转课堂的实践中,选择适用于具体学科的工具对提升教学效果至关重要。以下是一些学科特定工具的示例,以英语课程为例:为英语学习者提供语音评估工具,如 SpeechRecognition API 或在线发音评估平台。学生可以通过这些工具进行语音练习,并得到即时反馈,帮助他们改进发音和语音流畅度。利用在线语法练习平台，如 Grammarly 或 Quill.org，帮助学生巩固语法知识。这些平台通常提供个性化的语法建议，使学生能够在写作和语法运用方面获得更好的支持。使用虚拟写作工具，如 Google Docs 或在线写作平台，促进学生协作写作。教师可以实时查看学生的写作过程，并提供反馈，同时学生之间也能够进行实时合作。利用数字化的文学作品资源，如 Project Gutenberg 或其他在线图书馆，使学生能够在线阅读和分析经典文学作品，这有助于拓展学生的阅读范围。推荐使用交互式语言学习应用，如 Duolingo 或 Rosetta Stone，以增强学生的词汇量和语言运用能力。这些应用通常采用游戏化的方式，激发学生学习兴趣。引导学生参与在线语言学习社区，如在语言学习平台或社交媒体上加入相关讨论组，这样的社区能够提供学习资源和与其他学习者互动的机会。利用虚拟实景技术，带领学生进行英语语境的虚拟实景学习。这可以通过虚拟现实（VR）或增强现实（AR）应用实现，让学生沉浸在真实语境中，提高语言应用能力。在选择学科特定工具时，需要考虑工具的适用性、学科对应性以及学生的学习需求，以确保这些工具能够有效地支持翻转课堂的实施。

二、多媒体资源

选择和整合多媒体资源对翻转课堂的成功至关重要。选择清晰、简明的图像，强调重要概念，确保图像质量高，以便在不同屏幕上清晰显示。选用生动有趣的视频，注意长度不要过长，分割为短片段更容易吸引学生的注意力，确保音频清晰，可以考虑添加音频解说来解释复杂的概念。利用动画或模拟资源，通过可视化方式呈现抽象或复杂的信息。结合图像、视频和音频，创造多感官的学习体验，提高学生对信息的感知和理解。在视频或图像中添加交互式元素，如弹幕、问题提示等，促进学生积极参与。在多媒体资源中提供链接，引导学生深入学习，拓展他们的知识。在选择和创建多媒体资源时，确保它们与特定的学习目标一致。多媒体资源应强调关键概念，帮助学生集中注意力在最重要的信息上。利用多媒体资源进行预习和复习，帮助学生在课堂上更好地理解和应用知识。选择引人入胜的多媒体内容，激发学生的兴趣，使学习变得更加生动有趣。确保所使用的多媒体资源符合版权法规，合法使用并注明来源，如使用学生的作品或多媒体反馈，确保遵循隐私保护的原则。利用多媒体资源设计评估工具，以检验学生对所呈现信息的理解程度。根据学生的反馈和表现，及时调整和改进多媒体资源的使用方式。通过以上方法，教师可以更好地选择、整合和利用多媒体资源，提高教学效果，增强学生的学习体验和课堂参与度。

三、互动性工具

引入互动性工具是翻转课堂的重要组成部分，它们能够提高学生的参与度和课堂互动。在翻转课堂中，使用在线投票系统可以促进学生在实时中参与。教师可以提出问题，学生通过投票系统即时回答，展示对知识点的理解情况。利用在线投票系统收集学生对特定问题或话题的意见，从而形成整体的学生观点，为其后续的讨论提供基础。互动白板是学生可以共同使用的工具，他们可以在上面书写、画图，共享自己的思维。在翻转课堂中，可以利用互动白板进行小组讨论，学生共同解决问题或分享想法。教师可以使用互动白板概括学生在预习阶段掌握的重点，加深对知识的理解。利用在线讨论平台，学生可以在翻转课堂之前或之后展开深度讨论。这有助于深化对课程内容的理解，培养批判性思维。学生可以在任何时间、任何地点参与在线讨论，跨越时空限制，增加了学习的灵活性。利用互动性模拟工具，学生可以在虚拟环境中实践应用知识。这对涉及实际操作的学科，如科学实验或工程类课程，尤为有效。通过互动性模拟工具，教师可以提供个性化的学习体验，根据学生的进度调整难度或提供额外挑战。在翻转课堂中，学生可能在预习阶段遇到疑惑。即时问答工具允许学生随时提出问题，教师或其他同学可以及时回答，解决疑惑。利用即时问答工具提出开放性问题，激发学生深度思考，为课堂讨论做好准备。通过结合这些互动性工具，翻转课堂可以更好地实现学生与教师之间、学生与学生之间的互动，从而提高学习效果和参与度。

四、开源教育资源

在翻转课堂的教学中，充分利用开源教育资源是一种经济高效且广泛可行的方式，有助于扩大学生的学习资源，提高教学的质量和灵活性。开源教材通常是免费提供的，为学生减轻了购买昂贵教材的负担。可以根据教学需要，定制和调整开放式教材，以更好地适应课程内容和学生水平。利用在线课程平台，教师可以选择各种主题和难度水平的课程，丰富教学内容，满足学生不同层次的需求。学生可以自主选择感兴趣的课程，进行自主学习，促进个性化和自主学习。利用开源学术期刊和研究论文，可以获取最新的学术研究成果，使课程内容更具前沿性。引导学生阅读开源学术文献，培养他们的研究意识和学术素养。利用开源软件和工具，让学生能够在实际项目中运用所学知识，提高实践能力。开源软件通常具有开放的使用权限，降低了学生学习和使用技术的门槛。利用开源教学平台，实现在线互动和学生教师之间的及时沟通。利用平台提供的数据分析功能，了解学生学习行为，进行个性化教学。在创意共享平台上，教师和学生可以共享教学资源、项目经验，促进教学内容的创新和分享。学生可以从不同的视角获取信息，促使思维的多元化。参与开源学术社区和开放讨论，使学生有机会跨学科交流，拓展知识视野。通过参与开放性讨论，学生能够构建学术网络，与同行分享经验和见解。充分利用这些开源教育资源，教师可以提供更多元、更富有创新性的教学内容，同时为学生提供广泛、免费的学习资源，进而推动教育的开放和可及性。

五、移动学习工具

利用在线学习平台应用，学生可以随时随地访问教学资源，完成作业和参与在线讨论。教育游戏应用可以激发学生学习兴趣，通过游戏化元素提高对知识点的理解。在科学和工程类课程中，使用虚拟实验应用可以让学生通过移动设备进行实验操作，提高实践能力。将电子教材和互动书籍应用于平板电脑，学生可以通过触摸屏幕进行交互式学习，提高学习体验。利用平板电脑展示多媒体资源，如图像、视频和动画，使课堂内容更生动、具体。移动学习工具使学生能够在任何时间、任何地点进行学习，提高学习的灵活性和便捷性。利用移动学习平台，教师可以根据学生的学习表现调整学习路径，实现个性化教学。利用移动学习工具安排预习任务，让学生在课前通过应用学习相关知识。同时，利用工具进行复习，巩固学习成果。移动学习工具可以支持在线讨论和互动，学生可以在课外通过应用参与讨论，扩展课堂内容。利用移动学习工具提供实时反馈和评估，帮助教师了解学生的学习进度，及时调整教学策略。移动学习工具可以根据学生的学科兴趣和水平提供个性化的学习体验，增加学生的参与度。结合移动学习，采用多元化的教学方法，如教学游戏、虚拟实验等，提高学生对课程的兴趣。通过选择合适的移动学习工具，教师可以有效地融入翻转课堂教学模式，提高学生的学习灵活性，促进学生积极参与和深度学习。

第三节 学习材料的开发与评估

一、需求分析

需求分析是学习材料开发的基石。教育者在设计学习材料之前，必须深入了解学生的特点、教学目标以及学科本身的特性。通过明确教学目标，能够确保学习材料的开发与评估与教学目标紧密契合。同时，深入了解学生的背景和需求，使得学习材料更具有个性化和实用性，能够更好地迎合学生的学习风格和水平。学科特点的考量有助于确保学习材料能够贴切地涵盖相关知识点，使其更具教育意义。在整个需求分析的过程中，教育者要扮演了解学生与学科的桥梁角色，为后续学习材料的开发奠定坚实的基础。

二、分层设计

分层设计是学习材料开发中的关键步骤。通过按照知识难易程度、学生年级水平等因素进行分层，能够为学生提供一个渐进的学习路径。这种渐进性的设计有助于学习者逐步建立对知识的理解层次，避免了信息过载或难度跳跃太大的问题。通过系统的分层设计，学习者能够形成更为完整和深刻的认知结构，提高学习的可持续性。此外，分层设计也能更好地满足不同学生的学习需求，确保每个学生都能在适合自己水平的层次上学习，促进个体差异的发展。在整个学习过程中，分层设计为教学提供了清晰的脉络，使学习更加系统和有条理。

三、多元化教学手段

多元化教学手段是提升学习材料质量和教学效果的关键要素。通过运用文字、图表、多媒体等多种形式，可以更全面地满足学生的不同学习风格和感知方式。文字强化了语言能力，图表能够直观地展示信息，而多媒体则通过视听等方式可以激发学生的多感官体验。这种多元化的设计不仅能够提高学习的吸引力，使学生更加投入学习过程，而且有助于提高实效性。不同的学生可能更擅长通过不同的感官获取信息，因此提供多元选择可以更好地满足他们的需求。在多元化教学手段的运用中，教育者需要灵活运用各种资源，确保教学材料既有深度又有广度，这种方法也有助于打破传统教学的单一形式，创造更富有创意和活力的学习环境。通过多样性的教学手段，学生不仅能够更全面地理解知识，也能够培养其更广泛的技能和能力。

四、评估工具设计

评估工具设计是确保学习材料有效性的重要环节。通过设计恰当的评估工具，教育者可以全面了解学生的学习状况，并验证学习目标的达成程度。在评估工具的选择上，可以采用定量和定性相结合的方式。定量评估，如测验和考试，提供了客观的量化数据，帮助衡量学生在知识掌握上的水平。定性评估，如观察和小组讨论，能够更深入地了解学生的思考过程和能力发展。重要的是，评估工具应与学习目标紧密相连，确保评估的内容和形式与教学目的一致，这有助于确保评估结果对于改进学习材料和调整教学策略具有指导性。评估工具的全面性要求能够涵盖多个方面，包括知识掌握、批判性思维、问题解决能力等，以便更全面地了解学生的学习成果。通过巧妙设计的评估工具，教育者可以更精准地了解学生的学业水平，为个性化的学习提供有力支持。同时，这将有助于促进学生的主动学习，激发他们的学习动力。

五、反馈机制

反馈机制是学习过程中的关键环节,有助于学生和教师在不断改进中发展。通过设立有效的反馈机制,可以实现以下几个方面的目标:首先,对学生而言,及时的反馈是他们自我调整和提高的关键。通过了解自己的学习状况,学生能够明确自己的优势和不足,有针对性地进行学习计划调整。其次,对教师而言,反馈是指导教学调整的重要依据。通过收集学生的反馈信息,教师能够了解哪些教学方法更受学生欢迎,哪些方面的学习材料需要进一步优化,这有助于提高教学效果,使教育过程更加贴近学生需求。最后,反馈机制能促使学生更积极地参与学习。知道自己的表现会被认真评估,学生更有动力投入到学习中,形成良好的学习氛围。总的来说,设立有效的反馈机制是学习材料开发和评估过程中的不可或缺的一环。通过双向的反馈,学生和教师可以在学习的过程中相互促进,推动教育发展的不断进步。

六、修订与更新

修订与更新是学习材料持续优化的必要环节。通过及时反馈和实际教学效果的评估,教育者能够更好地了解学习材料的实际运用情况。首先,学习材料的修订可以根据学生的反馈进行。学生在使用学习材料时可能提出一些问题或建议,这些反馈信息是改进的宝贵线索。通过收集学生的意见,可以更准确地了解学习材料的不足之处,有针对性地进行修订,提高教材的质量和实用性。其次,根据实际教学效果的评估,可以发现学习材料的一些弱点或不足。这可能涉及知识点的表达不清晰、某些教学方法效果不佳等问题。及时的修订能够解决这些问题,提高学习材料的教学效果。最后,随着时代的发展和知识的更新,学科内容也可能发生变化。因此,定期对学习材料进行更新,确保其与最新的学科发展保持同步,使学生获取的知识具有实际的时效性。总体而言,修订与更新是学习材料开发的一个循环过程,通过不断地改进和更新,可以使学习材料内容始终保持在教学的前沿,从而更好地满足学生和教师的需求。

第四节　学生参与与反馈

一、学生参与的重要性

学生参与是教学过程中的活跃因素。它不仅仅是学生被动接受信息的过程，更是他们积极投入、建构知识的过程。通过参与，学生能够更好地理解和运用知识，培养批判性思维和问题解决能力。

二、促进学生参与的方法

创造性的教学方法可以有效激发学生的参与欲望。这包括小组讨论、项目合作、实践活动等。通过这些方法，学生能够在实际操作中运用所学知识，增强学科理解和实际能力。

三、建立有效的反馈机制

一个良好的反馈机制是学生参与的关键支撑。教师可以通过定期的评估、个性化的反馈，帮助学生了解自己的学习状态。同时，学生应该被鼓励提供对教学和学习材料的反馈，以促进教学的不断改进。

四、技术在学生参与与反馈中的角色

当今，技术的发展为学生参与和反馈提供了新的可能性。在线讨论、虚拟实验、电子投票等工具能够增强学生与教学内容的互动，提供即时反馈，丰富了教学手段。

五、个性化学习与反馈

考虑到学生的差异性，个性化学习和反馈变得愈发重要。通过个性化

的反馈，教育者能够更好地理解每个学生的需求，提供更有针对性的支持，使每个学生都能够充分参与并取得进步。

通过深入研究学生参与与反馈的方方面面，可以营造出一个更富有活力、互动性的教学环境，使学习过程更加令人愉悦和有效。

第五节 评估与教学反思

一、评估方法的选择

在教学过程中，选择合适的评估方法至关重要。这可以包括定量的测验、考试，也可以有定性的观察、学生作品评价等。评估方法应该能够全面、客观地反映学生的学习状况，与教学目标相一致。

二、学生表现的分析

对学生的表现进行仔细分析是评估的核心。教育者需要深入了解学生的强项和需改进的地方，找出问题的根源。这种深度分析有助于更有针对性地制定改进措施。

三、反馈的及时性和个性化

及时的反馈对学生的成长至关重要。教育者应该在评估后迅速给予反馈，让学生及时了解自己的学习状况。同时，反馈要具有个性化，因人而异，考虑到学生的差异性。

四、教学效果的评估

教学效果的评估不仅仅局限于学生的学习成绩，还包括对教学方法、教学资源的评估。教育者需要审视自己的教学过程，思考哪些方面可以改进，如何更好地满足学生的需求。

五、教学反思的深入

教学反思是评估的延伸,是对教学过程和效果的深度思考。教育者需要问自己一系列问题:教学目标是否明确?教学方法是否得当?学生是否充分参与?通过这样的反思,可以更好地提高教学质量。

六、调整教学策略

基于评估和反思的结果,教育者需要有勇气调整教学策略,包括改变教学方法、优化教材、提供额外支持等。灵活调整是持续提升教学水平的关键。

通过对评估与教学反思的全面论述,可以建立一个持续改进的教育体系,不断适应学生的需求和教学的挑战。

第六节 翻转课堂与英语教育未来展望

一、技术融合

英语教育未来的发展着实令人振奋。技术融合将成为推动这一进程的关键力量。首先,虚拟现实(VR)技术的广泛应用将为学生提供前所未有的沉浸式学习体验。通过虚拟现实,学生可以仿佛置身于英语国家的实际场景中,更直观地感受语言环境,提高语感和口语表达能力。其次,人工智能(AI)的运用将为英语学习定制个性化的教育方案。通过分析学生的学习习惯、弱点和优势,人工智能系统能够为每位学生量身打造最适合他们的教学内容和方法,提高学习效率。这种个性化教育不仅能够更好地满足学生的需求,也能够激发学习兴趣,增强学习动力。此外,技术融合还将带来更多互动性的学习方式。通过在线平台和社交媒体,学生可以与世界各地的学习伙伴进行实时交流,共同学习、讨论和合作。这种全球化的学习环境有助于打破地域限制，拓展学生的视野，使他们更好地适应多元化的语言使用场景。总体而言，技术融合将为英语教育带来更加丰富、前卫的未来。通过虚拟现实和人工智能等先进技术的有机结合，学生将能够在更具趣味性和个性化的学习环境中不断提升英语水平，更好地适应全球化的社会。

二、全球化和跨文化交流

在全球化时代，英语不仅是一门语言，更是一种国际通用的沟通工具，具有举足轻重的地位。它是国际商务、科技、文化交流的重要媒介，因此，掌握英语已经成为参与全球化社会的基本素养之一。英语教育在未来应致力于更好地培养学生的跨文化交流能力，以使其能够胜任国际社会中的语言需求。首先，教育者应强调文化多样性，让学生了解不同国家和地区的文化差异，培养他们的跨文化意识。通过文学作品、历史事件等多元的教材，学生可以更深刻地理解不同文化的背景和价值观。其次，英语教育需要注重实际语境中的语言运用，使学生能够在真实的跨文化交流中应对各种情境。模拟国际商务会议、合作项目等活动，让学生通过实际参与感受不同文化间的交流挑战，并学会妥善处理文化差异。最后，利用科技手段促进跨文化交流是未来英语教育的重要方向。通过在线合作平台、虚拟交流项目等，学生可以与来自不同国家的同龄人互动，共同完成任务，提高语言运用能力和跨文化交际技能。总体而言，未来英语教育需要更加注重培养学生的跨文化交流能力，使其在全球化时代更具竞争力。通过全面的教育方法，包括文化意识的培养、实际语境中的实践和科技手段的运用，学生将更好地适应国际社会的多元化语言环境。

三、个性化学习路径

未来英语教育的趋势之一将是更加注重个性化学习路径，以满足学生多样化的学习需求和兴趣。个性化学习路径的核心在于将教育从"一刀切"的模式转变为更加灵活、更有针对性的方式，让每位学生都能够在适合自己的节奏和风格下发展语言能力。首先,个性化学习路径将侧重了解每个学生的学习风格、节奏和兴趣。通过先进的技术手段,如人工智能和大数据分析,教育者可以更好地了解学生的学习偏好,从而为他们量身定制最合适的教学内容和方法。其次,提供多样化的学习资源和工具将成为个性化学习路径的重要组成部分。学生可以选择符合自己兴趣的主题、文本或学科,同时可以利用多媒体、互动性强的教材,更好地激发学习兴趣。这有助于打破传统教育中的单一教材和教学模式,为学生创造更具吸引力的学习体验。最后,个性化学习路径将强调学生参与教学决策的角色。学生可以在一定的框架内选择自己感兴趣的学习项目、参与实践活动,并在教学过程中提出自己的问题和观点。这种参与性的学习模式有助于培养学生的主动学习态度和解决问题的能力。总体而言,未来英语教育将更加关注个性化学习路径,通过充分考虑学生的差异性,提供更灵活、富有创意的学习选择,从而更好地满足学生的学习需求,培养出更具有创新力和适应力的英语使用者。

四、语言技能综合培养

未来英语教育将更加注重培养学生全面的语言技能,强调在实际应用场景中培养语言能力,使学生能够更自如地运用英语进行听说读写。首先,听力技能的培养将更加强调真实语境下的理解能力。通过使用来自不同国家和地区的真实语音素材,学生可以更好地适应各种口音和语速,提高听力辨别能力。同时利用虚拟现实技术模拟各种生活场景,使学生在听力理解中更具实践性。其次,口语表达将更加注重实际沟通能力的培养。通过参与模拟对话、辩论、小组讨论等活动,学生可以锻炼自己在真实情境中流利表达观点和与他人交流的能力。再次,引入实时语音交流技术,学生可以与母语为英语的人士进行远程交流,提高口语表达的地道性和流利度。阅读和写作方面,未来英语教育将更强调实际应用和创造性表达。通过让学生阅读真实的新闻报道、文学作品,培养他们在不同领域理解和应用英语的能力。最后,写作任务将更注重学生在实际情境中的创造性表达,例如写作应用文、博客、社交媒体内容等,使学生能够更好地适应多样化的写作需求。总体而言,未来英语教育将强调语言技能的全面培养,注重在实际应用场景中培养听说读写的综合能力。通过真实情境的模拟和实践，学生将更好地掌握英语，能够更自信、流利地运用英语进行各种沟通和表达。

第六章 翻转课堂的教育政策与实施策略

第一节 教育政策对翻转课堂的影响

一、政策的推动

教育政策在很大程度上能够推动翻转课堂的实践。政策制定者可以通过制定明确支持和鼓励翻转教学的法规,为学校和教师提供政策支持。这可能包括提供资金、培训机会,以及建立评估体系,以确保翻转教育在教育系统中得到有效实施。具体的政策措施有助于营造一个支持翻转课堂的环境,推动教育机构更加积极地采用这种教学方法。

二、课程标准的调整

教育政策的调整可能涉及课程标准的改革。政策制定者可以通过更新课程标准,强调学生需要具备的技能和知识,从而更好地适应翻转课堂的教学模式。这可能包括注重学生的自主学习能力、团队协作和问题解决能力等方面的培养,与翻转课堂所倡导的学生需求一致。

三、技术设施的投资

政策的影响可以体现在对教育技术设施的投资上。翻转课堂通常需要使用多媒体设备、在线平台等技术工具来支持学生在家自主学习。政府可以通过提供技术设施、推动数字化教育资源的发展等方式,为学校和学生创造更好的技术学习环境，推动翻转教育的实施。

四、教师专业发展

政策的关注点可能集中在教师专业发展上。政府可以通过制订培训计划、提供翻转课堂教学方法的培训课程，以及鼓励学校制定相应的教学发展计划，来确保教师具备运用翻转教育的必要技能和知识。

总体而言，教育政策对翻转课堂的影响体现在政策的明确支持、课程标准的调整、技术设施的投资和教师专业发展等多个方面。这种政策层面的支持是翻转课堂教育能否在实际中得到推广和深入发展的决定性因素之一。

第二节　教师培训与专业发展

一、培训内容的设计

教师培训是翻转课堂成功实施的关键环节。政府和学校管理层可以通过制订有针对性的培训计划，确保教师了解并掌握翻转教学的理念、原理和操作技能。培训内容应该包括翻转教育的基本理念、在线教育工具的使用、学生参与度的提升策略等方面，以满足教师在实际教学中的需求。

二、技术应用的培训

翻转课堂通常离不开技术工具的应用，因此，培训计划应该强调技术的使用。教师需要学会选择和操作在线平台、多媒体资源，以及评估学生在线学习的进展。为了提高效果，这种培训包括教师如何在课堂中灵活运用技术工具，由此激发学生的兴趣和参与度。

三、实践机会的提供

除了理论知识和技术培训，提供实际的教学实践机会也是教师培训的重要组成部分。政府和学校可以建立示范课堂,邀请专业教育顾问或有经验的翻转教学教师进行指导。此外,还可以鼓励教师在小范围内进行试点实践,收集反馈意见,并逐步推广成功的案例。

四、共享经验和资源

教师专业发展包括促进经验和资源的共享。政府和学校可以建立在线平台或社群,让教师分享他们的翻转教学经验、成功案例和教学资源。这种分享机制有助于形成教师之间的学习社群,促进更广泛的教育创新和提高整体教学水平。

通过以上这些方式,政府和学校可以共同致力于为教师提供全面的培训与专业发展机会,以推动翻转课堂在教育体系中的有效实施。

第三节 翻转课堂的学校支持与资源分配

一、技术设施与资源

学校在支持翻转课堂时,必须优先考虑提供足够的技术设施和资源。这包括确保教室配备了必要的多媒体设备,学生能够方便地访问在线学习平台,并有足够的带宽支持教学视频的流畅播放。此外,学校还应提供学生和教师使用的数字学习工具,确保他们能够顺利参与到翻转课堂的教学活动中。

二、专业发展与支持团队

为了有效推动翻转课堂,学校需要建立专门的支持团队,负责教师的培训和技术支持。这个团队可以包括教育技术专家、在线学习设计师和教育顾问。他们可以提供定期的培训课程,解答教师在实践中遇到的问题,并与教师共同探讨教学创新的方法。

三、学生支持与参与

学校需要注重学生的支持和参与。这包括鼓励学生参与翻转课堂的设计和评估过程,以确保教学活动符合他们的学习需求。此外,学校可以提供学生培训,帮助他们更好地利用在线资源,提高自主学习的能力。

四、评估体系的建立

为了监测翻转课堂的效果,学校需要建立完善的评估体系。这包括定期评估教师的翻转教学实践,了解学生的学习成果,以及收集来自教师和学生的反馈。通过这样的评估,学校可以及时调整支持措施,确保翻转课堂的实施取得最佳效果。

通过这些措施,学校能够更好地支持和促进翻转课堂的实施,确保教师和学生充分利用这一教学方法。同时,学校应合理分配资源,确保每个教室都有足够的资源支持措施,以推动整个学校教学模式的创新。

第四节　翻转课堂的全球视野与国际合作

一、国际教育合作

为了拓展翻转课堂的全球视野,学校可以积极参与国际教育合作项目。通过与其他国家或地区的学校建立合作关系,学校可以分享翻转课堂的最佳实践、教学资源,以及经验教训。这种合作有助于教育者更全面地了解翻转教学在不同文化和教育体系中的应用情况,促进全球范围内的教育创新。

二、在线跨文化交流

翻转课堂为学生提供了与全球同龄人进行在线跨文化交流的机会。学校可以通过与国际学校建立合作伙伴关系，促使学生在虚拟空间中进行项目合作、文化交流等活动。这样的交流不仅有助于提高学生的英语水平，还能够培养他们的跨文化沟通能力和全球视野。

三、国际学科合作

在翻转课堂的框架下，学校可以推动国际学科合作项目。通过与其他国家的学校或机构合作，开展跨学科的翻转教学项目，以解决全球性问题或挑战。这样的合作既有助于学生理解全球性议题，又能够促进不同学科知识的交流与融合。

四、参与国际翻转教育研讨会

学校可以鼓励教师和教育管理者参与国际翻转教育研讨会。这样的活动可以提供分享经验、学习最新趋势和建立国际性专业网络的机会。通过与国际同行的交流，学校可以不断改进翻转课堂教学的实践，保持其在全球范围内的教育创新前沿。

通过以上方式，学校可以将翻转课堂教学与全球视野相结合，促使学生和教师更好地适应国际化的教育环境，培养跨文化意识和全球胜任力。这种全球化的视野有助于打破地域限制，为学生提供更广阔的学习机会和发展空间。

参考文献

[1]蔡宝来，张诗雅，杨伊.MOOC与翻转课堂：概念、基本特征及设计策略[J].教育研究，2015，36（11）：82-90.

[2]哈格德.MOOC正在成熟[J].王保华，何欣蕾，译.教育研究，2014，35（5）：92-99+112.

[3]吴春梅.试析互动模式在高中英语教学中的应用[J].中学课程辅导（教学研究），2013，7（26）：97.

[4]左滢.ACTIVE教学模式在高中英语读写结合课中的实践研究：以Schoollife教学为例[J].英语教师，2017，17（04）：141-143+154.

[5]刘小琴.应用型本科大学"英语语言学"教学存在的问题与对策[J].英语教师，2018，18（07）：56-58.

[6]杜开群.关于大学英语语言学教学问题及对策分析[J].山东农业工程学院学报，2017，34（02）：5-6.

[7]郑雨.大学英语教学中模糊语言学的语用意义分析[J].西部素质教育，2015，1（06）：46.

[8]黄琼慧.商务英语语言学的理论体系研究[J].开封教育学院学报，2016，36（02）：68-69.

[9]翁凤翔.商务英语学科理论体系架构思考[J].中国外语，2009，6（04）：12-17+30.

[10]杨雪.浅谈英语教学中应用语言学的有效应用[J].教育现代化，2018，5（11）：185-186.

[11]张丽莹，于江.论《他们眼望上苍》中赫斯顿的"协和"[J].湖南医科大学学报（社会科学版），2008，10（6）：141-144.

[12]任丽霞，吕桂凤.翻转课堂在大学英语教学中的应用[J].吉林医药学院学报，2020，41（01）：75-76.

[13] 郭的棉.浅析皮革商贸英语翻译问题及翻译策略：评《国际商务合同的文体与翻译》[J].皮革科学与工程，2020，30（01）：51.

[14] 王慧.基于职业岗位导向的高职英语教学改革研究[J].轻纺工业与技术，2020，49（01）：183-184.

[15] 李筱洁.基于SPOC与翻转课堂的大学英语教学实践问题与对策分析[J].内江师范学院学报，2020，35（01）：84-88.

[16] 曲通馥."雨课堂+对分课堂"教学模式在大学英语写作教学中的实证研究[J].内江师范学院学报，2020，35（01）：89-94.

[17] 张红玲.跨文化外语教学[M].上海：上海外语教育出版社，2007.

[18] 吴为善，严慧仙.跨文化交际概论[M].北京：商务印书馆，2008.

[19] 姚丽，姚烨.英汉文化差异下的英语教学探究[M].北京：中国书籍出版社，2014.

[20] 王佐良.翻译：思考与试笔[M].北京：外语教学与研究出版社，1989.

[21] 高等学校外语专业教学指导委员会英语组.高等学校英语专业英语教学大纲[M].上海：上海外语教育出版社，2000.

[22] 徐国庆.职业教育项目课程设计指南[M].上海：华东师范大学出版社，2013：19-28.

[23] 费南多.习语与习语特征[M].上海：上海外语教育出版社，2000.

[24] 邓炎昌，刘润清.语言与文化[M].北京：外语教学与研究出版社，1999.

[25] 杜学增.中英文化习俗比较[M].北京：外语教学与研究出版社，1999.

[26] 骆世平.英语习语研究[M].上海：上海外语教育出版社，2007.

[27] 平洪，张国扬.英语习语与英美文化[M].北京：外语教学与研究出版社，2000.

[28] 戴炜栋，何兆熊.新编简明英语语言学教程[M].上海：上海外语教育出版社，2010.

[29] 王坦. 合作学习的理论与实施[M]. 北京：中国人事出版社，2002.

[30] 中国海事服务中心. 航海英语[M]. 北京：人民交通出版社，2011.

[31] 胡壮麟.语言学教程[M]北京：北京大学出版社、2002.

[32] 邓炎昌，刘润清.语言与文化[M]北京：外语教学与研究出版社，2010.

[33] 桂诗春.应用语言学[M]长沙：湖南教育出版社，1988.

[34]陈俊森,樊葳葳,钟华.跨文化交际语外语教育[M]武汉:华中科技大学出版社,2006.